Richard Ovenden 理查・歐文登

余淑慧——譯

BURNING THE BOOKS

焚書

A History of Knowledge Under Attack

國內外名家一致推薦

圖書館和檔案館向被稱為「文化記憶機構」，保存過去與當代文明、知識、紀錄，提供現代與後世使用。然而，在人類發展歷史中，無論載體是泥板、莎草紙、羊皮紙、紙張，圖書館和檔案館所保存的館藏迭因當權者政治立場、宗教改革、種族歧視、戰亂等因素而遭到焚毀、破壞。作者歷數人類歷史上毀滅知識的事件，除令人掩卷嘆息外，但也看到諸如「拯救書本的紙部隊」的壯舉；而數位洪流對數位資訊保存帶來更大的挑戰。末章彰顯人類永遠需要圖書館和檔案館的理由，更凸顯二者在捍衛意見自由表達與開放社會、區辨真理與虛假，以及皮用知識與紀錄的樞紐角色。

——柯皓仁（國立臺灣師範大學圖書館館長）

圖書館作為典藏人類知識的寶庫，已經有很長的歷史了，近數十年來資訊技術的發展，不影響圖書館作為知識寶庫的角色，至少我們仍然可以說是其中之一。歷史長河中大大小小的波浪或漣漪，都曾帶來各種形式的影響，大者如秦始皇之「焚書坑儒」、希特勒之「屠猶焚書」；小者如《哈利波特》是否可以入藏於圖書館的「圖書審查」爭議、網際網路各式服務的「類圖書館」營運。圖書館概念的持續發展或是人類知識的永續傳承，可能受到前述波浪與漣漪的威脅或破壞，但是無寧將其視為砥礪石，或許更能讓我們思考圖書館存在的意義。二次大戰時期，美國圖書館館員推動參與的「軍供圖書」計畫，提供一千萬冊口袋書給戰場的軍士；納粹德國則是銷毀一億冊圖書，淨化所謂的德意志純粹心靈。圖書館館員的鞠躬盡瘁對照於法西斯主義者的冷酷決絕，在在促使吾人思量典藏知識的使命與艱鉅，以及該項任務之實踐對於人類發展的重要性。

本書作者牛津大學博德利圖書館館長理查．歐文登，由歷史的宏觀縱面，講述可能以宗教、政治、思想、文化、種族為名，威脅破壞人類知識或是圖書館的重大事件，彰顯圖書館員、檔案館員、知識守門人基於使命的卓越行為，正如史家史筆精神的傳承。或許您不完全同意作者的某些觀點，但不妨礙本書所欲傳達的訊息，只要您關心人類文明的正道發展、只要您心繫知識文化的永續傳承，這本書是值得細細品味的。

——陳光華（國立臺灣大學圖書館館長）

德國詩人海涅曾說：「人們在哪裡燒書，最終將在那裡燒人。」海涅的預言在一百年後的德國成真了。一九三三年五月當納粹德國掀起焚書運動，接著就啟動了猶太人的大屠殺。人類過去三千年的焚書史，都是人類殺戮史的前戲。這浩瀚的歷史狼煙，從古代亞歷山卓，燒至英國疾風世代銷毀的移民文件。幸好，這一抹人類的荒唐史，盡被《焚書》這本歷史巨帙留存下來。

細讀《焚書》，除了讓我們在莎草紙燼中記取教訓，更提醒當代人及時拯救知識的方舟，以及我們永遠都需要圖書館的理由。

——蔡淇華（臺中市立惠文高中圖書館主任）

作者並非僅由歷史上藏書機構被刻意摧毀的紀事，來凸顯圖書館、檔案館等記憶機構之至關重要；在資訊儲存設備成本下降、資料洪流（data deluge）來襲的今日，數位資訊的產製無量上升，知識看似已經無所不在，卻因缺乏結構與實時驗證而更顯脆弱——既承受不了無意的疏於管理，也難以抵擋蓄意的操弄與攻擊。《焚書》不僅是一部知識被攻擊的警世故事，更是一本教導我們需要用更長遠的眼光，來構建「知識基礎建設」（knowledge infrastructure），以確保未來人類能夠繼續無障礙取用知識的指南。

——鄭瑋（國立臺灣大學圖書資訊學系助理教授）

「危險的紀念品」——理查．歐文登如此描述前僧侶在亨利八世眼皮子底下搶救出來的書本。現代的書本也需要朋友救援，就像過去的書本那樣。這部迷人的作品將會幫忙書本找到朋友。

——亞倫．班奈（Alan Bennett），《非普通讀者》作者

這是一項嚴厲且重要的警告，涉及知識的價值，並且提醒世人摧毀書本所可能帶來的種種危險。今時今世至關重要的一部書。

——彼德．梵科潘（Peter Frankopan），《絲綢之路》作者

《焚書》是一部引人入勝、發人深省且非常切合時勢的作品。每個人都應該對這段圖書館的歷史提出想法，不該保持沉默。

——伊恩．西斯洛普（Ian Hislop），《祕密之眼》（*Private Eye*）雜誌主編

來得及時，充滿權威的書……一個國家對其自身的了解如何，永遠都可從檔案館和圖書館這個主題一窺端倪。除了談到高階政治的議題，本書也觸及資訊科技和生死攸關的重大事

件。理查·歐文登是最有資格來討論這個主題的不二人選。我非常喜歡這本《焚書》。

——菲力普·普曼（Philip Pullman），「黑暗元素三部曲」作者

一部豐富精彩的好書——來得及時、至關重要且充滿許多不可思議的故事，是人類及其檔案之宣言。

——沙茲（Philippe Sands），《人權的條件》作者

如果您關心書籍，並且如果您相信我們都必須抵抗知識和文化遺產的破壞，那麼這是一本既強大又有先見之明的精彩讀物。

——艾莉芙·夏法克（Elif Shafak），《倒數10分又38秒》作者

理查·歐文登像個史詩電影工作者，在三千年動盪不安的歷史中仔細選景，呈現各種生動的場景，藉以展現他急切的論點：人類必須保存過去和當前事件的紀錄。這本主題迫切，論理清晰的書向我們所有人大聲呼籲，要我們認清，並且捍衛我們最珍貴的公共財：圖書館和檔案館。

——瑪麗娜·華納（Marina Warner），英國皇家文學學會主席

目次 *Contents*

不管基於什麼原因，現在他們焚燒書本，最後他們就會焚燒人類。

——海因里希・海涅（Heinrich Heine），一八二三年

不記得歷史的人，注定都要重蹈覆轍。

——喬治・桑塔亞那（George Santayana），一九〇五年

導論

一九三三年五月十日，柏林的林登大道（Unter den Linden）升起一堆篝火。這裡是德國首都最重要的通衢大道，也是個引發許多共鳴，充滿象徵意義的地點：對面就是大學，附近則有聖黑德維希主教座堂（St Hedwig's Cathedral）、柏林國立歌劇院（Berlin State Opera House）、皇宮與漂亮的卡爾・弗里德里希・申克爾（Karl Friedrich Schinkel）戰爭紀念碑。聚集在篝火周圍的群眾將近四萬人；在大家的歡呼聲中，一群學生抬著瑪格努斯・赫希菲爾德（Magnus Hirschfeld）的半身像，彷彿執行儀式般地走向篝火。赫希菲爾德是個猶太裔知識分子，創建了著名的性學研究所（Institute of Sexual Sciences）。學生們誦念一連串「火咒」（Feuersprüche），然後把赫希菲爾德的半身像丟入火裡，扔在一堆焚燒中的書本上。在火堆之中燃燒的，除了數千本從性學研究所圖書館丟出來的書外，還有許多其他從各處書店或圖書館搜刮出來的書，全都是猶太裔作家以及其他「非德意志」作者（例如同志和共產主義者）的著作。一排排穿著納粹制服的年輕人圍著火堆敬禮，一面高呼「希特勒萬歲」。當時的學生很樂於討好新政府，而這次的焚書活動亦是一場精心策劃的宣傳噱頭。[1]在柏林，希特勒新任的宣傳部長約瑟夫．戈培爾（Joseph Goebbels）發表了一場傳播全球、激動人心的演說：

> 向頹廢和敗德說不！不論在家在國，都要講究禮儀和道德！……未來的德國人不僅僅只是讀書人，還是有品格的人。這就是我們的目標：把你們教成這樣的人。……你們做得很好，把過去那些邪惡的精神扔進火裡。你們的舉動強而有力，充滿象徵意義。

那晚，全國有九十個其他地點也同時舉行了類似的焚書活動。雖然德國還有許多圖書館和檔案室並未遭殃，但是那晚的焚書之火是個很清楚的警訊，顯示納粹政權即將對知識展開攻擊。

★

知識依然會遭受攻擊；就像發生在過去歷史裡那樣，各種知識體系在今日依舊會遭受攻擊。隨著時間的過去，人類社會逐漸把維護保管知識的任務交給圖書館和檔案館。但是今日這些機構卻面臨重重的威脅。對那些刻意想否認事實，抹煞歷史的個人、團體或甚至國家而言，這些機構是他們的眼中釘。與此同時，圖書館和檔案館還面臨經費越來越少的問題。除了經費持續減少這個問題之外，科技公司的逐漸成長也是個威脅——這些科技公司以數位的形式將保存與傳播知識的任務私有化，從而把原本由政府資助的這些機構的部分功能帶入商業領域。圖書館和檔案館存在的目的是保管知識，好讓知識能普及於社會，人人皆可取用；然而科技公司各有各的目的，而且動機不盡然會與傳統機構相同。科技公司——例如像谷歌（Google）這樣的公司——可以將數十億頁的書本數位化，放在網路上供人使用；還有像 Flickr 這樣的公司亦可提供讀者免費的網路儲存空間。在這些情況下，圖書館存在的意義何在？

當圖書館面臨公共基金短缺的極度壓力，與此同時，我們發現民主制度、法律和開放社會也備受威脅。真理本身時常遭受攻擊。當然，這也不是什麼新鮮事。喬治．歐威爾（George Orwell）在《一九八四》（*Nineteen Eighty-Four*）已經指出這點；我們今日一想到圖書館和檔案館在捍衛開放社會所扮演的角色時，他說的那些話就讓人覺得很不安——真實得讓人覺得不安：「這世上有真理，也有非真理；如果你緊抓著真理，即便這樣會讓你與整個世界為敵，你也不是瘋子。」[2]就支撐民主制度、法律的角色和開放社會這幾個層面而論，圖書館和檔案館如今變得越發重要，因為有這些機構的存在，人們才有「緊抓著真理」的依據。

二〇一七年一月，美國總統顧問凱莉安・康威（Kellyanne Conway）提出一個很著名的概念：「另類事實」（alternative facts）。她之所以提出這樣的說法，主要是為了回應大眾對川普（Trump）的批評。原來川普曾言之鑿鑿，說他的就職典禮觀禮人數遠多於五年前出席歐巴馬（Barack Obama）就任典禮的人數。但是照片和數據顯示，川普這番話並非事實。[3]這起事件是個及時的提醒，顯示資訊的持續保存是捍衛開放社會的重要工具。要捍衛真理，對抗「另類事實」——這意味著你得「緊抓著真理」，同時還得緊抓著那些否認真理的言論，如此我們才會有參照點，知道我們的社會可以相信，可以依賴。

圖書館對社會的健康運作至關重要。我已經在圖書館工作超過三十五年，而我使用圖書館的時間更久，因此我看得到圖書館的價值。本書的寫作動機出自於我個人的憤慨，因為我最近看到全球各地似乎都有所疏失，包括有意與無意的疏失——疏於確保其社會可依賴圖書館和檔案館來保存知識。數百年來，圖書館和檔案館一再受到攻擊；我認為我們有必要檢視這些攻擊，因為從這些攻擊事件裡，我們既可看到人類史上一個令人擔心的趨勢，也會看到人們付出種種令人驚訝的努力來保護他們覺得值得珍藏的知識。

二〇一〇年，英國內政部刻意銷毀「疾風世代」（Windrush generation）當年抵達英國的入境卡——這起事件的曝光，印證了檔案館的重要地位。除了銷毀入境卡，當時的英國政府開始執行的政策亦是個對移民「不利的環境」（hostile environment）。在此政策下，疾風世代必須提出足以讓他們持續居留的證明，否則就會被遣送出境；[4]事實上，《一九四八年英國國籍法》（British Nationality Act 1948）早已授予他們公民權；再者，他們當年是帶著善意，來英國解救二次大戰之後，英國所面臨的嚴重勞力短缺。到了二〇一八年春天，英國內政部終於承認在所有被遣送出境的移民之中，至少有八十三人是不該被遣返的。不過，這項錯誤承認得太晚了，其中有十一人早已在這個過程中與世長辭。這起事件的曝光，在民間引起大眾強烈的抗議。

政策的荒謬性讓我感到十分震驚。負責策劃並積極頒布這項政策的政府部門（其領導者是德蕾莎．梅伊〔Theresa May〕，但在事件曝光的當時，她已經成為首相），就是那些入境卡的摧毀者，而那些入境卡本來是大部分人用來證明其身分的重要證據。[5]雖然銷毀紀錄的決定在先，政策的推行在後，雖然當初決定銷毀紀錄的用心可能並無惡意，但是內政部後來推行的政策，其動機並不良善。我寫了一篇特稿給《金融時報》（*Financial Times*）[6]，指出保護這類知識對一個開放的、健康的社會而言至關重要——事實上，打從文明伊始，保護知識一直是人類重要的任務。

理由很簡單。人類一旦開始聚居，組織社群，就會產生彼此溝通的需要，在此情況下，知識即因之而創造，資訊亦因之而記錄。就我們所知，在最早期的社群中，知識的創造與記錄的形式是口耳相傳，唯一留存至今的永久紀錄形式是各種圖像：畫在洞穴壁上的繪畫，或是刻在石頭上的符號。古人為何刻畫下這些圖像記號，其動機我們一無所知；人類學家和考古學家也僅能根據理論，提出種種知識上的推測而已。

到了銅器時代，人類的社群變得更有組織，分工更為精細。隨著游牧民族漸漸定居下來，開始建立固定的社群，並且學會農耕，經營最早期的工業之後，他們也開始發展有高低階級的組織，裡頭包含負責統治社群的家族、部族酋長和領導其他社群成員的各種角色。

大約從西元前三千年開始，這些社群即開始保存書面紀錄。從那些最早期的各種檔案紀錄裡，我們找到許多文獻；從這些文獻當中，我們得知這些社會運作的各種細節，其數量之多，實在令人驚異。[7]在其他的文獻裡，我們看到古人開始記錄他們的思想、點子、觀察與故事。這些文獻就保存在最早的圖書館裡。很快地，古人在組織建構知識的過程中，發現他們需要開發種種特殊的技巧，包括知識的記錄和抄寫的技藝。隨著時間的推移，執行這些任務的結果就產生了幾個大致相當於今日圖書館員和檔案專業人員的專業人物。Librarian

（圖書館員）這個字來自拉丁文 librarius，而這個字的字根 liber 的意思就是 book（書）。Archivist（檔案專業人員）這個字來自拉丁文 archivum，意思是指書寫的紀錄，也指保存這些紀錄的場所。這個字源自希臘文 archeia，意思是「公共紀錄」。古人創造圖書館和檔案館的動機與運作方式與現代世界不同，所以把古代這些收藏機構跟今日的圖書館與檔案館做類比是危險的。即便如此，古代文明創立了知識體系，並且發展出種種技巧來整理這些知識，而在這種種技巧當中，有一些我們今日還在使用，例如目錄和詮釋資料（metadata）。[8]

古代的圖書館員和檔案專業人員的角色多重，往往會身兼其他任務，例如神職人員或行政官員；這種情況在古代的希臘和羅馬比較明顯可見，因為比起其他城市，希臘和羅馬更常見到公共圖書館。再者，這個信念——能夠取得知識是社會健康的基本元素——也慢慢開始成形。[9]曾在西元前三至二世紀擔任亞歷山卓圖書館（Great Library of Alexandria）館長的人員名單至今仍在，名單上面的許多人也同時是當時引領風騷的學者，例如羅德島的阿波羅尼奧斯（Apollonius of Rhodes）和拜占庭的阿里斯托芬（Aristophanes of Byzantium）——前者所寫的傑森與金羊毛的史詩故事，在後世成為《伊尼特》（*Aeneid*）的靈感泉源；而後者是標點符號最早的發明者之一。[10]

打從人類社會一開始發展，知識之儲存就一直是中心要務。雖然各種創造知識的科技和存儲的技術現在已經產生重大改變，但是儲存知識的核心功能卻不曾改變多少，這實在令人覺得驚異。首先，圖書館和檔案館收集、整理和保管知識。透過餽贈、轉讓和購買，圖書館和檔案館至今已經累積了許多泥板、卷軸、書籍、雜誌、手稿、照片和許多其他用以記錄文明的物件。在今日，前述這些紀錄形式透過數位媒體得以大量擴增，包括從文書處理的檔案到電郵、網頁和社交媒體皆是。在古典時期和中古時代，管理圖書館這項工作具有神聖的隱含意義，例如美索不達米亞（Mesopotamia）那些古代帝國的檔案館通常都設在神殿裡，而法國的路易·奧古斯特王（King Philippe Auguste，又名腓力二世〔Philip II〕）建立了「憲章寶庫」（Trésor des Chartes）；起初，這是一個「可移動」的檔案收藏處，但是到了一二五四年，這個檔案收藏處被移到巴黎聖禮拜教堂（Sainte-Chapelle），並在這個神聖的空間裡，特別設置幾個專用的房間來存儲檔案。[11]

透過研製和出版館藏目錄、提供閱覽室與研究資金，藉由出版書籍、舉辦展覽以及透過晚近的數位科技，圖書館和檔案館始終是傳播思想這部廣義歷史的一部分。國家圖書館誕生於十八世紀，公共圖書館則創立於十九世紀——打從十八、十九世紀以來，這些機構即已大大地擴增圖書館在轉變社會中所扮演的角色。

這一切的中心概念是知識的保管。知識很容易遭受損害、很脆弱且不穩定。莎草紙、紙張和羊皮紙都極其易燃。水也能輕易地摧毀各種紙張，例如環境太潮溼就很容易長黴菌。書本和文獻會失竊、毀損和遭受竄改。數位檔案甚至有可能更為短暫易逝，因為各種技術會過時、磁帶儲存媒體無法永久保存、放在網路上的所有知識都容易遭受毀損。任何人只要曾經遇過網路連線中斷的情況就會了解：假如沒有保存檔案，你就永遠也找不到那些內容了。

檔案館的任務與圖書館不同。圖書館負責累積知識，而且通常都會帶著濃厚的策略意味，一次一本地把知識慢慢累積起來。檔案館則直接記錄機構和行政機關——甚至包括政府機關——的各種行動和決策過程。圖書館有時也會收藏這類檔案資料，例如印刷成書的《下議院刊物》（*Journal of the House of Commons*）即是。但是就其本質而論，檔案館理當充滿資料，而且這些資料通常都很乏味，也並不打算讓廣大的讀者閱讀。圖書館處理思想、野心、發現和想像，檔案館則詳細記錄日常生活中種種重要的例行事務，例如土地權狀、進口和出口、各種機關的會議紀錄、各種稅務。其中一個最重要的特色是清單，包含人口普查紀錄的人民清單，或搭船而來的移民清單等等。各種檔案是歷史的核心，記錄各種觀念之推行，還有那些有可能會被某本書採用的想法。

當然，這一切也自有其負面意義。認識到書籍和檔案資料具有重要意義的，並不僅只那些想保護知識的人，其他想毀滅知識的人也會體認到這一點。縱觀歷史，圖書館和檔案館遭受攻擊的事件時有所聞。有時候，圖書館員和檔案專業人員為了維護知識，甚至得冒著失去生命的危險。

我想要探索史上幾起主要事件，用以顯示人們摧毀知識庫存的不同動機，同時凸顯專業人士為了抵抗知識遭受摧毀，從而發展出來的種種回應。我在這裡關注的幾個個別案例（我還有其他許多個案可以選擇）會告訴我們事件發生的背景——這些事件及其背景本身亦自有其特殊迷人之處。

國家會試圖抹除其歷史，歷來各有各的不同動機。這個部分我們會放在檔案脈絡之下來加以討論。隨著知識的創造越來越數位化，我們也會仔細討論這個現實情況為知識的維護以及開放社會的健康所帶來的種種挑戰。本書的結尾處，我會提出幾個建議，希望讓圖書館和檔案館在當前的政治和經濟脈絡下可以獲得更好的護持。為了凸顯這些機構的價值，我會在〈尾聲〉描述這些機構帶給社會的五種功能，以及這些機構會給當權人士帶來哪些益處。

圖書館和檔案館本身每日都在摧毀知識。如果只需保留一本，那麼圖書館就會例行性地丟棄重複的圖書。規模比較小的圖書館通常會被合併，加入較大的單位，而這個過程往往會導致兩個現象：只有在較大的圖書館才找得到資料，特殊的資料有時候會在這類過程中遺失——不管是有心的還是無意的。檔案館是圍繞著一個稱為評鑑的過程而設計的，那是一個決定資料去留的系統。不是每一種資料都可以或應該保存下來。雖然對歷史學家而言，這件事有時候似乎顯得離譜或難以理解。不過，在這個過程中被摧毀的資料，大部分都已經保存在其他地方。

書籍的選擇、取得與編目，還有丟棄和留存的這些過程從來都不是中立的。這些都是人們在社會與時俗的種種脈絡之下所產生的行為。今日擺放在圖書館架上的書本和雜誌，或數位圖書館裡供人存取的資料，或存放在各種檔案館裡的分類帳目和文件，這些資料之所以存在都是由於人為的因素。因此，過去創立館藏的人可能會出現偏誤、成見與人格的限制。大部分圖書館和檔案館的收藏都會出現很大的缺漏，這些「空白」通常會嚴重限制歷史記錄的方式——例如有色人種或女性。今日任何使用這些館藏的人都必須意識到這些脈絡。同樣地，我也鼓勵本書的讀者把這些歷史脈絡放在心裡，並且要注意古人的行事可能會與今人的做事方式不同。

從很多方面來看，檢視圖書館的歷史，還有檢視館藏如何與時俱變，這件事即等於講述知識本身如何倖存下來的故事。今日收藏在圖書館這個機構裡的任何一本書，或者由所有藏書聚集在一起所構成的知識體系都是倖存者。

早在數位資訊到來之前，圖書館和檔案館已發展出各種策略來保護其館藏——紙類。

這些機構會邀請讀者一起參與保護館藏的責任。舉個例子，時至今日，博德利圖書館（Bodleian Libraries）仍會要求首次使用該圖書館的讀者正式宣誓，保證他們「不攜帶易燃物入館，也不在館內點火」，就像四百多年前一樣。穩定的特定溫度和相對溼度、水災和火災的防患、井井有條的書架——這些都是維護策略的核心。就本質而論，數位資訊比較不穩定，而且要求更為積極的方式面對技術本身（例如檔案格式、作業系統和軟體）的問題。這些都是挑戰，而且這些挑戰目前已經由於主要科技公司提供的網路服務大量普及而漸漸擴大；理由是因為對這些科技公司，尤其是那些經營社群媒體的公司而言，知識的維護純粹只是一種商業考量而已。

隨著越來越多的世界記憶被放在網路上，我們實際在做的，其實就是把我們的記憶外包給目前控制著網際網路的主要科技公司。在過去，「查找」這個語詞的意思是到書籍的索引中翻找資料，或到依字母順序排列的百科全書或字典裡找尋正確的款目（entry）。不過，現在這個語詞是指在搜索欄輸入字、語詞或問題，然後把其他所有工作全部交給電腦去跑。我們的社會曾經很重視個人的記憶能力，甚至曾設計繁複的練習來改善人的記憶力，但是這樣的日子已經一去不返。不過，網際網路固然方便，裡頭也存有許多危險，因為大科技公司控制的數位記憶量十分龐大。某些包括圖書館和檔案館的組織現在正在努力透過私人保管的網頁、部落格貼文、社群媒體，甚至電郵和其他個人數位的收藏方式來取回控制權。

早在一九八二年，約翰．奈思比（John Naisbitt）就在《大趨勢》（*Megatrends*）指出：「我們快被資訊淹沒了，但是我們卻困於知識的匱乏。」[12]從那時起，有人創造了「數位資料過量」（digital abundance）這個概念，幫忙我們了解數位世界的一個重要面向——這也是我這個圖書館員在每日生活中，不時會加以思考的面向。[13]只要有一台電腦和網路連線，任何人都可取得數位資訊，而且數位資訊的量極其龐大，太大了，以至於讓人幾乎無法想像。圖書館員和檔案專業人員目前最關切的問題是：既然可以取得的知識量是如此龐大，那麼讀者該如何做才能有效地查找資料。[14]

數位世界充滿了利弊。就一方面來說，知識的創造從來沒有比現在更加容易，複製文本、拷貝圖像和其他形式的資訊也史無前例地輕鬆簡便。在目前，大量存儲數位資訊不僅可能，而且也令人意外地便宜。不過，存儲網路資訊並不等於保管知識。網路平台存儲的知識有失落的風險，因為數位資訊極為脆弱，既承受不了無意的疏忽，也擋不住刻意的破壞——這實在很令人意外。另外還有一個問題：對我們大多數人而言，我們透過每日互動創造出來的知識是隱形的，但是這種知識可以被操縱並用來對抗社會，謀取商業和政治利益。對許多擔心隱私權受到侵犯的人而言，這類知識的摧毀或許具有他們喜聞樂見的短期結果，但是最終來說，這麼做或許對社會是個危害。

我非常幸運，可以在世界最大的其中一間圖書館工作。博德利圖書館是在一五九八年正式成立，並在一六〇二年首度開放給社會大眾使用。從那時候起，這間位於牛津的圖書館就一直屹立至今。在這樣的機構內工作，我時常會想到過去前輩們的成就。今日的博德利圖書館擁有超過一千三百萬本印刷書籍，加上一卷又一卷的手稿和檔案。館藏的內容包羅萬象，當中包括數百萬張地圖、樂譜、照片、無數其他短暫保存的東西——後者包含多達好幾個拍位元組（petabytes）的數位資訊，例如各種雜誌、資料集、圖像、文本和電郵。這些收藏品存放在四十棟分別建於十五世紀到二十一世紀的建築物裡，而且這些藏品本身也都各有一段奇妙的故事。

博德利圖書館的館藏包含莎士比亞的《第一對開本》（*First Folio of Shakespeare*, 1623）、《古騰堡聖經》（Gutenberg Bible，約一四五〇年），還有許多來自全世界的各種手稿和文件，例如出自晚明的《明代東西洋航海圖》（*Ming Period Selden Map of China*），或者例如來自十四世紀、裝飾華美的傑作《亞歷山大傳奇》（*Romance of Alexander*）。這些館藏品項都各有一段有趣的歷史，述說它們是如何各自在時間的洪流中輾轉漂移，最後來到博德利圖書館的書架上。事實上，博德利圖書館是所有圖書館裡的精品，而那些關於館藏品項是如何來到博德利圖書館的故事，則在過去四百年裡幫忙建立了博德利圖書館的名聲。[15]

十八歲以前，我的教育因為學會使用圖書館而產生重大轉變。當時我常去的是我的家鄉，即迪爾（Deal）鎮上的公共圖書館；在那間圖書館裡，我發現了閱讀的樂趣。起初，閱讀科幻小說是一種對現實的逃避；我特別喜歡以薩・艾西莫夫（Isaac Asimov）、布萊安・艾迪斯（Brian Aldiss）和娥蘇拉・勒瑰恩（Ursula K. Le Guin）的作品。接著我讀了湯瑪士・哈代（Thomas Hardy）和勞倫斯（D. H. Lawrence）的小說，還有許多英國之外的其他作家，例如赫曼・赫塞（Hermann Hesse）、果戈里（Gogol）、科萊特（Colette）以及其他許多作家。我發現我可以借閱黑膠唱片，而且發現古典音樂除了柴可夫斯基的《一八一二序曲》（*1812 Overture*），還有很多其他選擇：貝多芬、佛漢・威廉斯（Vaughan Williams）和莫札特。我可以閱讀「正經八百」的報紙，也可以瀏覽《泰晤士報文學增刊》（*Times Literary Supplement*）。這一切都是免費的——這一點很重要，因為我的家境並不富裕，沒什麼錢可以買書。

從過去到現在，這間圖書館都是由地方政府管理，而且館裡的大部分服務都是免費提供給讀者使用。根據一八五〇年首次通過的《公共圖書館法案》（Public Libraries Act），圖書館的經費是由地方稅收支付。不過，當時這個概念遇到了政治上的阻攔。當法案上傳到英國國會時，保守黨的首相西布索普上校（Colonel Sibthorp）對法案提出懷疑，不知道閱讀究竟對勞工階級有何重要性。他的理由是他自己「就讀牛津大學時，一點都不喜歡閱讀，而且很討厭閱讀」。[16]

這項法案實施之後，公共圖書館的系統取代了過去雜七雜八拼湊起來的各種圖書館，例如捐贈圖書館、教區圖書館、咖啡館裡的圖書收藏、漁夫的讀書會以及各種會員圖書館（subscription libraries）與讀書會——後者是「進步的時代」與「有用的知識」這個概念所催生的產物。「有用的知識」是十八世紀各種概念發酵融合之下所產生的語彙。一七六七年，一群傑出人士（包括富蘭克林〔Benjamin Franklin〕）成立了美國哲學會（American Philosophical Society），用來推廣「有用的知識」。一七九九年，英國科學研究所（Royal Institution）成立，目的是為了「傳播知識，推介並促進有用的機械發明和進步」。這兩個團體都各自設有圖書館來支持他們的事業。

圖書館是拓展教育這個範圍較為廣大的運動的重要部分；這個運動既可增進個體的好處，也對整個社會有利。一百多年之後，婦女人權鬥士絲薇雅·潘克斯特（Sylvia Pankhurst）寫信給大英博物館（British Museum）館長，申請進入圖書館的閱覽室。這位鼓舞人心的女權提倡者在信中提供的理由是：「我想參閱貴館收藏的各種政府出版品與其他作品，因為我無法在其他任何地方，或以其他任何方式取得這些出版品。」在申請信的末尾，她提到了她的研究目的：「了解婦女受僱工作的資訊。」[17]

《公共圖書館法案》的實施，使地方政府得以建立圖書館，並用地方稅收（當時人們稱之為房地產稅〔rates〕）來支付圖書館的開銷。不過，這是個全然自發性的系統。直到一九六四年，《公共圖書館和博物館法案》通過，這才使提供圖書館服務成為地方政府的**責任**。時至今日，在普通百姓的心目中，這個系統依然還是個值得珍惜的服務，而且是全國公共教育基礎建設的一部分。[18]

話雖如此，英國的公共圖書館一直都得承擔中央政府施加在地方政府上面的預算壓力。[19]地方政府在可運用的預算當中，必須做出許多艱困的決定；最後大部分地方政府只好拿圖書館和郡縣檔案辦公室開刀。在二〇〇九年到二〇一〇年，英國總共有四千三百五十六間圖書館，到了二〇一八與二〇一九年，英國只剩下三千五百八十三間公共圖書館：這意味著全國共有七百七十三間圖書館關閉。許多社區圖書館現在也越來越依靠志工的幫忙，維持運作，因為圖書館這個行業僱用的人員大為減少，只剩下不到一萬六千名員工。[20]

保護知識在全球各地都是一種艱辛的掙扎。在南非，當種族隔離政體垮台之後，留下一個打從上個世紀以來就被暴力與壓制分裂的社會；為了幫助這樣的社會，人們採用的療癒方案是「忠實地記錄過去的痛苦；這樣一來，團結的國家才能省視其過去，並將之視為一種激勵的力量，負起重大的重建任務」。[21]在此信念之下，「真相與和解委員會」（Truth and Reconciliation Commission）因之成立，藉此「應對他們艱困的往事」。[22]這個委員會之成立，一來是為了以和平的方式，支持一個社會的漸次轉變，與此同時，也是為了處理——與面對——最近的歷史，還有這段歷史對社會與對個別人民所造成的衝擊。這個委員會除了擁有政治和法律的面向，也具有歷史、道德與心理的目標；其中一個目標就體現在《促進民族團結與和解法案》（Promotion of National Unity and Reconciliation Act）之中，亦即建立「一個盡可能完整的圖像，顯示人權遭受嚴重侵犯的性質、因果與範圍」。這項任務之得以執行，主要是獲得了南非國家檔案館（National Archives of South Africa）之襄助，其館員保持密切的合作，確保這段歷史獲得妥善的處理，而且確保這段歷史的紀錄人人都可參閱。雖然如此，南非開放檔案的重點與一九八九年，共產政權倒下的東德不同；南非開啟國家檔案，目的並不是用來檢視過往錯誤的「性質、因果與範圍」，而是把重點放在聽證會本身。在那些聽證會裡，各方的證詞創造了一部深刻的口述歷史，而這些口述歷史至今已經形成一個新的檔案。

種族隔離政權下的南非官員大規模地銷毀了許多文件。「真相與和解委員會」的調查深受這件事的阻礙；在調查報告的最終版中，他們花了大量篇幅來處理紀錄被銷毀的問題。他們很坦白地寫道：「除了其他各種事項，種族隔離政策的故事訴說的是：成千上萬個本應屬於這個國家的記憶，悉數遭受系統性地消除。」這份報告把責難歸咎於政府：「這裡的悲劇是：前任政府為了移除罪證，從而漂白高壓統治的歷史，因而刻意地、系統性地摧毀了大批國家紀錄和文件。」這些紀錄的遭受摧毀凸顯了紀錄所扮演的重要角色：「紀錄之遭受大規模摧毀……已經對南非的社會記憶造成嚴重的衝擊。大量的官方文件，尤其那些關於種族隔離政權安全措施的內部運作文件，已經全部遭受銷毀。」[23]我們將會在第十二章看到：伊拉克有許多重要的紀錄並未被銷毀，而是轉移到美國保存，有些紀錄如今依然存在。在那個被內戰毀壞的國家裡，這些紀錄之歸還將會形成另一個國家「真相與和解」的部分過程。

圖書館和檔案館共同分享為社會守護知識的責任。本書之撰寫，不僅為了凸顯史上那些被摧毀的圖書館，也為了確認和表揚圖書館員和檔案專業人員的反抗精神。透過他們的努力，知識得以代代相傳，知識得以保存，讓人們和社會得以進步，得以從過去的知識當中獲得靈感。

一八一三年，傑佛遜（Thomas Jefferson）在一封著名的書信中，把知識傳遞的方式比喻成一根根點燃的蠟燭。「從我這裡獲得想法的人，」傑佛遜寫道，「他自己得到了指導，但是這並未讓我有所減損；就像他就著我的蠟燭，點燃了他的蠟燭，並使自己得到光亮，但是這並未讓我陷入黑暗。」[24]圖書館和檔案館這些機構所實現的就是傑佛遜的燭光——提供許多想法、事實與真理的基本參考點。這些機構如何面對各種挑戰，維護知識的火焰於不滅，並使啟迪他人這一任務成為可能——這是一段很複雜的歷史。

本書討論的許多個別故事深具啟發性，讓我們了解在整段歷史裡，知識遭受攻擊的方式五花八門。傑佛遜的燭光在今日依然燃燒，因為有許多知識的維護者為之付出巨大的努力：收藏家、學者、作家和尤其是圖書館員和檔案專業人員——他們是這則故事的另一個主角。

注釋

1 參閱 Rydell, *The Book Thieves*, p. 9 與 Ritchie, 'The Nazi Book-Burning'。關於性學研究所的資料，參閱 Bauer, *The Hirschfeld Archives*, pp. 78-101。

2 Orwell, *Nineteen Eighty-four*, p. 247.

3 二〇一七年一月二十一日，川普在維吉尼亞州蘭利的中央情報局總部發表演說時，提到了就職典禮觀眾人數。同一天，在首次白宮電視訪談中，當時的白宮新聞祕書長史派瑟（Sean Spicer）聲稱觀眾「不論是親自到場，或在全球其他地方觀禮，這都是史上最多觀眾見證的總統就職典禮。就是這樣」。但是，如果把川普就職典禮的照片與二〇〇九年歐巴馬就職典禮的照片比對一下，就可知道他這些話並不符合各種照片所呈現的畫面，包括由路透社發布、攝影家路卡斯·傑克森（Lucas Jackson）和瓦瑞斯（Stelios Varias）所拍攝的照片。基斯·史提爾（Keith Still）為《紐約時報》（*New York Times*）寫了一篇分析文章，指出川普的觀禮人數大約是歐巴馬的觀禮人數的三分之一。參閱 Tim Wallace, Karen Yourish and Troy Griggs, 'Trump's Inauguration vs. Obama's: Comparing the Crowds', *New York Times*, 20 January 2017。

現場觀禮人的數字也不符合史派瑟的聲言。根據尼爾森報告，川普週五的就職典禮共有三千零六十萬人觀賞；就人數而論，比起二〇〇九年的三千七百八十萬觀禮者，總共少了百分之十九。不過，史上觀禮人數最多的紀錄屬於雷根（Ronald Reagan），因為當時共有四千一百八十萬人觀禮。再者，根據該區交通運輸權威華盛頓都市區運輸局（WMATA）的資料，川普就職那天，截至早上十一點為止，地下鐵的搭乘人次為十九萬三千。二〇〇九年歐巴馬就職的那一天，在同一個時段共有五十一萬三千的搭車人次。地鐵從早上四點開始營運，一直到晚上的整段營業時間裡，川普二〇一七年就任那天的搭乘人次是五十七萬零五百五十七，而歐巴馬在二〇〇九年就任那天的數字是一百一十萬人次。美國總統顧問凱莉安·康威忽略前述證據，在二〇一七年一月二十二日接受美國國家廣播公司（NBC）陶德（Chuck Todd）的訪問，在《與媒體見面》（*Meet the Press*）這個節目中提出「另類事實」的說法。後來有消息指出，川普就職典禮的那些照片曾在他的授命之下，額外地加以竄改（參見 Swaine, 'Trump inauguration photos were edited after he intervened', *Guardian*, 6 September 2018）。川普總統本人則念念不忘二〇一八年十一月三日蒙大拿州競選會場觀眾大排長龍的畫面，他在推特（Twitter）發了一部影片，並且附上說明：「剛抵達蒙大拿州……至少大家都承認我的觀眾隊伍比歐巴馬的觀眾隊伍長……」（資料來源：factba.se/search#%2Bin%@Bmontana）。

4 Gentleman, 'Home Office Destroyed Windrush Landing Cards Says Ex-Staffer'.

5 後續的調查發現，同樣的資訊被保留在英國國家檔案館（National Archives）另一系列的紀錄裡，參閱 Wright, et al., 'Windrush Migrants'。

6 Ovenden, 'The Windrush Scandal'.

7 這方面的簡介請參閱以下兩部作品：Posner, *Archives in the Ancient World* 與 Pedersén, *Archives and Libraries in the Ancient Near East*。

8 詮釋資料（metadata）這個詞彙是指一種用來描述其他資料形式的資料，特別是數位資料。

9 Pedersén, *Archives and Libraries in the Ancient Near East,* pp. 237-82，另可參閱 König, et al., *Ancient Libraries*。

10 這些名單出現在俄克喜林庫斯（Oxyrhynchus）出土的莎草紙殘片上，現在保存在都柏林聖三一大學（Trinity College Dublin）；參閱 Hatzimachili, 'Ashes to Ashes? The Library of Alexandria after 48 BC', pp. 173-4。

11 Burke, *A Social History of Knowledge*, p.138; Weiss, 'Learning from Loss; Digitally-Reconstructing the Trésor des Chartes at the Sainte-Chapelle', pp. 5-8.

12 Naisbitt, *Megatrends*, p. 24.

13 Rosenzweig, 'Scarcity or Abundance?'.

14 Winters and Prescott, 'Negotiating the Born-Digital', pp. 391-403.

15 博德利圖書館的創建始末可參閱 Clapinson, *A Brief History of the Bodleian Library*。關於博德利圖書館的館藏介紹，可參閱 Hebron, *Marks of Genius* 和 Vaisey, *Bodleian Library Treasures* 兩部作品。

16 Hansard, House of Commons Debates, 13 March 1850, 109: cc838-50. 另可參閱其他收錄在 Black and Hoare, *Cambridge History of Libraries*, III: *Part One* 的文章，還有 Max, 'Tory Reaction to the Public Libraries Bill, 1850', pp. 504-24。

17 Alsop, 'Suffrage Objects'.

18 Black, 'The People's University', p. 37.

19 Travers, 'Local Government'.

20 Busby, Eleanor, 'Nearly 8oo Public Libraries Closed Since Austerity Launched in 2010'.

21 Asmal, Asmal, and Roberts, *Reconciliaton Through Truth*, p. 6.

22 Garton Ash, 'True Confessions', p. 1.

23 Truth and Reconciliation Commission, *Final Report,* pp. 201-43.

24 Thomas Jefferson to Isaac Macpherson, 13 August 1813. 參閱 Lipscomb and Bergh (eds), *The Writings of Thomas Jefferson*, 13, pp. 333-5。

第一章　沙石堆下的碎泥板

色諾芬（Xenophon）是古希臘將領兼歷史學家；他在著名的《長征記》（*Anabasis/Persisn Expedition*）裡寫了一則激勵人心的故事，敘述他如何帶領一萬名受困的希臘傭兵離開美索不達米亞，返回希臘。在穿越今日伊拉克的中部時，這支軍隊停在底格里斯河（River Tigris）岸邊，打算找個地點暫時駐紮——色諾芬把這個地點稱為拉里薩（Larisa）。[1]在探勘地形的時候，他發現了一座城牆高聳、遭人遺棄的大城。後來他們從這裡出發，繼續再往遠一點的地方行軍，最後他們來到另一個城市。色諾芬說這座城市是梅斯皮拉（Mespila），聲稱這裡「曾經是米底人（Medes）居住的地方」。根據色諾芬，當波斯人圍攻他們的帝國時，國王的妻子美狄亞（Medea）曾來此尋求庇護。再據色諾芬，波斯人始終攻不下他們的城市，直到宙斯「祭出閃電，嚇壞了居民」。[2]

在那片古老的土地上，色諾芬當時所看到的兩座城市遺址分別是尼姆魯德（Nimrud）

和尼尼微（Nineveh）——前者就是他筆下的拉里薩，後者則是他筆下的梅斯皮拉。這兩座大城是亞述帝國（Assyrian Empire）的核心都市，在著名皇帝亞述巴尼拔王（King Ashurbanipal）的統治下欣欣向榮。亞述巴尼拔王死後，尼尼微在西元前六一二年被一群由巴比倫人（Babylonians）、米底人和斯基泰人（Scythians）組成的聯軍摧毀。色諾芬在書中犯了兩個錯誤：他把亞述人（居城者）與米底人（攻城者）搞混了，也把米底人和波斯人混為一談——在他寫作的當時，波斯人是最主要的東方強權。[3]

遙想兩千多年前，色諾芬在那些巨大的沙石堆中探勘地形，我就覺得悠然神往；當時他所看到的廢墟，其實已經有好幾個世紀的歷史，在那裡發生的毀城事件是如此地悠久，以至於連他這位偉大的史學家都記不清楚了。希臘人自詡為建立圖書館的先驅者，到了色諾芬援筆著述的時候，希臘人已經擁有蓬勃的閱讀文化，在這樣的文化環境裡，圖書館所扮演的角色可謂舉足輕重。假如當時站在廢墟前的色諾芬知道他腳下的沙石堆深處，埋藏著一座輝煌的圖書館，而其創建者亞述巴尼拔王終有一天會為世人所知，想必他一定會覺得很振奮。

不過，這得要再等個兩千兩百多年，等到亞述帝國的遺址開始挖掘，尤其要等到考古學家從那些遺址找到的文件出土，亞述巴尼拔王的圖書館才會重見天日；亞述帝國——包括其前行者以及鄰近的邦國——的完整歷史也才會在世人面前重現。

在久遠的人類歷史裡，我們會覺得書寫是個晚近的技術，因而忍不住假定那些最古老的文明是依賴口耳相傳的方法來傳遞知識。古代幾個圍繞在今日土耳其、敘利亞、伊拉克和伊朗附近地區的文明，大都留下數量眾多、引人注目的物理遺跡，亦即建築物與器物——這些遺跡有的留在地面上，有的則必須透過考古挖掘，使之出土。除此之外，這幾個古代文明也留下許多清楚的文件，證明書寫的紀錄早已存在，而且早在埃及、邁錫尼（Mycenae）、波斯、後來的希臘與羅馬這幾個文明興起的幾百年前，即已和口傳紀錄同時並存。這些書寫紀錄透露了這幾個古代文化的許多特色。亞述人和他們鄰近的幾個文明早已擁有記錄文化的優良技術，而且他們也把豐富的智慧財產留給了我們。

色諾芬在西元前五至四世紀所描述的古文明廢墟，在十九世紀中期變成歐洲各敵對帝國最感興趣的目標。此種興趣即將尋回這幾個文明所發展起來的知識文化，不僅讓世上最早存在的幾座圖書館和檔案館重見天日，同時也證明了知識在古代曾遭受摧殘的事實。

至於英國人之所以會來到這個地區，最初要拜東印度公司（East India Company）之賜。東印度公司是個帝國擴張活動的機器，除了商業往來，同時也執行種種軍事與外交活動。詹姆士・里奇（Claudius James Rich）是東印度公司派駐在這個地區的重要僱員之一；他天才洋溢，精通多種東方語言，嫻熟古代文物。跟他同時代的人都認為他是巴格達（Baghdad）

最有權勢的人，地位僅次於當地的鄂圖曼統治者帕夏（Pasha）；「有些人甚至懷疑帕夏本人有時會忽略他自己的大臣的政務意見，反而會根據里奇先生的建議與勸告而改變其施政方針」。[4]里奇為了追求他「那份難以滿足的、想要看盡各個新國家的渴望」，[5]甚至曾經喬裝打扮，想辦法進入大馬士革（Damascus）的大清真寺（Great Mosque）一探究竟；這對當時的西方人來說，幾乎是一件辦不到的事。[6]此外，里奇也在該地區四處旅行，對當地的歷史和古蹟做了許多詳細研究，並匯集成手稿；他死後，大英博物館買下了他收集的手稿。在一八二〇年與一八二一年間，里奇首次造訪尼尼微遺址和鄂圖曼土耳其語所謂的庫雲吉克（Kouyunjik）——亞述帝國的重要城市。在這次的探訪中，里奇挖出一塊曾經保存在亞述巴尼拔王宮裡的楔形文字泥板。這是第一塊出土的泥板，接下來將會有成千上萬塊泥板相繼被挖掘出土。

　　里奇把他挖出來的文物收藏賣給大英博物館。這批由業餘人士挖掘出土的文物首度抵達倫敦之後，立刻引起一陣風潮；人們不僅對該地區產生極大的興趣，還揣測該區的地下是否埋著什麼寶藏。法國亞洲學會（French Asiatic Society）的祕書朱利斯・莫爾（Julius Mohl）在倫敦看到這批收藏展，同時也讀了里奇出版的作品之後，他立刻鼓勵法國政府派遣考察隊到美索不達米亞，如此他們才能與英國一較高下，在學術上搶得榮光。一八四二年，一位名叫保羅－埃米爾・博塔（Paul-Émile Botta）的學者被派往摩蘇爾（Mosul）當領事；帶著豐厚的資金，博塔立即展開法國人自己的考古挖掘活動。這是第一個在該地區從事考古挖掘的專業隊伍。一八四九年，他們在巴黎出版了一部附有大量圖片的書籍，取名為《尼尼微的寶藏》（*Monument de Ninive*），這部附有藝術家尤金・弗蘭丁（Eugène Flandin）裝飾插畫的作品，使他們在歐洲的菁英階層聲名大噪。我們無法確知在哪裡或者在何時，但是這部書在某個時間點引起一位英國年輕人的好奇——這位充滿冒險精神的英國人就是奧斯丁・亨利・萊亞德（Austen Henry Layard）。

萊亞德在歐洲長大，家境富裕；早年定居義大利，並在那裡廣泛閱讀大量書籍，而影響他最深的書是《一千零一夜》（*Arabian Nights*）。[7]他對古蹟、藝術和旅行十分著迷。長大成年後，他立即踏上旅行之路，在地中海漫遊，並穿過鄂圖曼帝國（Ottoman Empire），最後來到我們現在稱為伊拉克的地區。在這段旅途中，起初有個年紀比他稍長、名叫愛德華・米特弗（Edward Mitford）的英國人陪伴他。但是不久之後，他就隻身展開遊歷。到了摩蘇爾，他遇到了博塔，而博塔跟他分享了他在庫雲吉克廢墟中的各種發現。或許萊亞德就是在博塔那裡看到了《尼尼微的寶藏》這本書。[8]總之，萊亞德受到了啟發，並且決定尋找寶藏。他僱了許多當地人，組成一支挖掘隊伍，人數最多時，這支隊伍總共多達一百三十人。

即便在科學式的考古挖掘還處於萌芽階段的當時，他努力的成果卻極為專業，十分豐碩。起初，他的挖掘工作是由駐君士坦丁堡的英國大使斯特拉特福．坎寧（Stratford Canning）私人贊助，因為在一個層面上，考古挖掘已經成為英、法兩國之間的競爭。在六年多的時間裡，這支由當地部族組成的挖掘隊伍由霍姆茲德．拉薩姆（Hormuzd Rassam）負責監督與支援。拉薩姆是個信奉基督教，住在摩蘇爾的迦勒底人（Chaldean），也是英國副領事的兄弟。兩人成為好朋友兼同事。從一八四六年起，拉薩姆在萊亞德的考掘隊裡擔任祕書和出納員。不過，他在這項冒險事業裡也有知識上的貢獻。在這項轟動一時的考掘工作裡，他的角色舉足輕重，但是向來卻鮮少受到關注，部分是因為他缺少推銷自己的機靈，沒有及時發表他的考掘發現；部分是因為他的成就遭受種族主義者的惡意貶損。再者，他生命中的最後幾年因為捲入法律糾紛，導致他心生幻滅。萊亞德的考掘隊之所以取得重大成就，其實拉薩姆的組織長才，還有他對楔形文字的解讀都是重要的助力。後來萊亞德回去英國從政，拉薩姆繼續留在伊拉克，負責監督大英博物館出資贊助的幾個主要的考掘隊伍。[9]

隨著挖掘工作的進行，他們發現了幾個藏滿泥板的巨室。原來萊亞德和他的考掘隊當年所發現的，不僅只是亞述帝國的知識碎片，而是收藏知識的核心機構——偉大的亞述巴尼拔王家圖書館。大概有兩萬八千塊泥板將會從這裡運回大英博物館；還有其他數以千計的泥板目前收藏在其他各個機構裡。[10]

好幾間巨室都擺滿了超過一英尺高的泥板；有些泥板碎了，但有些卻神奇地保持完整，即便已經過了一千多年。萊亞德寫道：「這裡有一間由幾位魚神看守的巨室，裡面擺著亞述諸王的御令，還有亞述帝國的各種檔案。」[11]根據他的推測，這些檔案大部分是關於戰爭的歷史紀錄，然而「有些似乎是王室御令，因為上面蓋了刻著帝王名字——阿薩爾哈東（Essarhaddon）之子——的私章；另外還有一些泥板以水平線條分隔成平行的欄目，上頭刻著神明的名字，這些有可能是獻給諸神神殿的供品紀錄」。[12]在那批泥板當中，最特別的是兩塊已經碎裂的封印章，上面分別刻著埃及國王沙巴卡（Shabaka）和亞述國王（可能是辛那赫里布〔Sennacherib〕）的名字。根據萊亞德的推測，這兩個封印章有可能是某份和平條約的飾章。類似這樣的考古發現，通常會激發學者開始研究文件方面的證據，發掘各種傳奇事件。直到今日，關於這幾個古代文明的語言、文學、宗教信仰以及典章制度的研究依然還在持續進行。

我非常幸運，得以處理某些美索不達米亞泥板，並且親眼看到古代社群如何記錄知識。至今我已檢驗了好幾種收藏在牛津阿什莫林博物館（Ashmolean Museum）的泥板，親眼看到這幾個古代文明所發展出來的複雜文化。首先從博物館儲藏抽屜拿出來的是一批橢圓形、來自伊拉克南部捷姆迭特・那色（Jemdet-Nasr）遺址的小泥板；這批小泥板具有高度的實用性，其形狀之設計是為了符合人手，可以讓人輕易地握在掌心。在泥板還溼潤的時候，資訊就會被刻寫上去。這類泥板刻寫的是行政管理方面的資訊——主要是關於交易貨品的數量（例如其中有一塊刻著一隻猴子，猴子圖像的上方刻著數字七，意思是七隻猴子）；這類泥板很有可能在用過之後就會被丟棄，因為它們被發現時，是堆成一堆，擺在室內的角落。另外還有一些泥板本來就是廢棄物——古人本來就打算用它們來補牆，或者修補建築物內任何有待修補的地方。一般說來，這類歷史紀錄會被保存下來，通常都是因為偶然。古代美索不達米亞的泥板也不例外。

讓人更感到振奮的是那些古人沒打算要丟棄，反而刻意保存起來，以便日後再度使用的泥板。對我而言，最讓我驚嘆的是那些板面較大、文字刻寫得更為密集的泥板。這類正方形的泥板被稱為「圖書館」文件，因為上面刻著文學或文化相關的文本，主題涵蓋了宗教到占星術不等。這類泥板之設計本來就是為了長期保存，以作為閱讀之用。其中有一塊文學泥板甚至還附有序文，抄寫員在此記下該份文件本身的各種細節，包括文件內容、抄寫員的姓名、他抄寫文件的地點和時間（抄寫的工作幾乎都清一色是由男性擔任）。這類細節相當於現代書籍的書名頁，顯示這類泥板本來的設定就是要跟其他泥板存放在一起，因為該篇序文足以清楚顯示該泥板與其他泥板的差異。這應該就是詮釋資料最早的形式。

從今日倖存的泥板看來，當時還有其他類型的檔案文件，亦即記錄行政管理和官方活動的泥板。有一組泥板非常小片，看起來就像早餐穀物中的「碎麥片」——這些是「信使」文件。這些文件是用來證明信使的身分，不論是來取件或送件的信使。這些文件很小，因為它們必須便於攜帶，可讓信使放在口袋中或袋子裡，以便到達目的地後，再上繳以驗明身分。至於古人為何保留這些文件，沒拿去修補建築物，其原因並不清楚。不過很有可能是留存下來，以作為未來的參考之用。

多虧這兩百多年來的考古研究，我們現在知道美索不達米亞地區的古人已經發展出複雜的文化，且設有圖書館、檔案室與抄寫人員。最早的文明形成之後，人們漸漸脫離游牧生活，改為聚居的定居型態。隨著時間過去，人們同時也意識到他們需要永久記錄彼此的溝通往來和保存知識。亞述巴尼拔王的圖書館在運作的時候，人們已經開始使用泥板，而沉重和笨拙的泥板需要許多間像萊亞德所發現的巨室來保存，方便抄寫人員製作複本，或從中提取資訊。隨著時間過去，學者在這些泥板的研究當中，發現了古人會使用編目和整理的證據。

一八四六年，萊亞德開始用貨船把他找到的泥板運回英國。當這批泥板在倫敦公開發表之後，立刻引起了轟動。大眾的壓力，加上新聞報導的推波助瀾，迫使大英博物館的理事會改變心意，同意再度出資贊助其他考掘隊。其中有部分原因是政治人物的激勵，因為他們認為挖掘古物的成功是一種勝利：戰勝了他們的法國對手。萊亞德因此成為國家英雄，並獲得「尼尼微之獅」的綽號；他利用新近得到的名氣，在英國展開一個由寫作與政治組成的生涯。他最重要的發現應該是找到了亞述巴尼拔王的圖書館。就美學來說，他找到的各種雕刻、陶器、珠寶和塑像（包括今日那些展示在倫敦、柏林、紐約和巴黎各大博物館的展品）都非常驚人；不過，真正改變我們對古代世界的了解的，是解讀隱藏在這些展品裡的知識。

對這些出土泥板的研究，我們現在知道亞述巴尼拔的王家圖書館可能是世界上第一個嘗試將當時可收集到的所有知識集中起來，將之保存在同一個屋簷之下的圖書館。這座王家圖書館的收藏主要有三種：一是文學與學術相關文本，二是神諭和占卜的紀錄，三是書信、報告、人口普查資料、契約以及其他各種形式的行政管理文件。存放在館中的大量材料，大部分與預測未來有關（就像其他在美索不達米亞地區出土的古代圖書館一樣）。亞述巴尼拔王希望那些存放在他圖書館裡的知識能幫他選出最好的時機來從事各式各樣的活動，例如出兵打仗、結婚、生子、種植穀物或任何生活中必要的活動。要掌控未來，圖書館至關重要，因為圖書館藏著過去的知識，方便決策者參考與使用。在尼尼微，最重要的決策者正是亞述巴尼拔王。[13]

各類文學文本的主題眾多，包括宗教、醫學、魔法、歷史和神話等，全都依照主題順序排列，整理得井井有條，而且都附有標籤——今日我們或可將這些標籤視為目錄冊，甚至詮釋資料。這類文件會保留下來，作為永久的參考資源。至於其他檔案式的材料大致與解決土地和財產的法律紛爭有關，而這類文件通常不會長久保存。[14]萊亞德和拉薩姆在尼尼微的重大發現之中，有一系列泥板含藏著現存世界上最早的文學的文本，亦即《吉爾伽美什史詩》（*Epic of Gilgamesh*）。這部尼尼微出土的史詩分別刻寫在好幾個不同的系列泥板上——這代表這部重要文本在不同的時代裡，屬於不同的擁有者，但是現在全部保存在一處，在帝王之家代代相傳，甚至當中還有一篇序文聲稱這篇史詩是亞述巴尼拔王親手寫的。

根據美索不達米亞出土的考古檔案資料和圖書館內容，加上對泥板上的文本資料的研究，我們可以看到一個企圖整理知識的獨特傳統，甚至可以認出負責管理這些館藏資料的專業人員的多重角色。現代的檔案室專業人員和圖書館員的專業角色十分固定，但是古代並不如此。在古代社群裡，角色的分際比較不易區辨或分別。在古代的許多圖書館，例如像亞述巴尼拔王家圖書館這樣的機構裡，我們從中可看到一種企圖管理資訊的欲望，同時也給我們一種感覺，即對古代的統治者而言，知識是極其寶貴的資源，而他們為了取得知識，甚至會不計手段。

過去四十多年來，學者們對亞述巴尼拔王家圖書館的研究確定了一件事：這座圖書館的館藏並非僅靠抄寫人員的努力，同時也靠奪取鄰近邦國的泥板才取得如此豐碩的成果。我們的這種了解，得自於最近數十年從各個不同遺址出土的資料。不過，萊亞德或早期發現楔形文字泥板的先鋒挖掘者顯然並不知道這些資訊。近來出土的這些泥板，除了揭露強行奪取藏品的行為之外，本身也許就是今日所謂「檔案的錯置和轉移」最早的先行者——不過，這個已經行之千年的行為，我們留待第十一章再談。亞述巴尼拔王家圖書館倖存下來的泥板，大部分都是透過強行奪取的途徑才取得。[15]

這種強行奪取行為，我們近年來透過該地區許多其他遺址出土的泥板，終於有比較清楚的了解；這些遺址包括例如現在伊拉克南部的波爾西帕（Borsippa）；西元前第一個千年，波爾西帕是巴比倫王國的一部分，後來被亞述人占領。這裡出土的泥板當中，有一塊保存了一封信的抄寫版本；這封信的原文寄自尼尼微城，收信的是一個名叫沙度努（Shadunu）的特勤人員。這位特勤人員負責到一群學者家裡拜訪，並且「收集任何收藏在伊茲達（Ezida）神殿裡的泥板」（亦即波爾西帕地區特別供奉智慧之神納布〔Nabu〕的神殿）。[16]亞述巴尼拔王對於他想要取得的泥板寫得相當明確，這顯示亞述巴尼拔王知道哪幾位學者可能擁有哪些私人收藏。[17]從這封信的內容看來，亞述巴尼拔王的指示既清楚且堅定：

任何對王宮有用的泥板，不管在哪裡，（都幫我找出來）；任何你知道的、而且亞述帝國沒有的稀有泥板，也全都把它們找出來，然後帶回來給我！……假如你看到任何泥板或儀式指導，但我沒有列在信裡，只要它們對王宮有益，就也一併加以收集並送回來給我……。[18]

這封信的內容證實了大英博物館收藏的其他泥板的證據，亦即亞述巴尼拔王除了強行奪取，也會付錢請學者們放棄其收藏，或者抄寫某些他們自己的泥板和其他存放在波爾西帕著名的收藏，因為波爾西帕的泥板以細緻的抄寫傳統聞名於世。

倖存下來的，還有一組泥板記錄了館藏之增添事件，而這些紀錄讓我們對尼尼微的王家圖書館如何擴增的方式有更深的了解（這些沒收而來的泥板同時也證實了該圖書館具有良好的組織和管理系統）。館藏的擴增規模超乎我們的想像，讓我們大感驚異。從三萬塊亞述巴尼拔王的圖書館倖存的泥板中，記錄館藏增添的這組泥板顯示該圖書館在一次的收藏之中，就取得將近兩千塊泥板和三百片由象牙或木頭製成的書寫板。此種單次的增加量極為龐大，而且泥板的題材很多，總共計有三十多種涵蓋從占星術到藥方的文類。當然，不是每個增添案例都會記錄其來源，但是這裡的來源很清楚：這些泥板來自巴比倫的私人藏書室。有些泥板看來似乎是學者們送給亞述王的「禮物」，而學者們之所以會放棄他們的私人收藏，有的也許是為了奉承尼尼微的王家權威，有的看來似乎是妥協的產物，即放棄部分泥板，以保全其他收藏。幾塊可識別日期的泥板指向西元前六四七年，而這與巴比倫的衰亡僅僅相隔幾個月而已——其時亞述巴尼拔王正在跟他的弟弟沙馬什・舒姆・烏金（Shamash-shumu-ukin）打內戰。結論看來很清楚：亞述巴尼拔王利用軍事的勝利，透過強制扣押民間的泥板，趁機擴充他自己的圖書館。[19]

不過，亞述巴尼拔王的圖書館很快就會遭遇相似的命運。亞述巴尼拔王打敗了巴比倫，然而這場勝利亦激起了鄰邦的復仇之心。西元前六三一年，他的孫子辛沙里施昆（Sin-shar-ishkun）繼承父位，登基為王。此時巴比倫人與附近的米底人結盟，在西元前六一二年，他們的聯軍包圍並且攻陷了尼尼微城，接著展開一連串毀城的暴力行動。遭受毀壞的當然還有該城的知識收藏，包括亞述巴尼拔王創立的圖書館。雖然萊亞德的考古挖掘隊伍找到了亞述人高超的保存與收集知識的技藝，但是他動土開挖的地方，每一處都有火燒和暴力的痕跡。許多挖掘地點都可看到一層層的焦土，許多器物被人刻意打破，棄置室內；後來的考古學家到附近的尼姆魯德遺址展開挖掘，而他們在此地找到的遺跡特別恐怖——許多被丟入井裡的人類遺體，其四肢仍然被綑綁著。[20]

尼尼微城被攻陷，亞述巴尼拔王的圖書館遭受摧毀——這起事件固然是一場大浩劫，然而當中發生的細節並不清楚。王宮建築群失守時，圖書館和檔案室很有可能就連帶受到波及，一起遭受摧毀。該處遺址到處都可看到火燒和搶劫的痕跡。不過，即便現場還留著特定泥板（例如外交條約）特意被摔落在地的證據，我們也很難辨認圖書館是否曾特別被標記出來，成為攻擊的目標。[21]舉個例子，考古學家在尼姆魯德的納布神殿（Temple of Nabu）發現亞述巴尼拔王的父親阿薩爾哈東的附庸條約泥板被摔得粉碎，散落在地。這塊封印著帝王私章的泥板很有可能是在該城陷入戰火時，被人刻意摔破，並且從此留在那裡，直到兩千五百年後才再度被人發現。[22]

美索不達米亞諸文明之中，尼尼微的王家圖書館最為著名，但它卻不是最早的圖書館。伊拉克南部的烏魯克（Uruk）目前有超過五千塊泥板出土，其時代可追溯到西元前四千年；這批泥板的主題大部分與經濟有關，但是也有一些泥板涉及事物如何命名的問題。我們在距其一千年後的敘利亞埃勃拉（Ebla）古代遺址（現代城市阿勒坡〔Aleppo〕南部）找到了繕寫室和圖書館或檔案室的考古證據；在這些空間裡，可看到許多用來整理泥板的磚製工作檯。雖然就建築而言，這裡沒有一個特定的、獨立的圖書館空間，但是從這個時期開始，我們看到越來越多證據顯示古人已經發展出處理資訊的各種管理技術，包括各種不同的泥板儲存技術。這些新技術包括例如在荷爾沙巴德（Khorsabad）納布神殿檔案房出土的木頭架子或者石製文件格（亞述帝國本來定都荷爾沙巴德，後來才搬到尼尼微）；另外考古學家也在巴比倫城市西帕爾（Sippar）的沙瑪什神殿（Temple of Shamash）發現了過去用來整理泥板的書架。前述收藏技術的發明意味著泥板的數量已經太多，以至於古人需要動用特殊的技術，來加以分類和管理。[23]除了發明存儲文本的新技術之外，美索不達米亞諸文明的創新特色還包括使用詮釋資料（以標籤的形式或以其他方式來描述泥板的內容），來幫忙提取資訊，以及僱用抄寫人員來複製文本。保護知識的安全，透過抄寫文本來促進知識的分享——這兩者具有非常古老的根源，幾乎與文明本身一樣古老。

足以證明古代圖書館和檔案室存在的直接證據極為稀少。發展出這些收藏機構的社會，其性質與我們的社會性質迥然不同，如果在這裡提出太多類比，其實並不妥當。不過，儘管有前述這些限制，我認為我們還是有可能提出幾個大的模式。

美索不達米亞地區的圖書館和檔案室——尤其是亞述巴尼拔王的圖書館——顯示古人了解累積和保存知識的重要性。這幾個文明發展出細緻的方法來管理泥板；當館藏漸增，他們也會增添詮釋資料來幫忙他們存儲與提取資料。只有王室那一小群菁英團體有資格習得知識，為了讓知識能在這個小群體之中傳播，他們會找抄寫人員來幫忙複製各種文本。

這些館藏的創建人通常是統治者，而有的統治者認為知識的獲得可以增進他們的權勢。強力奪取鄰近敵國的泥板收藏，此舉亦同時剝奪了敵人獲得知識的來源，使敵人的勢力變弱。由於許多泥板文本都涉及預測未來，奪取敵人的泥板即意味著你對未來的預測能力變得更好，而敵人對未來的了解則會變差。

從亞述巴尼拔王的圖書館，我們得知古人保存泥板是為了後代的利益著想，因為泥板是在父子之間代代相傳，包括那些刻有《吉爾伽美什史詩》的系列泥板。即使在那時，古人已經了解保存知識的價值——不僅對當時和對現在有價值，在未來也具有價值。泥板本身的倖存出於偶然。幾個古代文明衰落了，無法持續。他們的圖書館和檔案室——即便那些設計用來永存知識的機構——也無法存續；只有在最近的幾百年裡，在考古學剛剛萌芽的階段，學者們才發現這些圖書館和檔案室的存在。

注釋

1 現代有些學者懷疑色諾芬是否真的曾經走過這段旅程。

2 Xenophon, *Anabasis*, 3.4.7-12.

3 色諾芬的前輩希羅多德（Herodotus）在寫到尼尼微的傾覆時，曾提到亞述人（*Histories*, 1.106)。色諾芬多多少少曾讀過希羅多德的作品，然而他對亞述人的無知讓歷來的學者感到很不解。不過，色諾芬對那場暴風雨的細節描述，讓人想起先知那鴻（Nahum）的預言：尼尼微的傾覆（Nahum 2: 6-7）。後來的歷史學家西西里的迪奧多羅斯（Diodorus of Sicily）曾提到除非河流首先改道，與尼尼微敵對，不然無人能攻下尼尼微（Diodorus, 21.26.9）。這麼說來，亞述人的地方記憶被他們的敵人成功消除，而且消除得如此成功，以至於連色諾芬都無法指認亞述人曾經是這些偉大城市的居民。參閱 Haupt, 'Xenophon's Account of the Fall of Nineveh', pp. 99-107。

4 Buckingham, *Travels in Mesopotamia*, II, 211.

5 Rich, *Narrative of a Residence in Koordistan, and on the Site of Ancient Nineveh*, I, p. 2.

6 Ibid., p. xxii.

7 Lloyd, *Foundations in the Dust*, p. 9.

8 Ibid., p. 108.

9 Reade, 'Hormuzd Rassam and His Discoveries', pp. 39-62.

10 Robson, E., 'The Clay Tablet Book in Sumer, Assyria, and Babylonia', p. 74.

11 Layard, *Discoveries in the Ruins of Nineveh and Babylon*, pp. 344-5.

12 Ibid., p. 345.

13 關於亞述巴尼拔王的圖書館的重要性，歐文·芬克爾（Irving Finkel）的研究最為詳盡；參閱

Finkel, 'Ashurbanipal's Library'。

14 Ibid., p. 80.

15 Robson, 'The Clay Tablet Book', pp. 75-7.

16 Finkel, 'Ashurbanipal's Library', p. 82.

17 *Cuneiform Texts from Babylonian Tablets in the British Museum* 22,1 (BM 25676 = 98-2-16, 730 and BM 25678 = 98-2-16, 732). 這裡採用的翻譯取自 Finkel, 'Ashurbanipal's Library', p. 82 與 Frame and George, 'The Royal Libraries of Nineveh', p. 281 兩部作品。

18 Frame and George, 'The Royal Libraries of Nineveh', pp. 265-83.

19 Parpola, 'Assyrian Library Records', 4ff.

20 MacGinnis, 'The Fall of Assyria and the Aftermath of the Empire', p. 282.

21 參閱前注。

22 Robson and Stevens, 'Scholarly Tablet Collections in First-Millennium Assyria and Babylonia, *c.*700-200 BCE', p. 335.

23 Posner, *Archives in the Ancient World*, p. 56; Pedersén, *Archives and Libraries in the Ancient Near East*, pp. 241-4.

第二章　莎草紙堆

一想到大眾心目中的古代圖書館，我們就會想起亞歷山卓圖書館；這座圖書館充滿傳奇色彩，聲名傳響至今，遠遠超過其他所有古代圖書館。不過事實上，這座圖書館的時代遠比美索不達米亞其他圖書館來得晚，而且本身也沒有物理證據留存下來；即便如此，亞歷山卓圖書館依然是西方人想像中的圖書館原型，而且時至今日，人們還是將之稱為古代文明成就之中最偉大的圖書館。

事實上，我們對亞歷山卓圖書館的了解至少可以說是零碎的，因為我們幾乎找不到關於它存在的第一手資料，大部分現有的資料都是重複其他已經佚失，或者時代過於久遠，以至於無法驗證的來源；儘管如此，有一座圖書館將全世界的知識存放在一起，並且真正地向世人開放——這個概念至今依然讓許多作家和圖書館員感到心生鼓舞。我們確實知道的是：古代的亞歷山卓城事實上有兩座圖書館：博學院（Mouseion）和塞拉比尤姆（Serapeum），或又稱內圖書館與外圖書館。博學院是一座神殿，供奉的是繆思女神——九位希臘姊妹女神，掌管人類的創作力和知識，包括歷史、史詩到天文學等知識，幾乎無所不包；今日英文的 museum（博物館），其字源就來自 mouseion 這個希臘字。不過，博學院並不僅只是博物館而已。這是一座生氣勃勃的圖書館，裡面除了充滿藏書（以卷軸的形式），還有許多學者住在館裡。

博學院是一座巨大的知識儲存庫，學者可以住在裡頭鑽研學問。其建築物就蓋在城裡的宮廷區布魯卻姆（Broucheion），離王宮很近；很明顯地，這個位置即說明這是一個重要的機構。[1]西元後最初的幾年裡，希臘歷史學家兼地理學家斯特拉博（Strabo）就在這裡著書立說，他曾特別強調王室的贊助對博學院特別重要。據他的描述，博學院設有一處共享的用餐空間，有時候國王會到那裡跟學者們一起用餐。[2]至於駐院學者名單，讀來就像一張古代偉大思想家的點名表，裡頭不僅有幾何學之父歐幾里得（Euclid）、工程學之父阿基米德（Archimedes），還有第一個精準算出地球直徑的科學家埃拉托賽尼（Eratosthenes）。現代文明奠基其上的許多知識突破，大都可以在他們的作品裡找到根源。

亞歷山卓圖書館的另一個分支是塞拉比尤姆；這裡也是一間神殿，供奉人們「編造出來的」神明塞拉皮斯（Serapis）。古代作家爭論不休，不知到底是托勒密一世（Ptolemy I），還是托勒密二世（Ptolemy II）把塞拉皮斯的信仰引介到埃及。但是根據考古學的證據，這座神殿的創立者是托勒密三世（Ptolemy III Euergetes I, 246-221 BCE）。[3]圖書館的設立，使後面這個論點更進一步合理化。就像博學院那樣，這座圖書館的設立也是為了使人留下深刻的印象。根據羅馬歷史學家馬爾切利努斯（Ammianus Marcellinus）的描述，圖書館「有長長的石柱走廊，裝飾著許多栩栩如生的雕像和其他各種藝術作品，其富麗堂皇僅次於羅馬最重要的神殿朱庇特神殿（Capitolium）——以此神殿，崇敬的羅馬晉升永恆之境，整個世界再也看不到更輝煌壯麗的神殿」。[4]

《亞里斯提亞書信》（*Letter of Aristeas*）是一部完成於西元前一百年的奇特文集。據此文集，亞歷山卓圖書館完工之後，其藏書就一直穩定地添增；在一段很短的時間內，其藏書量添增至五十多萬卷。分館塞拉比尤姆建立之後，藏書量又更豐富了。羅馬歷史學家格利烏斯（Aulus Gellius）著有史料彙編《阿提卡之夜》（*Attic Nights*），他在這部著作裡提到館藏共有七十萬卷，平均分藏在兩分館之中。約翰．策策斯（John Tzetzes）估計的數字較為準確，他聲稱博學院的藏書數是四十九萬卷，塞拉比尤姆則藏有四萬兩千八百卷——圖書館員畢竟對館藏的準確數目比較在意，因為這樣他會覺得比較安心。不過，對於這些古代藏書的估計數字，我們都必須非常謹慎以待。考慮到古代世界流傳下來的文獻數量有限，前述這些館藏估計數字不可能是真實的。但是話說回來，我們固然有必要心存懷疑，這些估計數字卻也很清楚地表達一個事實：亞歷山卓圖書館的館藏真的很龐大，遠遠超過當時其他任何已知的圖書館。[5]

針對亞歷山卓圖書館在古代帝國所扮演的角色，我們究竟能提出哪些看法？除了保存知識，亞歷山卓圖書館是否還有其他功能？從一方面來看，我們幾乎不知道亞歷山卓圖書館如何運作；但是從另一方面來看，亞歷山卓圖書館除了明顯有收集與保存知識的野心之外，似乎還有一個宏願：鼓勵學習。阿弗托尼斯（Aphthonius）是西元四世紀的作家，他曾提到亞歷山卓圖書館是知識的「倉庫……開放給所有求知若渴的人，鼓勵全城人民去求取知識」。[6]這裡有個很有可能的情況：亞歷山卓圖書館的「傳奇」，除了與龐大的館藏有關，也與人人皆可入館，習得知識有關。從羅馬史家蘇埃托尼烏斯（Suetonius）的著作，我們得知皇帝圖密善（Emperor Domitian）曾在西元一世紀末派遣多位抄寫人員，專程到亞歷山卓抄寫某些羅馬亡佚的文本，因為那些文本早在多起羅馬圖書館的大火之中焚毀了。[7]亞歷山卓兩座分館的龐大館藏、博學院的駐館學者社群、館方的開放政策——此三者創造一種氛圍，使亞歷山卓圖書館成為學術創造與求取知識的中心。

今日人們一談起亞歷山卓圖書館，通常都會提到圖書館之焚毀，以及從這場災難之中衍生的警世故事：一座宏偉壯麗、相傳收藏了所有知識的圖書館竟然在一場大火之中夷為平地。就某些方面而言，亞歷山卓圖書館之毀滅現在變得跟它的存在一樣重要——即使沒有更為重要。當我們察覺這則典型的故事——亞歷山卓圖書館在一場熊熊大火中頹然倒下——其實是個神話，前述論點就會變得很清楚。事實上，這則盤據在大眾想像力中的故事是個大雜燴，由許多神話與傳奇（而且通常彼此互相矛盾）組合而成。

其中最著名的，也許就是馬爾切利努斯在《歷史》所提供的說法。這本書大約寫於西元三八〇至三九〇年間，書中提到「許多古代文獻紀錄全都意見一致，宣稱館內共有七十萬卷書，是諸位托勒密國王努力不懈，積極收集的成果；但是當亞歷山卓城陷入戰爭，被獨裁者凱撒（Julius Caesar）包圍起來的時候，那些館藏就被大火燒毀了」。[8] 關於那場大火，另一位古代作家普魯塔克（Plutarch）提供一段比較詳細的描述。當亞歷山卓城的亂民群起對抗羅馬人的時候，凱撒迫不得已，只得退守到靠近碼頭的宮廷區。有人試圖「切斷他和他的海軍」的聯繫，而「他迫不得已，只得使用火攻來化解這種危險。只是沒想到那火卻在各個碼頭蔓延開來，燒毀了偉大的圖書館」。狄奧・卡西烏斯（Dio Cassius）的《羅馬史》（*Roman History*）大約寫於西元二三〇年，他在書裡提供另一個略為不同的看法：「許多地方都起火了」，但是被燒毀的並不是博學院（圖書館），而是碼頭上的倉庫，包括那些存放

「穀物和書本的倉庫，據說兩者的數量很大，品質極佳」。[9]

這則神話——凱撒在某些方面對圖書館的焚毀負有責任——必須與史上其他神話並列而觀。到了西元三九一年，亞歷山卓城已經是一座基督教城市，其宗教首領狄奧菲勒斯牧首（Patriarch Theophilus）對塞拉比尤姆神殿供奉的異教神明失去了耐心，下令把神殿毀了。西元六四二年，占領埃及的穆斯林軍隊第一次來到亞歷山卓城，有一則故事把亞圖之毀滅，歸咎於占領該城的阿拉伯軍隊首領阿瑪爾（Amr），而阿瑪爾則聽命於哈里發歐瑪爾（Caliph Omar）。這則故事給了哈里發一項有悖常理的邏輯：「如果希臘人的這些書與阿拉的聖言一致，那麼這些書就沒有用處，無須保留。」接著這則故事提到：「如果希臘人的這些書與阿拉的聖言有別，那麼它們就十分危險，應當加以摧毀。」根據這則故事，哈里發的這道命令「被人盲目地服從，並加以執行」，因此亞圖的藏書就被分送到亞歷山卓城內四千座澡堂，作為燒洗澡水的燃料。據說各澡堂花了六個月的時間，才把那些「燃料」用完。[10]

所有古代史家一致同意的事是亞歷山卓圖書館的毀亡。他們的意見十分有影響力，促進了該則神話的傳播。十八世紀晚期，愛德華・吉朋（Edward Gibbon）的長篇巨著《羅馬帝國衰亡史》（*The History of the Decline and Fall of the Roman Empire*）第三冊出版之後，該神話更進一步快速地流傳開來。這是英語世界首次出現亞歷山卓圖書館之毀亡的生動敘寫。在吉朋筆下，亞圖之毀亡是野蠻行為的象徵，而且這個強大的象徵至今依然流傳。「寶貴的亞歷山卓圖書館遭到搶劫或焚毀；過了將近二十年後，空蕩蕩的書架依然在每個觀者的心裡激起後悔和憤慨的情緒，只要這些觀者的心智沒有完全被宗教的偏見徹底遮蔽。」吉朋如此寫道。其筆端特別強調「古代天才的作品」之失去，哀嘆那麼多作品竟然從此「無可挽回地亡滅了」。[11]

所有這些神話都有一個共通點：哀嘆亞歷山卓圖書館成為野蠻戰勝知識的受害者。這些故事助長了亞歷山卓圖書館的象徵過程：在神話的述說與重述的過程中，終於使人一想到亞歷山卓圖書館這個名字，幾乎總會將之想成一個隱喻，既指涉大量收集全世界知識的欲望，也指向大量知識的毀亡。但是在現實世界裡，亞歷山卓圖書館究竟發生了什麼事？在神話故事的背後，我們能從亞圖的毀滅與存在這兩者之中學到什麼？

亞歷山卓圖書館未能撐持到古典時期之後——這是無可否認的事實。至於究竟為什麼會如此就不是太清楚了。根據凱撒自己的報告，那是一場戰事意外。原來在西元前四八到四七年間，他追殺其勁敵龐培（Pompey）追到了埃及。載著敵軍的許多船隻早就停泊在靠近多座倉庫的碼頭裡，凱撒的軍隊於是就放火把那些船隻燒了。在相繼燃起的大火之中，附近的許多倉庫就被焚毀了。依照亞歷山卓城的規定：所有進港的船隻都要接受檢查，被查到的書本都會先扣留下來，等複本抄寫完成，送入圖書館之後才會放行。因此，那些被查扣下來的書本很有可能就暫時存放在碼頭附近的倉庫裡。對圖書館而言，這場大火確實造成重大毀損（material damage），但是卻沒有燒毀圖書館。這一點與地理學家斯特拉博的說法是吻合的，因為他在這起事件發生的數十年之後，還曾經使用圖書館的資源來完成他的許多研究。[12]

兩座圖書館似乎都很脆弱。塞拉比尤姆似乎曾在西元一八一年的某段時間裡發生火災，接著又在西元二一七年再度失火。不過，這起火災造成的毀損後來似乎獲得重建，而且沒人提到火災是否曾波及圖書館或者僅僅只是神殿建築失火而已。[13]西元二七三年，奧勒良皇帝（Emperor Aurelian）收復了早年被帕邁拉（Palmyra）叛亂分子占領的埃及行省，並摧毀了王宮建築群。幾乎可以確定的是，這場戰爭必定會給圖書館帶來損傷（雖然古代學者並未明白指出這點），但是如果這是一則真實的紀錄（而且這個區域超過一百多年仍未重建），那麼塞拉比尤姆存在的時間可能較博學院為久。[14]

關於圖書館的毀亡，吉朋自有獨到的看法——那是他環繞著這個主題，仔細大量閱讀資料所得出的結果；針對圖書館最有可能的毀亡原因，他的判斷很能帶給我們一些啟示。他排除了圖書館之毀亡得歸咎於埃及的穆斯林占領軍，而下此毀滅令的是哈里發歐瑪爾的這個看法。他認為這個故事版本出自某些早期基督徒作家（例如阿布法拉吉烏斯

〔Abulpharagius〕）之手，尤其那則關於卷軸被分配到城裡數千家澡堂充當燃料的故事。吉朋知道這則故事在那群過去曾經入館的學者之間會產生強烈的回應，讓他們「深感痛惜，古代的學問、藝術和天才都已石沉大海，無可挽回」。[15]這位充滿懷疑的啟蒙主義者在他的分析中譴責這個說法：哈里發沒有任何道理燒毀猶太教和基督教的宗教書籍，因為這些書籍也被伊斯蘭教視為神聖文本。再者，就實際的角度來看，這個故事一點都不可信，因為「在材料缺乏的情況下，大火很快就熄滅了」。[16]

對吉朋而言，亞歷山卓圖書館是古典世界最偉大的其中一項成就，而亞圖之所以毀亡，他認為是長期遭受體制的忽略，再加上時人變得越來越無知所導致的結果；對他而言，圖書館的毀滅是個象徵，代表羅馬已經被野蠻力量打敗，竟讓文明從他們手中漂流而去——在他的時代，那是人們重新遇見且重視的文明。火災——不論是出於意外抑或出自人為，都是讓圖書館失去藏書的主要因素，但是圖書館這個機構本身的消失過程卻是漸進的，一來是因為體制的忽略，二來是因為莎草紙卷軸本身逐漸遭受淘汰之故。

不久前，醫學科學家蓋倫（Galen）的一份手稿在希臘一間修道院的圖書館裡出現，而這份手稿提到一場過去不為人知的火災。根據這份手稿，西元一九二年，羅馬的皇家圖書館發生火災。這座圖書館被稱為多慕斯·提比里亞納（Domus Tiberiana），就蓋在城市中心的帕拉廷丘（Palatine Hill）。那場大火焚毀了多卷原稿，包括一位著名希臘學者對荷馬作品的評論集——荷馬很有可能是古典時代（或所有時代）最有影響力的其中一位作者。[17]重要的是，這些卷軸是羅馬人從亞歷山卓圖書館搶回來的戰利品；原來西元前一六八年，埃米利烏斯·保盧烏斯（Lucius Aemilius Paullus）——羅馬名將西庇阿（Scipio）之父——打敗了馬其頓國王帕修斯（King Perseus），並從後者手中搶走了戰利品。這是第一批被帶回羅馬的莎草紙卷軸，而這批書籍亦對羅馬城民的文學生活產生深刻的影響。[18]

莎草紙首先是在埃及被用來當書寫工具。這種紙的材料來自於燈心草。燈心草的草莖有木髓，可以抽取出來；一層層的木髓疊起來，用水使之融在一起，然後放在太陽下晒乾，接著磨平，使其表面可以著上一種特定的墨水。一張張的莎草紙通常會連在一起捲起來，首尾兩端附上木棒，形成卷軸（拉丁文將之稱為liber〔書〕，英文的library〔圖書館〕即源自這個字）。慢慢地，莎草紙本身會被另一種更耐用的羊皮紙取代——這種技術首先在地中海西部發展起來，慢慢傳遍歐洲；接著透過阿拉伯手藝人和商人的媒介，亞洲的紙張進而再慢慢地取代了羊皮紙。不過，在最初的四百年裡，莎草紙是最主要的書寫媒介。

莎草紙的其中一個問題就是非常容易著火燃燒。由於莎草紙是由乾燥的有機物製成，然後再緊緊地捲在木棍上，其性質本來就很易燃。一旦這些相似的材質被存藏在圖書館裡，這個弱點即變成為潛在的災難。今日許多倖存下來的莎草紙本來都是廢棄物，其發現地點若不是垃圾堆（例如埃及著名的俄克喜林庫斯遺址），就是被用作包裹木乃伊的材料。倖存至今的圖書館莎草紙卷軸數量極少，最著名的當數赫庫蘭尼姆（Herculaneum）這座「莎草莊園」出土的卷軸。西元七九年，維蘇威火山（Mount Vesuvius）爆發，噴發的火山灰淹沒了附近的古城赫庫蘭尼姆。十八世紀中葉，考古學家開始挖掘這座古城，最後總共找到超過一千七百多卷莎草卷軸。這些出土的卷軸大部分已被燒得焦黑，或者因為火山灰的高溫而黏在一起。部分可以判讀的，已經足夠讓我們了解這批莎草紙卷軸的收集者的喜好：這位收藏家顯然很喜歡希臘哲學（尤其菲婁德穆斯〔Philodemus〕的作品）。[19]這批脆弱的莎草紙卷軸目前還在展開和解讀當中，最近開始使用X光儀器來檢測；二〇一八年，考古科學家宣布其發現：其中一部卷軸是塞內卡（Seneca）失落的《歷史》（*Histories*）的部分文稿。

要長期保存莎草紙卷軸，其存藏的環境十分重要。亞歷山卓是個海港城市，天氣很潮溼。這種溼氣必然會影響那些比較古老的卷軸，因為潮溼的天氣會助長黴菌孳生，還有造成其他生物性的腐敗現象。[20]其他圖書館的莎草紙卷軸（例如那些收藏在帕加馬〔Pergamon〕圖書館的卷軸），都經歷了一個從莎草紙卷軸抄錄到羊皮紙的過程。羊皮紙是動物的皮經過加工處理後的書寫材料。從莎草紙到羊皮紙——這是知識的技術轉移，從一種格式轉換成另一種格式。

連續幾百年來的疏於監督、領導和投資——這似乎是亞歷山卓圖書館最後走向毀亡的終極原因。關於亞歷山卓圖書館的故事，與其強調野蠻無知戰勝文明真理，不如說是個警世故事，顯示資金不足、優先次序不高、對保存與分享知識的機構不夠重視——這些因素都具有使之悄然衰亡的危險。與之相比，亞歷山卓圖書館的勁敵——帕加馬的圖書館則力圖拓展並努力保存其館藏。

現代學者把帕加馬圖書館的成立日期訂定在西元前三世紀末，不過古代作家（例如斯特拉博）都把設館日期定於西元前二世紀，並把設館的功勞賦予阿塔羅斯王朝（Attalid dynasty）的國王歐邁尼斯二世（King Eumenes II, 197-160 BCE）。[21]在古代世界，帕加馬圖書館最有資格跟亞歷山卓圖書館搶奪最偉大圖書館的名聲。這座圖書館之所以能變成亞歷山卓圖書館的勁敵，並不在於該館館藏的性質或大小，而在於學者——圖書館本身的一部分——所扮演的角色。[22]根據好幾位古代作家，這種敵對變成國家大事，觸發了托勒密五世（Ptolemy V, 204-180 BCE）和歐邁尼斯二世這兩位國王之間的競爭。[23]兩座圖書館本身也各有自己的明星作家坐鎮。亞歷山卓圖書館有阿里斯塔奇烏斯（Aristarchus），他是評論赫西俄德（Hesiod）作品最著名的作者；帕加馬有馬魯斯的克拉特斯（Crates of Mallos），他是評論荷馬作品最傑出的學者。就像亞歷山卓圖書館那樣，帕加馬圖書館也沒留下特定的遺跡可讓我們指認其位址；而其衰落似乎跟阿塔羅斯王朝的衰落密切相關，畢竟這個王朝在之前一直把自己的地位與圖書館的聲望綁在一起。一旦阿塔羅斯王朝在西元前一三三年前被羅馬人占領之後，圖書館就不再與國家緊密相連，從此就開始走上自己的衰亡之路。

亞歷山卓圖書館幫我們了解圖書館的各種理念，因為亞圖創立了一個範本，在接下來好幾個世紀裡，許多其他圖書館都試圖加以模仿——即便亞圖的各種實際細節其實十分模糊。從亞圖這裡，我們了解到龐大館藏與學者社群聯繫在一起所產生的力量，因為學者能透過研究，從而分享知識並創造知識。斯特拉博在亞圖從事地理研究，他即把圖書館員和學者視為一個擁有三十到五十位男性學者（女性似乎不包括在內）的「希諾杜斯」（synodos），意即「社群」。這個社群的成員來自世界各地，當中有希臘人和羅馬人；希臘人是亞歷山卓城的統治者，而羅馬人則到此抄寫和研究希臘詩歌和戲劇。

圖書館的領導者對其成功至關重大。最初的六位圖書館長當中，有五位是古典時代最重要的作家：澤諾多托斯（Zenodotus）、羅德島的阿波羅尼奧斯、埃拉托賽尼、阿里斯托芬和阿里斯塔奇烏斯。[24]羅德島的阿波羅尼奧斯大約是在西元前二七〇年擔任館長；他的《阿爾戈英雄記》（*Argonautica*）是一部偉大的史詩，他還另外做了一件令人稱頌的事：鼓勵阿基米德這位來自敘拉古的年輕學者到博學院工作。在博學院期間，阿基米德觀察尼羅河水位的漲落，發明了一個稱為「螺旋抽水機」的工程工具——至今這種工具仍以他的名字命名。[25]數學家歐幾里得受邀到亞歷山卓圖書館參與學者社群；一般認為他的《幾何原本》（*Elements of Geometry*）——現代數學的基礎——就是完成於這段期間。另外，他也在這裡遇到並教導他的傳人佩爾加的阿波羅尼烏斯（Apollonius of Perga）。圖書館人和亞歷山卓的學者所做的，不僅止於保存知識，他們將文本標準化，並且增添個人的觀點來創造新的知識。大火和長期的忽略是無法毀滅亞歷山卓圖書館創造出來的事物：一種我們今日稱為學術研究的學習方式。

我們現在很難證明古代世界的圖書館與後面幾個世代出現的圖書館有直接的聯繫，但是我們可能可以察覺到組織和保存知識的普遍人類行為。亞歷山卓圖書館和尼尼微圖書館的館員並未留下專業實踐的直接傳承。他們沒有留下說明書，也沒有留下任何相關的片言隻語。唯一存留下來的，比較像是一種價值觀：知識具有強大的力量、追尋與保存知識是有價值的任務、知識的失去是文明漸漸走向衰亡的初期警訊。

今日我在博德利圖書館裡走動時，不時都可看到圖書館人員的實踐歷史。博德利圖書館一共由二十八座建築物構成，你在其中可以看到保存與分享知識的實踐方式之演進。我們持續使用這些建築物，其中有很多棟建築物在很早以前就是設計用來當作圖書館，當中有的已經超過六百年的歷史。這個事實持續激勵所有在這裡工作的人。這些建築物如今裝設了電燈、中央暖氣、電腦、Wi-Fi和其他學習輔助工具。但是這種創新的過程有古老的源頭，幾乎可以追溯到兩千年前，追溯到亞歷山卓圖書館建立之前。

若我們檢驗古代圖書館的物理遺跡，那些倖存下來的事物真是非比尋常。舉個例子，一九四〇年代末期，有個名叫穆哈默·埃迪（Muhammed edh-Dhib）的年輕牧人在猶太曠野的昆蘭洞穴（Qumran Caves）發現了一批陶瓶。這批陶瓶裝著數百份卷軸，幾乎包含《希伯來聖經》的每一章——那是現存最古老的聖經版本。根據一項考古研究，昆蘭洞穴附近的遺址可推到大約西元前一百年到西元七十年，而洞裡出土的手稿之寫定則大約是在西元前四年到西元七十年（耶路撒冷第二座聖殿毀於這一年）之間。這批出土的手稿以死海古卷（Dead Sea Scrolls）著稱，而其脆弱和殘破顯示了它們奇異的倖存。我們無從確知這些古卷究竟是如何存放（或者也許是隱藏）在昆蘭洞穴裡，但是大家共同的看法是：這批古卷應該是其中一支猶太教派刻意藏起來的（現在大家認為是艾賽尼派〔Essenes〕），時間是在西元六六年到七三年之間，因為當時發生了第一次猶太戰爭（First Jewish Revolt），羅馬人開始鎮壓猶太人。沙漠這個地點，加上這批文件的存放方式——此二者確保了古卷的保存。大部分死海古卷是寫在羊皮紙上，雖然也有一小部分文本寫在莎草紙上。羊皮紙文件較莎草紙文件耐久。

亞歷山卓圖書館留下來的一個重要教訓是：對後來繼起的社會而言，其毀亡會成為一個警告。打從吉朋開始，大家向來持有的一般看法是羅馬帝國衰亡之後，人類即進入「黑暗時代」。今日的歷史學家已經釐清這個想法，指出亞歷山卓圖書館毀亡之後，並未隨之出現一個「黑暗時代」。任何今日依舊存在的「黑暗」，那是由於缺乏知識保存的明證。事實上，人們持續收集知識，學問持續在歐洲、亞洲、非洲和中東茁壯成長，繼承亞歷山卓圖書館和其他古代圖書館未竟的事業。透過阿拉伯文化，還有透過抄寫和翻譯的力量，希臘世界的學問被大量保存下來。阿拉伯學術中心的幾個主要社群（例如在今日伊朗地區的大布里士〔Tabriz〕）將會確保希臘文化和科學持續傳播——大部分這些希臘文化和科學文本將會重譯成拉丁文，然後再透過幾個大都會城市（例如穆斯林西班牙或當時被稱為安達魯斯〔al-Andalus〕的托雷多〔Toledo〕）之間的文化交流而重新回到西方。[26]

亞歷山卓圖書館在第一個千禧年的前面數百年中慢慢走向衰頹，與此同時，古代世界的知識持續透過其他圖書館而獲得保存。這些早期圖書館的存在，其中一項證據出現在拉文納

（Ravenna）一間小教堂的馬賽克圖畫裡；這間小教堂建於西元四五〇年，是特地為了安置皇后加拉．普拉西緹雅（Galla Placidia）的墳墓而建造的。這張圖畫裡，可看到一個存放書本的櫥櫃，共有兩層書架，每一層分別平放著兩部書，書上分別標記著四位福音書作者的名字。櫥櫃的四隻腳很堅固地將書櫃托起，使之遠離地面（可能是為了保護櫃子裡的書，不受水淹的破壞）。[27]

義大利北部的維洛納（Verona）有一間首都圖書館（Capitular Library），其前身是主教教堂的繕寫室。出自這間圖書館最古老的藏書可追溯到西元五一七年，據說這部書的作者是該主教教堂某位名叫厄斯希努斯（Ursicinus）的低階教士。但是該圖書館收藏的書籍至少可往前再推一百年，當時亞歷山卓圖書館可能還殘留著某些過去的榮光。一個很有可能的情況是：這些藏書當初就是在這裡的繕寫室抄寫的，而抄寫從其他地方運來的書籍的目的就是為了成立圖書館。西元六世紀，有個宗教團體在西奈（Sinai）的沙漠建立了一間奉獻給聖凱瑟琳（St. Catherine）的修道院。這間修道院設有圖書館，收藏極為重要的手稿，尤其是著名的「西奈山抄本」（Codex Sinaiticus）——這是希臘文聖經最早也最完整的手抄本，時間可追溯到四世紀上半葉。直到今日，這間圖書館持續收藏手抄本和印版書，供修道院內的修士與其他學者使用。

不過，有很多重要的作品在我們現在稱為「古代晚期」（Late Antiquity）——大約從三世紀到八世紀——的那段時期亡佚。我們之所以會知道這件事，一是透過後期書本裡的隱約描述，二是從偶然出土的莎草紙上找到的片段文字得知。在過去一百五十年裡，考古學家在挖掘中找到了一些過去人們不知道的文本。這些莎草紙的出土，也顯示古典作家所持有的書籍文本，遠比中世紀人們所知道的版本更好。拜占庭作家呂底亞的約翰（Johannes Lydus）在六世紀看到的塞內卡和蘇埃托尼烏斯，其版本比我們現在所能看到的傳本完整。五世紀的北非主教聖弗爾金提斯（St Fulgentius）和聖馬丁（St Martin），還有六世紀在葡萄牙布拉加（Braga）的大主教，他們都曾引用（或抄襲）佩特羅尼烏斯（Petronius）和塞內卡的文本，然而他們抄寫的這些段落並未出現在今日拉丁文作者的資料庫裡。[28]

說到文本亡佚，最佳的例子是希臘詩人莎芙（Sappho）。莎芙於西元前七世紀出生在萊斯沃斯島（Lesbos），她在古代世界的文化地位極其重要，以至於柏拉圖（Plato）將她稱為「第十位繆思」。莎芙以寫給女性的情詩著名，英文語詞 sapphic（詩歌）和 lesbian（女同志）二字的字源即分別來自她的名字和她出生的島名。莎芙極為著名，古代作家從賀拉斯（Horace）到奧維德（Ovid），幾乎所有人都曾提過她的名字；亞歷山卓圖書館裡的學者編著過不僅一部討論她的詩歌的作品，而是兩部含有九章討論其詩歌的評論集。不過，她的作品今日只有殘章斷簡倖存下來。我們今日看到的唯一一首完整的詩歌，出自一部希臘抒情詩選集，其他的所有作品都是拼湊的；這些片段的引文有的漆在出土的陶器碎片上，有的寫在從垃圾堆找到的莎草紙上——其中最著名的垃圾堆就是埃及的俄克喜林庫斯。第三十八首詩僅存一句，即：「你燃燒我」。提到亞歷山卓圖書館為何沒能保存如此重要作家的作品，這裡出現很多相互競爭的說法。歷來最流行的解釋是基督教會基於道德的理由，刻意將之摧毀。文藝復興時代的作家甚至振振有詞，指出莎芙的作品是在一○七三年，在主教額我略七世（Gregory VII）的命令之下，全數在羅馬和君士坦丁堡遭受焚毀。事實上，莎芙的作品是以一種晦澀難讀的伊歐里斯方言（Aeolic dialect）寫成，因此可能因為需求量不夠大，在莎草紙手抄本轉換成羊皮紙手抄本時，她的作品可能就已經沒人在傳抄了。一八九七年，埃及探險學會（Egypt Exploration Society）開始挖掘俄克喜林庫斯的垃圾堆；今日倖存的文學莎草紙，超過百分之七十即出自這個遺址。

隨著基督教的成立，書籍和圖書館在歐洲和地中海世界大力流傳。即便是不列顛，儘管地處羅馬帝國的邊陲地帶，我們從零星的證據來推斷，此地也有圖書館的設立（死於西元二世紀初期的詩人馬提爾〔Martial〕曾語帶諷刺地說：竟然有大不列顛讀者在閱讀他的作品）。在其他主要的城市，例如君士坦丁堡（直到西元三三〇年重建之前，當時這座城市被稱為拜占庭），亞歷山卓圖書館的精神再度復甦；大約在西元四二五年，皇帝狄奧多西二世（Theodosius II）重建了帝國大學，並設立了一間新的神學院。[29]西元六世紀，身兼學者與政治家的卡西奧多魯斯（Cassiodorus）從義大利狄奧多里克國王（King Theodoric）的宮廷退休，成為修士；他在卡拉布里亞（Calabria）的維瓦里姆（Vivarium）建立一間修道院，並成立了一間重要的圖書館。這間圖書館的繕寫室是重要的知識源頭，至少有兩部書是在那裡抄寫，並在寫成之後送到英格蘭北部的韋爾茅斯－雅羅修道院（Abbey of Monkwearmouth-Jarrow），供那裡的基督徒社群使用。一本是卡西奧多魯斯自己的著作《詩篇注釋》（*Commentary on the Psalms*）——達拉謨（Durham）的大教堂圖書館今日藏有這部作品的八世紀手抄本；另一部書則是手抄本聖經。這部聖經後來在韋爾茅斯－雅羅修道院的繕寫室再度傳抄並製成一本書，稱為《阿米提奴抄本》（Codex Amiatinus）；這部抄本後來被當作禮物，送回羅馬。不過《阿米提奴抄本》從未抵達羅馬，現在藏在佛羅倫斯（Florence）的老楞佐圖書館（Laurentian Library）。《阿米提奴抄本》甚至畫了一張圖書館的示意圖，畫著書架與圖書，書架旁邊還有一位正忙著寫作的先知以斯拉（Prophet Ezra）。[30]

在這段時期，知識的傳抄由基督教世界之外的伊斯蘭與猶太社群接手。在猶太教的信仰裡，聖經舊約與其他神聖文本的抄寫極為重要，他們甚至成立宗教法來管理書寫的文字該如何處理。[31]在整個伊斯蘭世界裡，雖然背誦《古蘭經》的口傳傳統依然是主流，但是書本也是傳播聖書以及其他思想概念的重要知性機制。伊斯蘭社群從中國人那裡學會了造紙技術；根據十三世紀百科全書編撰者雅古特·哈爾拉維（Yaqut al-Hallawi），巴格達第一間造紙廠是在西元七九四至七九五年間創立，那裡生產的紙張夠多，終於能讓官員拿來取代羊皮紙和莎草紙的紀錄。[32]紙張比莎草紙堅固，遠比羊皮紙便宜，其大量生產使穆斯林得以發展複雜的書本文化。其所呈現的結果是：圖書館、紙商和書商在巴格達極為常見；在那裡，賣書和紙的商人以知識分子知名於世。很快地，這種文化就傳播到伊斯蘭世界的其他城市。

從伊斯蘭世界的西班牙到伊拉克的阿拔斯帝國（Abbasid kingdom），圖書館紛紛建立起來。敘利亞和埃及有許多大圖書館，伊斯蘭世界的西班牙擁有超過七十間圖書館，光是巴格達就有三十六間。這座偉大城市的第一間公共圖書館是巴格達的創立者曼蘇爾（al-Mansur, 754-75）或他的繼任者哈倫·拉希德（Harun al-Rashid, 786-809）建立的。西元八世紀，哈倫的兒子哈里發馬蒙（al-Mamun）建了一座智慧宮（House of Wisdom），作為圖書館和學術機構，專事翻譯、研究和教育。這座智慧宮吸引了來自全球、出身不同文化和不同宗教信仰的學者前來從事研究。就在這裡，亞歷山卓圖書館的精神再度興起，教師和學生聚集在一起翻譯希臘文、波斯文、敘利亞文和印度文手稿。在哈里發的贊助之下，智慧宮的學者們得以研究從君士坦丁堡帶過去的希臘文手抄本，翻譯希臘各個大師的作品，包括亞里斯多德（Aristotle）、柏拉圖、希波克拉底（Hippocrates）、歐幾里得、托勒密、畢達哥拉斯（Pythagoras）、婆羅摩笈多（Brahmagupta）等等。在接下來的數百年裡，其他圖書館也相繼建立起來，例如在九九一年，波斯政治家薩布爾・阿達希爾（Sabur ibn Ardashir）建立的知識之家（House of Knowledge）即是。這裡收藏了一萬多部科學類書籍；可惜的是，在西元十一世紀中葉，這些抄本被入侵的塞爾柱人（Seljuq）全數摧毀。[33]

埃及有一評論家，亦即百科全書編撰者加勒卡尚迪（al-Qalqashandī）曾提到「在巴格達，阿拔斯哈里發的圖書館……收藏的書不可計數，其價值也無可計數」。到了十三世紀，蒙古人大舉來犯，這些圖書館將會遭受摧毀，有的是人為的，有的是間接遭到波及。[34]伊斯蘭學者也創造了屬於他們的高超的學術，尤其在科學方面；在後來的一千多年裡，歐洲圖書館相繼收藏的伊斯蘭科學書籍將會激發人們創造新的科學研究方法。[35]

到了七世紀，北歐建立了許多修道院，大部分修道院也都設立了圖書館。不過，大部分圖書館的藏書並不多。在不列顛，只有坎特伯里（Canterbury）、馬姆斯伯里（Malmesbury）、韋爾茅斯－雅羅和約克（York）幾個早期基督教社群擁有足夠的書籍，可以稱得上圖書館。

不過，經歷維京人的入侵之後，這幾個島嶼幾乎沒有任何藏書倖存。[36]

九世紀初，聖高隆（St Columba）在愛奧那島（Iona）創立的修道院遭受維京人多次襲擊，院內多位僧侶被殺害，他們最珍貴的繕寫室被摧毀。有一個說法是：他們最著名的泥金手抄本《凱爾經》（Book of Kells）是在愛奧那島繕寫的，但是因為他們擔心維京人的襲擊，所以早早就把經卷移送到凱爾斯（Kells）保存。[37]其中有一部經書逃過維京人的魔掌，那就是舉世聞名的《林迪斯法恩福音書》（Lindisfarne Gospels）。這部經書現存大英圖書館，其創作者是八世紀林迪斯法恩（Lindisfarne）的基督教社群；大約過了一百五十年，這個基督教社群離開了該島嶼，隨身帶著該部經書和他們精神領袖聖卡斯伯特（St Cuthbert）的遺體，遷移到大陸較為安全的地區。在今日，這部書以早期基督教藝術著稱，書內包含最為奇特與最為精緻的圖畫。但是在它的時代，它是北歐地區基督教化最強力的象徵。

一百年後，這部裝飾著貴金屬、寶石和珠寶的偉大經書離開了林迪斯法恩島，來到達拉謨，與其他宗教書籍同伴同住。到了十世紀中葉，這裡有位名叫奧爾德雷德（Aldred）的僧侶給經書的拉丁文本加上古英文注釋；事實上，這是《新約聖經》最早的英文翻譯。這位後來會與達拉謨在切斯特勒街（Chester-le-Street）的姊妹社群產生關聯的僧侶增添一篇序文，記錄這部經書的傳統：林迪斯法恩主教埃德弗里斯（Eadfrith）大約在西元六九八至七二二年的任期之內撰寫；繼任的主教埃塞爾沃爾德（Aethilwald）加以裝訂；這位主教死於七四〇年，最後由比爾弗里斯（Billfrith）給經書的封面增添黃金、白銀和寶石的裝飾。在十二世紀，達拉謨僧侶西蒙（Symeon）注意到這部經書「就保存在他們的教堂裡」，其貴重的程度與聖卡斯伯特的遺體不相上下。[38]

博德利圖書館現在收藏兩部曾於這段時期存放在君士坦丁堡一間圖書館的書籍，這兩部書就是歐幾里得的《幾何原本》和柏拉圖的《對話錄》（*Dialogues*），而且兩部書都是現存最早的完整版。在九世紀晚期，這兩部書就保存在帕特拉斯的阿雷塔斯主教（Bishop Arethas of Patras）圖書館裡。

截至一〇六六年諾曼第入侵時，不列顛最大的館藏，例如在伊利（Ely）的圖書館，最多不過只有幾百冊藏書而已，數量遠遠小於這些圖書館在伊斯蘭世界的對手。諾曼第入侵之前，英格蘭大部分的圖書館都很小，只需要幾個堅固的箱子或櫥櫃就足夠存放藏書了。而且也只有一小部分修道院擁有圖書室。舉個例子，建立於七世紀的彼得伯勒修道院（Peterborough Abbey）現存一張書單，羅列著溫徹斯特的埃塞爾沃爾德主教——這位主教在九七〇年重建該修道院——贈送給修道院的書籍。這張書單上只列了二十本書而已。[39]根據比德尊者（Venerable Bede）的說法，教宗額我略一世（Pope Gregory the Great）在七世紀初期曾經送了很多書給坎特伯里的奧古斯丁（Augustine），不過這些書籍當中有很多可能是祈禱書和聖經。比德尊者明顯提到的唯一一間圖書館就是位於諾森伯蘭（Northumberland）的赫克瑟姆（Hexham）；很明顯地，那間圖書館的收藏必然包含許多殉教烈士的受難記和其他宗教書籍。[40]

幾個古代文明結束後，圖書館持續存在，即便這些圖書館都不是直接繼承希臘、埃及、波斯或羅馬傳統的繼承者。透過抄寫文本，新的圖書館很快就建立起來，保存新近創造出來的抄本。有幾間這類新建的基督教圖書館——例如聖凱瑟琳修道院圖書館或維洛納的首都圖書館，打從它們在古代世界最後幾年之間首次開始運作，就一直持續矗立至今。古代世界結束之後幾百年內相繼建立的圖書館，有許多間也依然存在。這些圖書館創造了一個讓知識得以茁壯的模式，同時也使許多機構共同形成一個網絡，在整個中世紀時期撐持著西方與中東的社會。

亞歷山卓圖書館的傳奇故事產生了一個概念，即圖書館和檔案室是創造新知識的地方——我們所看到的博學院就是這樣一個混合了書籍和學者的場所。亞歷山卓圖書館的名聲傳遍了古代世界各地，而且在歷史上流傳至今，激發其他人起而仿效，承擔其任務：收集和組織世界的知識。《湯瑪斯·博德利爵士傳記》（*The Life of Sir Thomas Bodley*）在一六四七年出版，在這本書的序章，有一句話讚美他所建立的圖書館極其偉大，甚至超越了「古代埃及圖書館的盛名」。[41]亞歷山卓圖書館留下的遺澤至今仍然帶給圖書館員和檔案室專業人員許多激勵，鼓勵他們為保護和拯救知識而奮鬥不懈。

注釋

1 Bagnall, 'Alexandria: Library of Dreams', p. 349.

2 Strabo, *Geography*, 17.1.8. Hatzimichali 亦徵引了這項資料，參閱其文章：Hatzimichali, 'Ashes to Ashes? The Library of Alexandria after 48 BC', p. 170, n.7。

3 McKenzie, Gibson and Reyes, 'Reconstructing the Serapeum in Alexandria', pp. 79-81.

4 Ammianus Marcellinus, *History*, 22.16.12.

5 關於這一點，羅傑・巴格諾爾（Roger Bagnall）的論點最有說服力，參閱 Bagnall, 'Alexandria: Library of Dreams', pp. 351-6；這篇文章也可看到相關資料的討論。

6 這段引言出自 Rajak, *Traslation and Survival*, p. 45。欲讀整段文章的翻譯，參閱 McKenzie, Gibson and Reyes, 'Reconstructing the Serapeum in Alexandria', pp. 104-5。

7 Suetonius, *Lives of the Caesars*, 8.3.20; Bagnall, 'Alexandria: Library of Dreams', p. 357.

8 Ammianus Marcellinus, *History*, 22.16.13：這裡的引文出自 Barnes, 'Cloistered Bookworms in the Chicken-Coop of the Muses', p. 71。

9 Dio Cassius, *Roman History*, 42.38，引自 Casson, *Libraries in the Ancient World*. p. 46。

10 這段描寫吉朋寫得最為精彩，參閱 Gibbon, *Decline and Fall*, III, pp. 284-5。

11 Ibid., p. 83.

12 Bagnall, 'Cloistered Bookworm in the Chicken-Coop of the Muses', pp.71-2; Jacob, 'Fragments of a History of Ancient Libraries' , p. 65.

13 McKenzie, Gibson and Reyes, 'Reconstructing the Serapeum in Alexandria', pp. 86, 98-9. 西元一八一年發生火災——這個日期出自優西比烏斯（Eusebius）的《編年史》（*Chronicle*，傑若姆〔Jerome〕的譯本），參閱 McKenzie, Gibson and Reyes, p. 86 所附的資料。基督教作家特士良（Tertullian）在西元一九七年寫作，曾提到他在塞拉比尤姆分館看到《七十士譯本》（*Septuagint*），參閱 *Apologeticum*, 18.8：狄奧．卡西烏斯在他的《羅馬史》提到神殿在西元二一七的火災，但是神殿神奇地逃過這場祝融之災，參閱 Dio, *Roman History Epitome*, 79.7.3。

14 奧勒良皇帝摧毀宮廷區布魯卻姆的事件，詳見 Ammianus Marcellinus, *History*, 22.16.15。

15 Gibbon, *Decline and Fall*, III, p. 285.

16 Ibid., pp. 284-5.

17 關於這場大火和蓋倫的描述，參閱 Tucci, 'Galen's Storeroom, Rome's Libraries, and the Fire of A.D. 192'。

18 普魯塔克在其著作描寫奪取館藏的經過，參閱 Plutarch, *Aemilius Paulus* 28.6；另可參閱 Affleck, 'Priests, Patrons, and Playwrights', pp. 124-6。

19 Houston, 'The Non-Philodemus Book Collection in the Villa of the Papyri', p. 183.

20 Posner, *Archives in the Ancient World*, pp. 71-2.

21 Strabo, *Geography*. 13.1.54; Coqueugniot, 'Where Was the Royal Library of Pergamum?', p. 109.

22 Bagnall, 'Alexandria: Library of Dreams', p. 352.

23 Casson, *Libraries in the Ancient World*, pp. 52-3.

24 Hatzimichali, 'Ashes to Ashes?', p. 173.

25 MacLeod, 'Introduction: Alexandria in History and Myth', p. 4.

26 Pfeiffer, *Politics, Patronage and the Transmission of Knowledge*; Burnett, 'The Coherence of the Arabic-Latin Translation Program in Toledo in the Twelfth Century': Gutas, *Greek Thought, Arabic Culture*.

27 這幅畫的複製品可見於 Clark, J. W., *The Care of Books*, p. 41。

28 Reynolds and Wilson, *Scribes & Scholars*. pp. 81-3.

29 Ibid., p. 54.

30 Breay and Story (eds), *Anglo-Saxon Kingdoms*, pp. 126-9.

31 這個現象在第八章會進一步討論；亦可參閱 Stroumsa, 'Between "Canon" and Library in Medieval Jewish Philosophical Thought'。

32 Bloom, *Paper Before Print*, pp. 48-9.

33 Ibid., pp. 119-21.

34 轉引自 Biran, 'Libraries, Books and Transmission of Knowledge in Ilkhanid Baghdad', pp. 467-8。

35 參閱 Hirschler, *Medieval Damascus*, and Hirschler, *The Written Word in the Medieval Arabic Lands*; Biran, 'Libraries, Books and Transmission of Knowledge in Ilkhanid Baghdad'。

36 Thomson, 'Identifiable Books from the Pre-Conquest Library of Malmesbury Abbey'; Gameson, *The Earliest Books of Canterbury Cathedral: Manuscripts and Fragments to c.1200*; Lapidge, *The Anglo-Saxon Library*, Chapter 2, 'Vanished libraries of Anglo-Saxon England'.

37 Meehan, *The Book of Kells*, p. 20.

38 Gameson, 'From Vindolanda to Domesday', pp. 8-9.

39 Ganz, 'Anglo-Saxon England', pp. 93-108.

40 Ibid., p. 103.

41 Bodley, *The Life of Sir Thomas Bodley*, sig. A2v.

第三章　書本極其便宜

在中世紀的英格蘭，有個男子身負亨利八世（King Henry VIII）委託的重責大任，在英國境內四處旅行，走訪一間又一間修道院。單身一人騎著馬，約翰．利蘭（John Leland）孤獨的身影與都鐸時期動盪不安的時代背景形成強烈的對比。他這趟旅程將會帶領我們進入許多修道院圖書館，讓我們看這些館藏最後一眼，因為在他到訪之後不久，這些館藏就會被人以宗教改革（Reformation）之名加以摧毀。

利蘭出生在一個動盪不安的世界裡。過去一千年中，教育和知識的掌控者一直都是天主教會（Catholic Church）——「catholic」這個字的意思就是「普遍共同」。修道院和各種宗教會社形成一個網絡，維繫著圖書館和學校的運作。在利蘭的時代，英格蘭正慢慢從漫長且血腥的內戰中恢復過來；此時的英格蘭由都鐸家族這個新的王室家庭統治，此時的歐洲越來越動盪不安，各國人民對教會的財富和權力越來越不滿。就在這樣的背景下，人文主義

（humanism）興起，而這項新的知識運動鼓勵人們學習各種語言，研究古典時期的作家。這股新思潮創造了一場知識上的騷動，提供人們許多看待世界的新方式。透過探究觀念的始源，這股新思潮對許多假設提出質疑。隨著時日過去，這種質疑的精神慢慢壯大，普遍流傳在歐洲菁英分子之間。英格蘭也出了幾位重要的人文主義者，例如湯瑪斯·摩爾（Thomas More）和約翰·柯利特（John Colet），前者是國王的顧問與《烏托邦》（*Utopia*）的作者，後者是聖保羅座堂的教長。他們都想透過教育，讓新一代的學者傳播這個訊息。利蘭是個孤兒，不過他的養父還是決定讓他接受教育；他把利蘭送去柯利特重新創辦的學校學習拉丁文和希臘文。這類新興的學校與過去的學校極為不同，他們除了讓學生研習聖經與天主教作家的作品之外，也鼓勵學生閱讀古典作家的著作。

劍橋大學畢業後，利蘭到第二任諾福克公爵湯瑪斯·霍華德（Thomas Howard）的家裡服務，擔任公爵之子的家庭教師。接著他又到了牛津——可能是在牛津這裡，他開始與萬靈學院（All Souls College）產生聯繫。雖然他並不富有，也不是貴族的子弟，但是他與他的贊助人——樞機主教沃爾西（Cardinal Wolsey）——同樣聰明，同樣充滿野心。在沃爾西的鼓勵之下，不久他就渡過英吉利海峽，前往巴黎，結交當時最重要的知識分子。他往來的圈子裡，都是當時的博學之士，其中包括皇家圖書館館長紀堯姆·比代（Guillaume Budé）和傑出的修辭學教授弗朗索瓦・杜・博瓦（François Du Bois）。在這群學者的鼓勵之下，利蘭開始寫詩，並且以人文主義者的研究方法，沉浸在手稿之中，尋找和研究知識的源頭。[1]

一五二九年，利蘭離開法國，回返英格蘭。沃爾西此時已經失勢，利蘭於是投入湯瑪斯・克倫威爾（Thomas Cromwell）門下，跟他的新贊助人一起想辦法在亨利八世那詭譎多變的宮廷中生存——那是一個充滿陰謀、背後中傷、譴責與動不動就會遭受處決的地方。

當時亨利八世正在想辦法提出論據來與天主教教會對抗。起初，他這些論據的焦點是找一個理由，讓他可以休掉他的王后——亞拉岡的凱瑟琳（Catherine of Aragon），另娶美麗的侍臣安妮・博林（Anne Boleyn）。宮中有幾位最能幹的顧問利用目的論的論證來支持他的論據，不過這場本來只是要訴求離婚的論爭，最後卻演變成更為根本的論戰：反對教宗在英格蘭的威權。不久，肆無忌憚的機會主義漸漸掩蓋了這些論爭的本來目的。如果亨利八世擺脫天主教會的威權，他不僅可以取得英格蘭的宗教領袖地位，還能接管天主教會在過去數百年來累積的巨大財富。這就是英格蘭版本的宗教改革。我們現在稱為宗教改革的現象始於一五一七年；在馬丁・路德（Martin Luther）的領導之下，當時這場運動產生了許多影響重大的改革，並且在十六世紀期間傳遍了整個歐洲。利蘭和克倫威爾兩人都想成為這場運動的重要人物。

亨利八世是都鐸王朝的第二位國君；由於王后沒生下男性繼承人，他的王位岌岌可危。在這場權位鬥爭之中，操縱歷史因此就變成重要的武器。從各個修道院圖書館找到的手抄本，裡頭記載的歷史和編年史於是變成最珍貴的證據，證明古代的英格蘭是獨立於教皇威權的管轄之外，尤其在諾曼征服（Norman Conquest）發生之前。就連英格蘭神話人物亞瑟王（King Arthur）的故事也被拿出來作為論戰的憑據。如此一來，修道院圖書館的館藏可謂掌握了開啟亨利八世的未來之鑰。利蘭抓住這個機會，以他的研究天才穩住他在王宮裡的地位。他成為亞瑟王研究的特別專家，並寫了兩部作品，證明他具有實事求是的歷史長才。後來他以「古文物學家」聞名於朝廷；雖然「古文物學家」並非正式的公職名稱，但是對於一個對過去歷史深感興趣的人，卻是一個合適的稱號。

國王的計畫漸漸取得成果。一五三三年五月三十一日，安妮．博林風風光光地來到倫敦，第二天就在西敏寺（Westminster Abbey）加冕為后。這場加冕儀式是由克倫威爾一手精心策劃，為了這個輝煌的時刻，利蘭也特地寫了一首正式的拉丁文祝賀詩，詩中八次提到國王的期望——希望安妮早生貴子。不過亨利八世要的，並不是利蘭的詩。根據利蘭後來的回憶，在加冕典禮過後，國王即賦予他「一項最莊重的任務，……讓他去細讀手稿，並到全國各地的修道院與學院的圖書館裡搜尋所有的手稿」。[2]由於這項委託任務，利蘭扮演了一個活躍的角色，協助完成國王的「重大要事」：找尋理據來支持他的兩個決定，一是廢除他與亞拉岡的凱瑟琳的婚姻，二是為他的新任妻子安妮．博林正名。在這些論爭之中，英格蘭將會正式擺脫教皇的威權，並且亨利八世——而不是教皇——將成為英格蘭教會的領袖。

在這趟奇特的旅程中，利蘭拜訪了一百四十多間修道院，仔細研讀了許多他在圖書館架上找到的書。他是個充滿熱誠的研究者，每結束一趟旅程，他都會詳細記錄他所檢視過的書，並且寫下他的旅途經歷。他死後，他的幾個朋友嘗試整理他的筆記，為之理出一個秩序。這不是一件容易的事。一五七七年，歷史學家約翰．哈里森（John Harrison）指出那批筆記的狀況極差，全都「遭受蟲蛀、發霉且爛掉了」，而且他的那些手稿「全部都損壞了，因為溼氣和天氣的緣故，書稿變得面目全非，最後因為少了幾冊，終究難以完美成套」。他試圖解讀利蘭筆記上的文字，但是卻備感挫折：「他的注解是如此地令人困惑，以至於沒有任何人能（以某種方式）從那些字跡當中讀出任何意義。」[3]

那批筆記在十八世紀藏入博德利圖書館（這對我而言很是方便），此時已經整整齊齊地綁成一疊；不過，這批筆記原本應該是一堆凌亂的紙張，上頭寫滿了利蘭的筆跡，還有一道道劃掉與修改的痕跡，有的紙張看起來曾經被折了起來，有的染了汙漬和水痕，其他則看起來磨損嚴重。利蘭雖然只列出他覺得特別有興趣的書，但是這些書單卻也呈現大量細節，讓我們知道有哪些書被摧毀了，還有幫助我們確認今日那些倖存下來的書，本來是哪間修道院的館藏——有時候這種鑑定就出自於利蘭這趟旅程的直接結果。他的筆記也留下大量關於那些圖書館的個人意見。再者，他要去探訪的圖書館通常都路途遙遠，因此他必須事先仔細規劃一張張的旅途清單，有時還得畫幾張簡單的地圖來幫助他找到目的地。

要到鄉間旅行，我們理所當然會想去找一張地圖來為我們導航。但是在利蘭的時代，英格蘭還沒有地圖——那得要再等個三十年後，克里斯多福・薩克斯頓（Christopher Saxton）繪製的首張英格蘭地圖才會問世。從利蘭的這疊筆記，可以看得出他的行前準備做得十分充分；筆記裡有他打算探訪的圖書館清單，甚至還有特定地區的簡單草圖來幫助他有效管理時間。裡頭有一張亨伯河口（Humber estuary）的地圖，圖上註明好幾間位於林肯郡（Lincolnshire）與約克郡（Yorkshire）的修道院——他在一五三四年即曾到這幾間修道院探訪。[4]

利蘭企圖繪製的是一張知識的藏寶圖，而這份豐富的寶藏就分布在中古不列顛的六百多間修道院，藏在這六百間修道院所擁有的八千六百多部藏書裡。這批中世紀館藏的內容豐富，其中有大量的祈禱書來自規模較小的教區圖書館，還有一些藏書是來自規模較大、組織較嚴密的修道會圖書館。中世紀英格蘭最著名的圖書館是位於坎特伯里的聖奧古斯丁的本篤會修道院（Benedictine Abbey of St Augustine）；從最後一份中世紀館藏清單（編於一三七五年到一四二〇年之間，包括一四七四年到一四九七年的增編）看來，這間修道院圖書館擁有一千九百部藏書。這批藏書當中，今日已知只有兩百九十五部倖存。[5]根據中世紀的標準，聖奧古斯丁修院圖書館算是大型圖書館，其館藏清單所羅列的藏書，有的繕寫於該修道院，有的是他人贈予該修道院的禮物，時間最遠可以追溯到十世紀晚期。大部分藏書的內容與宗教有關，若不是關於聖經文本，就是後期神學家（例如比德尊者）對聖經文本的闡釋，或者是天主教早期教父的著作。修院圖書館允許其社群成員閱讀的人類知識範圍很廣，包括歷史（古代和當代史家之著作）、科學（包含天文學、數學和幾何學）及醫學；這份館藏目錄有個主要的部分羅列著古代世界最偉大且博學的亞里斯多德的著作，此外還有一小部分藏書是關於詩歌、法國介紹、文法、宗教法、邏輯、聖人傳記和字母符號。

格拉斯頓伯里（Glastonbury）位於英格蘭西部，是國內最大的修道院之一，也是利蘭急欲探訪的目標。這座修道院不僅是亞瑟王之墳的所在地（因此與亨利八世的政治訴求極度相關），也擁有國內最著名的其中一間圖書館。利蘭很生動地描述他的初次到訪：「我還沒能完全跨過門檻，就看到許多古代的抄本，僅僅那一瞥，就讓我感到震驚莫名——事實上是讓我看得目瞪口呆；因為這樣，我竟在進門的中途停住了一會兒。接下來除了向此地的天才們致敬，我就帶著極大的好奇，花了好幾天的時間檢視書架上的藏書。」[6]事實上，從利蘭的筆記看來，他僅僅提到四十四部書，而這些書大部分都符合他這趟尋訪古書的目的。他所檢閱的作者當中，大都是英格蘭編年史家：馬姆斯伯里的威廉（William of Malmesbury）、威爾斯的傑洛德（Gerald of Wales）、蒙矛斯的傑弗瑞（Geoffrey of Monmouth）以及多明我會修士尼古拉斯・特里維特（Nicholas Trevet）。除此之外，他也仔細檢閱了許多古代的手稿，例如阿爾昆（Alcuin）的多部作品、比德尊者、阿爾弗里克（Aelfric），還有古代教父們（例如聖奧古斯丁或納齊安的額我略〔Gregory of Nazianzus〕）的著作。這批古代手稿已經保存在格拉斯頓伯里好幾百年了。列入書單的這些書當中，有的與亨利八世的政治活動至關重大，但是也有一些純粹與利蘭個人的古書閱讀計畫有關，尤其與他重要的作品《論名人》（*De uiris illustribus*）相關。《論名人》是一部名人彙編，主要講述不列顛主要作家的故事。從蒙矛斯的傑弗瑞這個條目看來，他確實參閱過亨利二世（Henry II）發布的確認憲章和石碑上的銘文。不過，在格拉斯頓伯里那裡，他讀得最「急切」的書，莫過於傑弗瑞的《梅林傳記》（*Life of Merlin*）。[7]

套句利蘭的話，格拉斯頓伯里是「全島最古老，但也是最著名的修道院」。他後來描述了他在修院圖書館的情況：「長時間的研究讓我十分疲憊，所幸院長理查・惠廷（Richard Whiting）待人親切仁慈，讓我的精神獲得很大的提振。……惠廷院長是最正直的人，也是我特別的朋友。」[8]不管利蘭拜訪哪家圖書館和修道院，他都受到熱烈的歡迎，而且可以自由翻閱院內的館藏，這實在令人感到驚異。但是話說回來，我們也能想像他的某些東道主應該很樂於跟他們這位博學的訪客聊聊不列顛的歷史。《論名人》有一處提到惠廷院長正領著他參觀圖書館，而他在書架間走動之際，突然看到康沃爾的約翰（John of Cornwall）的手抄本：「當時我的手中已經拿著那部抄本了，而且我一開始翻閱，心裡就覺得很歡喜。」不過這時院長「在別處叫我，要我注意某一部書」，因此利蘭就「忘了回頭把那部抄本再找出來閱讀了」。[9]

利蘭在那裡看到的書，有一部分至今依然倖存；博德利圖書館有幸收藏其中幾部最重要的抄本。格拉斯頓伯里修道院最著名的藏書稱為《聖鄧斯坦的課本》（St Dunstan's Classbook）；這是一部雜集，收錄的部分文本分別成書於西元第九、十與十一世紀，其來源是威爾斯和不列塔尼（Brittany）的凱爾特文化。[10]這部抄本由四個不同的獨特元素組成。從手稿的抄寫風格到用來書寫的羊皮紙，每個部分不論看起來和摸起來都極為不同。有些羊皮紙摸起來像絨面皮革，柔軟、厚實、幾乎就像絨布，有的就比較輕薄，而且摸起來脆脆的。這些差異所反映的是中世紀早期製造羊皮紙的不同傳統。

這部抄本提供了難得的機會，讓我們一窺不列顛歷史的其中一段時期——相對來說，這是一段幾乎沒留下任何知識生活痕跡的時期。收錄在抄本的四個部分之中，最前面和最古老的部分是古代作者優提克斯（Eutyches）寫的文法書，稱為《論動詞》（*De Verbo*），內容有拉丁文注釋以及用第九和十世紀不列塔尼文寫成的注釋，顯示這部文本與歐洲思想的關聯。第二部分的成書時間是十一世紀下半葉，這是一部古英文布道文集，主題是探討真十字架的追尋。第三、四部分寫於威爾斯，時間是九世紀，分別是一本有用的知識集成和一首著名的羅馬情詩——奧維德的《愛的藝術》（*Ars amatoria*），附有威爾斯語注解，幫助讀者理解詩的意義。我們無法確知這幾部獨立的文本是在何時被集合在一起，但是抄本的扉頁有一張圖，畫著聖鄧斯坦跪在耶穌基督的腳下，祈求基督的保護。根據一篇後世的題詞，這張畫的作者就是聖鄧斯坦本人。[11]從九五九年到九八八年之間，聖鄧斯坦相續擔任過伍斯特主教、倫敦主教，最後成為坎特伯里大主教。在英格蘭的早期教會史裡，聖鄧斯坦是其中一個很有影響力的人物，曾引導英國教會走過一段深受歐洲修道院的觀念影響的時期，尤其是本篤會的改革。

多虧格拉斯頓伯里倖存下來的中世紀目錄冊，我們才得知這部抄本在一二四八年曾經存藏在該修道院的圖書館裡，而且我們也知道在十五世紀，這部抄本是由其中一位名叫雷勒弟兄（Brother Langley）的僧侶負責保管。這也是一五三〇年代，利蘭來拜訪這間修道院圖書館時，讓他覺得欣喜若狂的其中一部抄本；他在筆記裡寫道：「優提克斯的文法書，曾經是聖鄧斯坦的收藏。」

不過，《聖鄧斯坦的課本》和其他手抄本留藏在圖書館架上的日子屈指可數。一五三四年，《君主至上法》（Act of Suupremacy）通過，亨利八世成為英格蘭教會的領袖，同時這也意味著英格蘭和威爾斯兩地人民的宗教生活正式擺脫教皇的管轄。從這一刻起，修道院開始一間間地解散，尤其是一五三六年的兩個法案通過之後，亦即使國王得以處理修道院財產的《增加國王收入法庭案》（Act for the Court of Augmentations）與《解散較小的修道院法案》（Act for the Dissolution of the Lesser Monasteries）。經過了一段短暫的延緩期，某些較大型的修道院以為已經逃離了解散的命運。不過，湯瑪斯．克倫威爾不久即開始加速進行其計畫；一五三九年，《解散較大的修道院法案》（Act for the Dissolution of the Greater Monasteries）通過，最後剩下的大修道院於是成為官方前往巡視的目標。這些大修道院有的自願投降，有的遭到鎮壓。格拉斯頓伯里就是其中一座「較大的修道院」，而這座修道院即將成為英國宗教改革運動中，上演最後一幕同時也發生最為暴力的行為的場景。

從格拉斯頓伯里倖存下來的財務報告中，我們可看到一五三九年夏天，這座修道院裡的群體生活依然一如往常地進行；修道院的這種自然生活的節奏，已經運行了數百年之久：為食堂添購食材、修整院內的草地、疏通溝渠的堵塞。那位年高七十的院長也一如往常地主持院內事務。[12]惠廷院長或有可能以為他的修道院可以逃過一劫，因為他和利蘭是朋友，而且他在國會裡也不曾干涉宗教改革的進行（他是上議院議員），而且他已經和其他許多修道院院長一樣，早已接受了「君主至尊權」。不過，格拉斯頓伯里是一座以財富著名的修道院，而國王想要增加財富的胃口很大。一五三九年九月，克倫威爾派了幾位特使到格拉斯頓伯里，傳達官方對院長的指責；他們宣稱惠廷眼裡既沒有「上帝，也沒有君主，更沒有把基督徒的宗教放在心裡」。九月十九日，他們到惠廷位於沙爾法姆花園（Sharpham Park）的住宅盤查，並且宣稱他們找到證據，足以證明惠廷的「思想腐敗，充滿叛逆」。由於惠廷院長拒絕自動交出修道院，那幾位特使就入院搜尋，並且聲稱他們「找到」許多有罪的文件，證明惠廷譴責國王的離婚案，並且在院內私藏金錢。特使需要的就是這些了。一五三九年十一月十四日，惠廷在鄰鎮威爾斯（Wells）接受審判，他的主要罪名是「搶奪格拉斯頓伯里教會的財產」。第二天，他被拖到街上示眾，接著就被帶到格拉斯頓伯里山丘；他在那裡「祈求諸神與國王慈悲，原諒他重大的犯上行為」，接著他就被吊死了。他的大體遭受分屍，四分之一留在威爾斯公開展示，其他部分則分別送到巴斯（Bath）、伊爾切斯特（Ilchester）和布里居華特（Bridgwater）示眾。他的頭被掛在格拉斯頓伯里修道院的大門上。

這場血腥事件導致修道院的瓦解。連續好幾天，院內遭受搶劫，幾乎被搜刮一空，連每個角落，每個縫隙都沒放過。[13]院內的所有財產全部被拿出來變賣：銀器（例如燭台和聖餐杯）、祭袍和管風琴等教堂用具；另外還有比較日常的器物，例如廚房工具、陶器、餐具，甚至包括玻璃杯、床、桌子、鋪路材料等。其中特別貴重的是那些從屋頂上拆下來的鉛塊，還有各種鐘鈴上面的金屬。

藏書很快就被搬光了。我們唯一擁有的宗教改革之前的藏書紀錄是利蘭的筆記。不過，根據該館早期的目錄冊，還有參考其他修道院圖書館的損失，我們估計大約有一千多部抄本遭受摧毀。目前大約只有六十部抄本可以確定是格拉斯頓伯里的館藏，分別藏在全球三十多間現代圖書館裡。不過倖存下來的館藏應該不止這個數目，因為大部分現存抄本都沒有館藏標記，無從得知它們本來存放在哪間特定的中世紀圖書館。

格拉斯頓伯里山丘發生的事件，只是宗教改革帶給大不列顛各島和歐洲的暴力和毀壞之冰山一角。單是不列顛，就有成千上萬的書本被燒毀、撕爛或被當成廢棄物賣掉；套句十七世紀作家兼史學家安東尼·伍德（Anthony Wood）的話：「書本極其便宜，你幾乎不用花幾毛錢，就可以買下整座圖書館的書。」[14]

歐洲的情況也是如此；宗教改革給修道院和其他宗教會社帶來極大的破壞。在下薩克森

（Lower Saxony），修道院的建築物被拆毀，所有搬得動的財產（包括書本）全部被逃難中的僧侶或神父們帶走。一五二五年，德意志農民起義（Peasants' War）也讓很多圖書館和檔案室成為農民攻擊的目標，因為這些地方藏著讓農民受困於領主的封建憲章和課稅清冊。在這些地方，宗教改革觸發了範圍更為廣泛的社會運動，記錄在文件上的歷史於是成為其中一個攻擊目標。十六世紀的德國史學家約翰·萊茲納（Johann Letzner）在研究瓦爾肯里德鎮（Walkenried）時，曾慨嘆該鎮的圖書館在一五二〇年代遭受焚毀；修道院裡珍貴的抄本被鋪放在泥濘路上，給行人墊腳。西利亞庫斯·斯潘柏格（Cyriakus Spangenberg）提到一五二五年，有人曾用抄本來充填修道院裡的水井。萊茲納注意到卡倫貝格（Calenburg）的民眾之所以燒書，理由是那些書與舊教有關。[15]

約翰·貝爾（John Bale）是利蘭的接班人；在提到利蘭的《艱困的旅程》（*The laboryouse journey*）的文章中，他曾提到更多毀壞的細節：

> 不假思索地摧毀一切抄本——這是英格蘭最可怕的惡行，而且這個惡行將會永遠與英格蘭同在。買下修道院莊園的那些人，當中有許多人是以這種方式來處理留在圖書館的抄本：他們留下部分抄本來擦拭靴子，部分賣給雜貨店主和肥皂商，其他部分賣給海外

的裝訂工，讓那些抄本在陌生的國度漂流——而且他們賣出的數量還真不少，有時竟裝滿了一整艘船……。我們這個民族竟然以厭惡知識揚名海外——試問還有哪件事能給我們這個國家帶來更大的羞辱和譴責？[16]

抄本遭受刻意摧毀的證據是以抄本碎片的形式，保留在裝訂於那段時期，而且倖存至今的其他書本裡。十九世紀中葉之後，書本的生產可由機器代工；但是在這之前，書本的生產必須由人工裝訂，而這些手工裝訂的書本通常都需要用到廢紙或羊皮紙來強化書本的封內「襯頁」。一般而言，裝訂工會廢物利用，把人們丟棄的抄本拆了來做襯頁。

用這種不尋常的方式來重新利用舊書，這個習慣可以追溯到中世紀。當時有些書（特別是神父在執行宗教儀式時要用的祈禱書）如果破了，或者變得過時或太破舊，不堪每日使用，習慣上就是把這樣的書賣掉或重新使用。舊羊皮紙書頁的用途不少，除了可用來強化襯頁，現存哥本哈根大學（University of Copenhagen）的一部冰島語「抄本」的書頁即曾被用來強化主教冠，使其保持挺立。

宗教改革替書本裝訂工創造了大量新材料。這些裝訂工大部分集中在書籍生產的幾個主要中心；在英格蘭，這指倫敦、牛津和劍橋。關於利用抄本的碎片來裝訂書本的現象，今日牛津大學做了很詳盡的研究。[17]在一五三〇年到一六〇〇年之間，裝訂工使用的廢棄材料是印刷書，大都取自過時的書本，尤其是大學生使用過的書本。隨著宗教改革勢不可擋地傳播開來，我們在後期書本的裝訂用料上發現了證據，說明宗教改革對圖書館藏書的影響。這些後期的書本現在就躺在牛津大學的圖書館架上。一五四〇年之前，祈禱書在牛津很少會被用來當襯頁，但是打從一五五〇年代之後，這種現象就變得十分普遍。研究這時期倖存下來的裝訂書的學者們發現：祈禱書、聖經注釋、聖人傳記、關於宗教法的著作、神學作品、教父的著作和中世紀哲學書——這些抄本全部都變成了裝訂工廢物利用的材料。

由於牛津大學仔細保留跟大學有關的各種紀錄，我們甚至還可以找到幾個細節詳盡的實例。萬靈學院收藏了一部很著名的聖經印刷本，這部聖經製作於安特衛普（Antwerp），時間是一五六九年至七三年；一五八一年，牛津大學獲得這部作為贈禮的聖經。這部聖經稱為《普朗坦聖經》（Plantin Bible），是一部大開本書，總共有八冊。牛津大學僱用裝訂工多明尼・品納特（Dominic Pinart）來修補這部聖經。他跟大學當局要很多羊皮紙，目的是強化皮革裝訂的封面。圖書館在十五世紀獲贈一部大開本的《利未記》（Book of Leviticus）評注本；這部成書於十三世紀的抄本，大約有三十六到四十頁羊皮紙被撕下來重複使用。品納特為溫徹斯特公學（Winchester College）裝訂的另一部書裡，也可以找到這部抄本的一些碎片。很奇怪地，他沒再撕用其他書頁，而那部面目全非的抄本至今仍躺在圖書館的架上。[18]

不僅前修道院圖書館的藏書遭逢毀壞和離散的命運，其他類型的書籍也被挑選出來，予以銷毀。在當時，天主教教會的祈禱書都是非法的，包括彌撒用書、對唱聖歌集、每日頌禱書、各種手冊和其他相關書籍；在還沒經歷宗教改革之前，中世紀教會的神父與其他教徒為了正確遵守神聖敬拜的繁複儀軌，長久以來一直都在使用這類書籍。在宗教改革的初期階段，這類書籍已經開始在修道院和教堂裡遭受毀壞。不過，一五四九年的《銷毀與移除各種書籍和圖像法案》通過之後，國家力量加入毀書行列，導致書籍毀亡速度加快。

當然，這並不是說毀書的行動和審查制度沒有遭到抵抗。有一部對唱聖歌集（唱詩班用的大型祈禱書，附有樂譜）至今依然倖存；這部聖歌集是特地為蘭沃思（Ranworth）的聖海倫斯（St Helen's）教區教堂製作的。在宗教改革期間，人們細心調整，使其符合新的宗教法審查制度——這些新的宗教法將會主宰教區神父、教會委員和其他聖海倫斯的成員的生活。根據一五三四年的法案，各種跟英格蘭聖人湯瑪士·貝克特（Thomas Becket）有關的資料都必須從日曆上移除——畢竟貝克特之殉難是因為他與英王反目。所有祈禱書本來都會詳細註明一年當中每一位聖人和其他應該紀念或慶祝的重要宗教節日（這些紀念日會根據各地的地方聖人的紀念日而調整）。蘭沃思對唱聖歌集上面的聖湯瑪士紀念日也被「劃掉」了，但是筆跡極淺，斜線之下的文字依然隱約可見。一旦瑪麗．都鐸（Mary Tudor）登基為王，重新推行羅馬天主教，聖歌集裡的聖湯瑪士紀念日又被重寫了回來。[19]

在宗教改革期間，雖然有大量書本被銷毀，但還是有些書本倖存下來，而倖存下來的每個案例都是鮮明的證據，顯示個體如何可以挺身而出，反抗知識遭受摧毀——不列顛群島中世紀修道院圖書館的所有書本裡，已知倖存至今日的抄本只有五千多部。在某些抄本倖存的案例中，我們看到僧侶、修女、修士和牧師被迫離開修道院時，有人會帶走院內最珍貴的抄本。約克郡的理查．巴威克（Richard Barwicke）本來是本篤會修道院的僧侶，他帶走了部分圖書館裡的書，死後把這批書遺贈給世俗友人。威廉．布朗尼（William Browne）是約克郡孟克布雷頓最後的小修道院院長，當本篤會解散時，他帶走了一百四十八部書。菲利普．豪福德（Philip Hawford）在一五五七年離世，留下了七十五部書；他生前是伍斯特郡伊夫舍姆谷地本篤會的最後一任院長，這些書大部分是他在當僧侶的時期取得的。[20]《凱爾經》是最著名的中世紀抄本，現在是都柏林聖三一大學最重要的珍寶；即便是這部抄本，當初很有可能是由最後一位院長理查德．普朗克特（Richard Plunket）從凱爾斯的聖瑪麗修道院（St Mary's Abbey）帶出來的。這些抄本都是危險的紀念品，尤其在宗教改革的新教時期，當時整個北歐的所有教堂都必須清除雕像和宗教圖像。

《聖鄧斯坦的課本》後來成為文藝復興時期收藏家湯瑪斯・阿倫（Thomas Allen）的藏品，因而得以倖存至今。阿倫從全國各地解散的修道院圖書館裡廣收各種書本。有個牛津書商似乎有辦法取得許多古老的手抄本，例如「在愛德華六世（King Edward VI）統治期間，有一輛運貨馬車載滿抄本離開了墨頓學院（Merton College）的圖書館，當時正值宗教改革期間，……阿倫先生要這位名叫加爾布蘭德（Garbrand）的老書商……把學院的書帶來……阿倫跟他買了一些書」。相傳書商加爾布蘭德・哈克斯（Garbrand Harkes）活躍於一五三〇年代到至少一五七〇年代；他可能擁有豐富的資源，有辦法從即使很遠的地方為他的固定客戶尋找貨源。[21]

直到十六世紀末期，收藏家還是有管道可以買到其他格拉斯頓伯里手抄本，即便他們人在英格蘭最偏遠的角落。一六三九年，阿馬大主教（Archbishop of Armagh）詹姆斯・烏雪（James Ussher）曾在哈德良城牆附近，即坎布里亞郡最遙遠的那沃斯堡（Naworth Castle）看到格拉斯頓伯里修道院巨大的《大圖表》（Magna Tabula）。《大圖表》很大，由兩片木頭摺疊板組成，板子上貼著寫有文本的羊皮紙。文本包含格拉斯頓伯里修道院創立者亞利馬太的約瑟（Joseph of Arimathea）——據說是耶穌的叔叔的傳奇故事，還有其他葬在該教堂墓地的聖人故事。本來似乎是豎立在修道院的教堂裡，讓僧侶和其他信徒觀賞和閱讀。《大圖表》的木板即使合起來，大小也有二乘三英尺，是目前博德利圖書館最重的手抄本。每當有學者指定要閱讀時，負責搬書的館員都要發出痛苦的呻吟。把這部抄本從格拉斯頓伯里運到那沃斯堡並不是一件容易的事，而這也清楚證明在現代英格蘭早期，舊書的買賣不僅確鑿無疑，而且還非常有效率。[22]

有位重要的人物負責保存了某些抄本，不使毀亡，這個人就是曾經捍衛國王要求的同一個人——約翰．利蘭。在《艱困的旅程》中，他敘述他曾經如何「存藏」修道院的書，還有在〈反權力之愛〉（Antiphilarchia）一詩中，他提到他為格林威治（Greenwich）、漢普敦宮（Hampton Court）和西敏寺的皇家圖書館添購新書架，用來存放修道院解散後釋出來的書籍——其中有些書是他找到的。在今日，大部分這些書已經成為文化瑰寶，其中有一些當初確實是利蘭為皇家圖書館鑑定收藏的。舉個例子，大英圖書館現藏的一部九世紀福音書，當初就是他替國王從坎特伯里聖奧古斯丁修道院帶出來的書籍之一。[23]這部福音書與盎格魯－撒克遜國王埃塞爾斯坦（Athelstan）密切相關，其收藏很清楚是由於它與盎格魯－撒克遜的皇家淵源。但是令人不解的是，他為國王取得的這批抄本當中，竟包含杜林的克勞狄烏斯（Claudius of Turin）的《馬太福音》注釋本。他在一五三三至一五三四年間，曾在蘭托尼修道院（Llanthony Priory）看過這部抄本，不過這部鮮為人知的十二世紀抄本不知為何竟在他的鑑定之下，成為西敏寺皇家圖書館的收藏。[24]

利蘭有可能在探訪修道院的行程中，即已派人把他要的書立即取走。不過，更有可能的情況是：他選中的書會暫時留在原處，直到特派員到各個修道院查訪時才搬走。大部分由於被選為皇家典藏而倖存至今的抄本（這些書目前大部分藏在大英圖書館），並未留下曾經經由利蘭鑑定的特定標記。但是這些抄本得以倖存，利蘭確實曾扮演過重要的角色。[25]他有一封信提到沙福郡（Suffolk）的伯里聖埃德蒙茲（Bury St Edmunds）的修道院大圖書館，而這封信可讓我們一窺當時的鑑定收藏過程大概是如何運作的。這座本篤會修道院是在十一月四日正式解散；五天之後，利蘭回到伯里，說他想「看看那裡的圖書館還剩下哪些書，或那些書是否已經搬移到該修道院的其他角落」。[26]根據他的朋友兼接班人約翰・貝爾的紀事，我們知道利蘭的個人書房收藏了至少一百七十六部書。不過約翰・貝爾很有可能只列出利蘭的部分收藏而已。

修道院的解散，利蘭雖然多少得負點責任，但是他自己卻被修院的毀亡嚇壞了。在一封寫給其贊助者克倫威爾的信裡，他提到「德國人現在看到了我們的……疏失，他們必然會每日派遣年輕學者到這裡來收集戰利品（書本），將之帶離我們的圖書館，然後帶回到他們的國家，視之為他們國家的歷史遺跡」。[27]他很有可能是在完成那趟密集的旅行，並在宮中失寵之後——當時他差不多四十五歲，然後在這之後的十年左右，這才漸漸意識到修道院圖書館解散所帶來的全面衝擊，還有他自己已經遠遠地偏離了人文主義的初衷。他留下的一封信裡，「寫滿了他突然失寵的感傷」。[28]

一五四七年，利蘭發瘋了。他的生活陷入了狂亂的境地；他在倫敦的一樓住宅本來是加爾都西隱修會（Carthusian priory）的會所，當時以查特豪斯屋（Charterhouse）著稱。不過後來這間狹窄的住宅變得十分凌亂，文章到處亂丟，毫無秩序。朋友們聞訊趕來幫忙，但是太遲了。利蘭當時已經深深陷入「瘋狂或失常的病況，可能是因為他的腦子受到突然的打擊，或者可能是腦部的某種缺陷，或可能因為受傷、憂鬱而變得狂暴，或者可能是因為精神出現其他任何異常的狀況」。一五四七年二月二十一日，差不多是在亨利八世過世的幾個星期之後，利蘭正式被診斷為精神病患，「從那天開始，他變得憂鬱失常，而且一直到死都是如此」。一五五一年有一份正式文件留下他的診斷紀錄：「精神異常、瘋狂、暴亂、躁怒、無法控制情緒。」[29]他很有可能是罹患了精神上的疾病。我們可能沒有辦法重建他的精神狀況，了解他神智衰退的過程，但是對一個如此愛書的人而言，一旦意識到他自己的工作竟然為書籍帶來那麼大的禍害，或許真的是太難以忍受。一五五二年四月，利蘭死了。不過，宗教改革依然繼續熱烈進行。[30]

毀壞的行動並不僅限於舊教的文本和保存文本的修道院。修道院和其他宗教會所裡的中世紀檔案館也受到了牽連。過去這些檔案之所以被保存下來，主要是為了法律和管理上的方便，還有方便地產新主人向承租者收取租金。地契的所有權極為重要，有助於租金的收取，亦有助於後續地產的買賣。一五二〇年代即出現宗教改革的前兆：牛津有兩間宗教會所受到鎮壓，亦即聖弗里德斯韋爾修道院（St Frideswide）和位於奧斯尼（Osney）的奧古斯丁修道院。這兩間修道院被迫關門，其房地產有部分轉移用途，用來建立紅衣主教學院（Cardinal College），舊建築開始被改造，新建築開始建立起來。當時這棟新的學院曾經是亨利八世送給樞機主教沃爾西的「禮物」。不過，當沃爾西在一五二九年失寵之後，這間學院再度經歷一段時期的轉變，並在一五四六年變成新教建築，亦即基督堂學院（Christ Church）。古老的聖弗里德斯韋爾修道院則成為牛津的天主大教堂。基督堂學院的新管理人決定要以組織之名，牢牢管控那塊已經成為他們的財產的大片土地。大概在一五二〇年代的某個時間點，本來存放在兩座修道院檔案館裡的文件全部被送到一個中央儲藏處，然後在那裡整理地契和其他各種文件。這個整理過程所造成的結果是：有些文件就被堆積在基督堂學院迴廊盡頭的一個房間裡；到了十七世紀中期，古文物家安東尼·伍德就在那裡檢閱那批文件。

在整理地契與地產擁有的其他文件的過程中，有些文件被刻意疏忽了：「因為那些文件的內容沒有提到土地——或與土地有關的文件證據，所以他們就不管那些文件了，把它們堆放在偏僻的角落，使之暴露在外，因此大部分文件都遭受重大毀損，變得難以辨識。」[31]安東尼·伍德可以自由地檢閱他在那裡找到的任何文件，沒有限制。在他所保存下來的文件當中，至少有兩件——可能有三件——是《大憲章》（Magna Carta）的十三世紀官方版本。這是中世紀英格蘭最重要的政治文件。

《大憲章》是一二一五年六月，英格蘭國王約翰（King John）與英格蘭男爵在蘭尼米德（Runnymede）戰場訂立的契約；這份契約的原文並未倖存下來。存留下來的，是王室法庭（管理英王的各種法律問題）的官方繕寫員正式抄寫的系列抄本；這些系列抄本都蓋著國王的印章，其法律效力等同契約的原文。在十三世紀，這樣的文件會定期送到各個郡縣發布，然後由郡長代表國王念給人民聽。念完之後，郡長就得找個安全的地方保存這些文件。在牛津郡，最近便的安全存放處就是奧斯尼修道院。一五二〇年代，《大憲章》這些繕寫於一二一七年到一二二五年之間的正式官方抄本，還有修道院其他檔案文件就是從這裡轉移到紅衣主教學院。[32]

由於《大憲章》與土地所有權全然無關，其官方抄本就轉而被丟在廢棄文件堆裡。安東尼·伍德馬上就看到這些官方抄本的價值，並且予以保存；後來這些抄本經歷了一些周折，最後終於被博德利圖書館收藏。幸好《大憲章》的正式官方抄本獲得像伍德這樣的個體，以及像博德利圖書館這樣的機構的收藏，其文本的重要意義才得以發揮影響力。在十七、十八世紀，這份文本成為偏好民主、重視法律的憲法論爭的理據，而且時至今日，我們對什麼是好的政府的論斷，依舊受到這份文本的強烈影響。

就很多方面來說，十六世紀歐洲的宗教改革是知識歷史裡最糟糕的一段時期。成千上萬本書遭受毀壞，還有數不盡的其他書籍被人從其館藏地移走——很多被移除的書籍在各自的館藏地已經存放了數百年之久。修道院的檔案館是宗教改革的第一線受害者，至今還沒有人像研究書籍遭遇那樣，付出同等的心力加以研究。不過，從《大憲章》的故事，我們也可知道有大量的檔案文件遭受摧毀。曾經擔任圖書館人和檔案室專業人員的僧侶和修女沒有能力阻止宗教改革的力量，所以保存知識的任務就落在一個個個體身上。套句十七世紀作家約翰．厄爾（John Earle）的話，這群各自獨立的個體「十分奇異，（他們）強烈執著於過去的時代」，而且他們有個特色，就是「喜愛古老紀念碑的鏽跡」，而且「迷戀皺褶，愛好所有發霉和蟲蛀之物，猶如荷蘭人之喜愛其乳酪」。這群個體就是古文物學家。根據約翰．厄爾，典型的古文物學家喜歡一再翻閱手抄本，「經常仔細地閱讀，尤其鍾情於那種封面有蟲蛀的古書」。[33]他們對過去的一切深感興趣，而且急於收藏圖書館剩下的殘餘書籍。

通常他們的動機有一部分是出於他們的天主教背景，例如威廉・霍華德勛爵（Lord William Howard），但是有時候也來自他們的新教信仰，例如利蘭畢竟是因為支持亨利八世的離婚訴求與脫離羅馬才會為他奔走。聯繫這群個體的是他們對過往事物的熱情，還有他們都想恢復思想和知識的傳播。他們組成許多交流網絡——意思是他們可以互相抄寫彼此擁有的書籍，到了一六〇七年，他們甚至組織了一個學會。起初這個學會並未存在很久，但是一百年後，這個團體重新成立，並且從此持續至今——這個團體就是古文物學會（Society of Antiquaries）。這群個體幫忙保存了中世紀時期大部分的知識。他們的工作觸發了許多現代重要圖書館的創立，進一步提高圖書館人以及檔案室專業人員的專業。

注釋

1 Leland, *De uiris illustribus*, p. xxii.

2 Ibid., p. liii.

3 Harris, O., ‘Motheaten’, p. 472. Harrison, *The Description of Britain* (1587), p. 63，引自 Harrison and Edelen, *The Description of England*, p. 4。

4 Bodleian, MS. Top. Gen. c. 3, p. 203. 利蘭的整段旅程現在經人重建，參閱 Leland, *De uiris illustribus*, pp. lxi-xcv。

5 關於中世紀的圖書館，最詳細的研究可參閱 Bruce Barker-Benfield, *St Augustine's Abbey, Canterbury*。

6 Leland, *De uiris illustribus*, pp. 67, 69.

7 Ibid., pp. 315, 321.

8 Ibid., p. 66.

9 Ibid., p. 386.

10 博德利圖書館今日的書架編號是：MS. Auct. F.4.32。

11 請參閱博德利圖書館線上目錄：*Medieval Manuscripts in Oxford Libraries*, http://medieval.bodleian.ox.ac.uk/catalog/manuscript_675（檢索日期：二〇二〇年二月二十九日）。

12 Knowles 的書中有一段很感人的故事，參閱 Knowles, *The Religious Orders in England*, pp. 348-9。

13 Ibid., p. 381.

14 Wood, *History and Antiquities of the University of Oxford*, 1, p. 141.

15 Dixon, 'Sense of the Past in Reformation Germany', pp. 184-6.

16 Leland, *The laboryouse journey*, sig. Bi.

17 參閱 Ker, *Pastedowns in Oxford Bindings*; Pearson, *Oxford Bookbinding 1500-1640*。

18 參閱 Watson, *A Descriptive Catalogue of the Medieval Manuscripts of All Souls College Oxford*, pp. 28-

30; Ker, *Pastedowns in Oxford Bindings*, p. xi。

19 Duffy, *The Stripping of the Altars*, pp. 181-3.

20 Carley, 'The Dispersal of the Monastic Libraries', pp. 284-7.

21 Watson, 'Thomas Allen of Oxford', p. 287.

22 Ovenden, 'The Manuscript Library of Lord William Howard of Naworth', p. 306.

23 這部抄本現存大英圖書館，參閱 British Library, MS. Royal 1.A.xviii，參閱 *Libraries of King Henry VIII*, p. xlv。

24 這部抄本現存大英圖書館，參閱 British Library, MS. Royal 2.C.x，參閱 *Libraries of King Henry VIII*, p. xxxix。

25 *Libraries of King Henry VIII*, pp. xliii-xlvi.

26 引文出自 Leland, *The Itinerary of John Leland*, II, p. 148。

27 最大批被送離英格蘭的手抄本來自各個本篤會修道院，共有兩百五十部，其目的地是羅馬；現在這批手抄本存放在梵蒂岡圖書館；參閱 Ker, 'Cardinal Cervini's Manuscripts from the Cambridge Friars'; Carley, 'John Leland and the Contents of English Pre-Dissolution Libraries: The Cambridge Friars', pp.90-100。

28 關於利蘭晚年的際遇，這方面的敘事可參閱 James Carley 所做的出色研究，見 Leland, *The laboryouse journey*, sig. Biiiv。

29 Leland, *De uiris illustribus*, p. xxiv.

30 Ibid., p. xliii.

31 Wood, *The Life of Anthony à Wood from 1632 to 1672, written by himself*, p.107.

32 最好的記述來自 Vincent, N., *The Magna Carta*。

33 Ovenden, 'The Libraries of the Antiquaries', p. 528.

第四章　拯救知識的方舟

修道院圖書館若不是關閉，就是缺乏資金來源來維持運作——在此情況下，知識的保存就出現了缺口。要彌補這個缺口，個體扮演了重要的角色。這群努力補上這個知識缺口的重要人士之中，有一位就是湯瑪斯·博德利爵士（Sir Thomas Bodley）。英格蘭當時最偉大的知識分子是法蘭西斯·培根（Francis Bacon），而他把博德利的貢獻——創立一棟至今仍然以他的名字命名的圖書館——形容為「建立方舟，拯救知識於洪流之中」。[1]培根這裡提到的「洪流」，當然是指宗教改革。當這場宗教上的動盪掃到牛津時，牛津大學圖書館的館藏不論就數量和品質上都已頗具規模，可算是修道院體系之外最重要的其中一間圖書館。

在牛津成立一間大學圖書館——這個想法的產生，與距離當時四百年前的「貸款抵押箱」（loan chests）這個概念有關，亦即人們可以用書本——貴重物品——來作為借款抵押。在牛津城，在漸漸興起的大學裡，各種宗教團體對於圖書館文化的發展扮演重要的角色。最早出現在牛津城的圖書館都是宗教團體建立的：十二世紀，創立奧斯尼修道院和聖弗里德斯韋爾修道院的奧斯定會（Augustinian Order）建立了第一間圖書館；十三世紀，創立雷利修道院（Abbey of Rewley）的熙篤會會士（Cistercians）亦建了一間圖書館。這幾個修道院都各自設有圖書館，雖然它們並不隸屬於牛津大學。托缽修會（mendicant orders）是一群專注於研究和傳教的修士和修女，他們在各大城市定居和旅行，這個團體就比較融入大學的組織，尤其是道明會（Dominican）和方濟會（Franciscan），而這兩個團體在牛津的聚會所都設有圖書館。[2]道明會甚至還有「圖書管理人」（*librarius*）——這位管理人來自他們的社群，其責任是保管圖書，監督圖書的使用。牛津大學比較富有的學院很快就模仿修士們的做法，開始發展其館藏——畢竟修士們從十三世紀末開始，就已經發展了一套組織藏書的系統，使有些書本成為「流通」館藏，方便學生（年輕修士）借閱，並可帶回他們的寢室閱讀。與流通系統並行的是普通圖書館，而館裡的書籍就變成參考館藏；參考館藏會收藏在特別指定的圖書室，讀者可以在此安靜地閱讀，而且這裡的藏書通常都會以鐵鍊鎖在館內的家具上。十三世紀，牛津的一間方濟會女修道院第一次採取這種措施：修院圖書館（*libraria conventus*）與學生閱覽室（*libraria studencium*）分開管理。[3]很快地，牛津大學各個學院就開始採用這種館藏二分的措施。一二九二年，我們在大學學院（University College）正式看到這樣的新措施，但是不久之後，這種新的分流方式即出現在其他學院，例如奧里爾學院（Oriel）、墨頓學院、埃克塞特學院（Exeter）、王后學院（Queen's）、貝利歐學院（Balliol）、莫德林學院（Magdalen）和林肯學院。雖然我們忍不住會想把實體的建築空間稱為「圖書館」，但是事實上，這兩種館藏的總和才真正造就了圖書館。[4]

十四世紀初期，牛津大學（相對於各個學院、學堂和修院）放在「貸款抵押箱」的書籍開始大量增長，以至於校方必須新蓋一間專門的圖書室來存放書本。有人提議在存放抵押書籍的大學教堂（University Church）旁邊另蓋一棟圖書室來存放書籍。不過，到了一四三九年到一四四四年間，大學圖書館的藏書即擴增了一倍，因為亨利五世的弟弟格洛斯特公爵（Duke of Gloucester）亨福瑞（Humfrey）送了五批藏書給圖書館，使這間原本只存放學術文本的中世紀圖書館第一次出現了人文主義類的書籍。你在這裡可以找到古代作家例如柏拉圖、亞里斯多德和西塞羅的作品，還可以看到法國人文主義者尼古拉・德・夏蒙遮（Nicolas de Clamanges）的著作，此外還有義大利人文主義者李奧納多・布魯尼（Leonardo Bruni）翻譯的普魯塔克。[5]大學當局立即決定修正一個早已進行的工程計畫（今日以神學院〔Divinity School〕知名於世的中世紀建築），在這棟建築物的上面再增添一層樓，用來作為大學圖書館。這間新的大學圖書館的設計有兩重目的，一方面是存放藏書，一方面是讓大學學者可以使用該圖書館。時至今日，這個空間的石頭結構神奇地保存下來，沒有改變，即使打從十五世紀中葉以來，牛津這座城市和大學早已歷經許多重大的改變。[6]

這間圖書館今日以亨福瑞公爵圖書館（Duke Humfrey's Library）知名於世，當初館裡的書本都以鐵鍊固定，以確保那些貴重的抄本會留在原處，讓其他人可以查閱使用。這間圖書館漸漸成為學問的重鎮。今日使用這間圖書館的學生和研究者依然可以看到由石頭打造的窗子和枕梁，上面的圖案刻著人類和動物的頭；這個閱讀環境開放給讀者使用了四年之後，哥倫布（Christopher Columbus）才登上美洲大陸。

使用這間中世紀大學圖書館的學者，其閱覽權後來被粗暴地中斷了。在一五四九年到五〇年間，英王愛德華六世的委託人曾到訪大學；我們雖然不知道確切的情況，不過到了一五五六年，館裡已經沒有什麼藏書了。大學當局選了一群高級行政人員，負責安排家具出售事宜。據估計，原本存放在大學圖書館的書，大約不見了百分之九十六點四。[7]留在原處的，只有少數的幾部書，還有平台上的十五世紀書架所形成的影子。

到底館裡的藏書發生了什麼事？一百多年後，安東尼．伍德在《牛津大學古文物史》（*History and Antiquities of the Universitie of Oxford*, 1674）探討這些事件，指出「那些被新教改革者取出的書，有的被燒毀，有的被賤價出售——若不是賣給書商，就是賣給手套商做手套襯裡，或賣給裁縫師量裁衣物，不然就是賣給裝訂工作為裝訂書籍封面之用。有些改革者也會留下某些書供自己使用」。[8]

只有十一部抄本倖存至今。只有三部留在博德利圖書館的架上：約翰．卡普格拉夫（John Capgrave）的《出埃及記評注》（*Commentary on the Book of Exodus*）、古典作家小普林尼（Pliny the Younger）的《書信集》（*Letters*）——這部抄本大約在一四四〇年繕寫於米蘭，還有尼古拉．德．夏蒙遮的《作品集》（*Works*）——這是牛津大學在一四四四年收到的禮物。[9]

不過，這起災難亦催生了世界上最著名的其中一間圖書館。博德利圖書館建築群當中，你可以在最新蓋成的威斯頓圖書館（Weston Library）看到一幅十六世紀的繪畫——畫中人正是圖書館的創辦人湯瑪斯．博德利爵士。今日我們看著肖像畫裡的湯瑪斯爵士，你還是可以看到他那種落拓不羈的魅力。他的穿著優雅，鬍鬚修剪整齊，眼裡有一絲閃爍的光芒。一五四七年，他出生在一個富裕的家庭。宗教改革所帶來的暴力和不確定性，依舊影響著他的童年生活。他的父母十分擁護新教，所以當瑪麗．都鐸登上帝位，並在一五五三年重新推行天主教信仰時，他們全家人不得不流亡他鄉。瑪麗．都鐸死了之後，博德利一家才回到英格蘭。湯瑪斯就讀於牛津大學莫德林學院，一五六六年畢業。接下來的三十年裡，他的生活可謂十分順遂；他是埃克塞特的成功商人（迎娶一個靠經營沙丁魚致富的寡婦，這點對他的事業很有幫助），同時他也是個外交官；他為伊莉莎白一世（Elizabeth I）服務，並且成為宮廷圈子的一員。一五九〇年代，他回到了牛津。這時他與他的朋友亨利・薩維爾爵士（Sir Henry Savile）開始著手重建牛津大學的圖書館。[10]

在他的自傳裡，湯瑪斯・博德利爵士提到他開展的私人任務。「我最後決定在牛津的圖書館門口成立我的工作團隊，」他寫道，「我深信……在那些讓我保持忙碌的事務當中，沒有任何事比這件更好的了：還原那個地方（當時那個地方的每個部分看來都像個廢墟），使之成為學生可以使用的公共空間。」[11]早在一五九八年，他就已經向牛津的大學校長陳述過這個想法，指出「在此之前，牛津曾有一座公共圖書館；這件事你是清楚知道的，你只要看看留在那裡的圖書室，還有查查學校的法令紀錄你就一清二楚了。我會負責管理這一切，支付所有的費用，讓這裡恢復原來的用途；我會把這裡整理妥當，漂漂亮亮地擺上座椅和書架……並且幫忙你們找到書本，擺在架上」。為了促成這個計畫，湯瑪斯爵士本人自願負擔了大筆的財務開銷。[12]

從一五九八年開始，大量書本快速且密集地送到這間新建的機構——這是個訊息，顯示人們是多麼需要一間新圖書館。湯瑪斯爵士從他個人的收藏當中，捐出了超過一百五十部抄本給圖書館。在這批抄本當中，有一部可能是博德利圖書館館藏當中最貴重、裝飾最華美的抄本：那是《亞歷山大傳奇》，巴黎亞歷山大版，一三三八年到一三四四年間抄寫與繪製於法蘭德斯（Flanders）。這則同樣的故事還有一部以中古英文繕寫的抄本。另外，這裡還有一部以中古英文譯成的《馬可・波羅遊記》（*Li livres du Graunt Caam*）。馬可・波羅（Marco Polo）這部抄本附有一張威尼斯最負盛名的圖畫；這張畫製作於一四〇〇年，長久以來，每一部描寫威尼斯歷史的書都可找到這張畫的複製圖。毫無疑問地，《亞歷山大傳奇》是某富有的贊助者委託製作的，極有可能是有權有勢的貴族，或者甚至是王室家庭。最優秀的繕寫員和藝術家一起聯手，創造了這部極度輝煌的書。跟其他出自這段時期的抄本比起來，這算是一部大開本書，每一頁都畫著豐富的花卉圖案設計，而且還有許多讓人看了心情愉快、飽含想像力的頁邊插畫，描繪許多日常的生活情景。我在博德利圖書館已經工作十七年了，但是翻閱這部抄本，還是讓我打從心裡覺得愉快——閃閃發光的金色書頁使人充滿感官的愉悅，飽滿的色彩和優美的書法照亮了每一頁，加上翻頁時，大開本的羊皮紙書頁還會發出的沉重的聲音。這是世界最偉大的文化寶藏之一。

一八五七年四月二十七日，埃克塞特學院有個年輕的大學生獲得特別許可，得以翻閱《亞歷山大傳奇》。這位大學生就是威廉・莫里斯（William Morris）——後來他將會成為十九世紀最有影響力的藝術家、設計師、作家和政論家。參閱過這部手抄本之後，威廉．莫里斯和愛德華．伯恩－瓊斯（Edward Burne-Jones）以及他們的前拉斐爾兄弟會成員就開始用亞瑟王的主題來裝飾牛津聯合圖書館的牆壁；抄本裡那些微型插畫所描繪的騎士之道和宮廷儀式，顯然對他們有很大的影響。對莫里斯和伯恩－瓊斯兩人來說，能夠參考插圖那麼豐富的抄本是一個影響深遠的經驗，牢牢地在他們的腦海裡形塑了中世紀的美學觀。[13]莫里斯終其一生，一直持續從中世紀的美學和思考方式當中汲取靈感。這當中最重要的事是：他以同樣的風格，創作了許多本書；為了印製他的書，他甚至在倫敦創立他自己的出版社，即柯姆史考特出版社（Kelmscott Press）。

湯瑪斯爵士的朋友和熟人圈子陸陸續續為他送來禮物：各種抄本、檔案資料、印刷書籍、錢幣、地圖和其他各種材料。有些人會給他錢，讓他購買書本。收到的各種材料當中，有許多是從解散了的修道院釋出的抄本，還有一些是從上個世紀留下來的國家大事相關文件。大家都意識到這座新機構擁有許多跟當時其他圖書館不同的特色。這些早期捐贈者當中，有的是古文物學家，例如歷史學家威廉．坎登（William Camden）、羅伯特．科頓爵士（Sir Robert Cotton）、《聖鄧斯坦的課本》的擁有者湯瑪斯．阿倫和瓦爾特．科普爵士（Sir Walter Cope）。其他的捐贈者則來自博德利的家族，例如他的弟弟勞倫斯（Lawrence）；

勞倫斯是埃克塞特教堂的牧師，他於一六〇二年勸請主任牧師和聖堂參事捐出八十一部藏書。不過，博德利不僅想保存過去的歷史。他還希望圖書館也能夠與未來維持關聯。一六一〇年，他與書籍出版業公會（Stationers' Company）簽下合約，約定以後只要是公會會員出版、且在公會登記版權有案的書，就要送一本給新圖書館留存。[14]

西方文明的其中一個夢想就是把所有知識收集起來，存放在一間圖書館裡。這個夢想始於亞歷山卓圖書館的神話，接著在文藝復興時期，這個夢想再度強勢回歸，因為這時人們越來越意識到圖書館可以幫助其社群應付人類所有的問題，或者至少提供一個機會，讓他們在博學的重要作品裡找到參考資料。宗教改革摧毀了歐洲許多圖書館，大不列顛群島的圖書館的損失尤其慘重。這些損失很難精確計算，但是我們從各種不同的證據得知：經歷了宗教改革之後，整個不列顛群島的館藏大概損失了百分之七十到八十左右。歐洲修道院館藏的損失比例則稍稍少一點。

宗教改革還衍生其他的方式來損害書籍——尤其是反宗教改革（Counter-Reformation）期間，希伯來文書籍即遭受沉重的打擊。看看那些少數經歷了各種不同打擊而倖存下來的書籍，無可否認地，我們確實失去了大量中世紀天主教的知識——不只是作者的文本沒能倖存下來，我們失去的還包括閱讀證據，亦即不同的宗教社群和個人究竟閱讀了哪些名著的證據。中世紀修道院裡的檔案資料被摧毀之後，我們也失去了日常生活紀錄的書面證據；從《大憲章》被找到的例子來看，修道院的檔案資料有時候會保存一些出人意料，但也是極為重要的文件。

在圖書館的創始章程裡，湯瑪斯爵士訂下了許多詳細的規則，確保這個機構的安全與館藏會得到細心妥善的管理。這有一部分是出於對知識遭受摧毀這些早期事件的直接回應。除了確保館藏的保存，湯瑪斯爵士也確保館藏的開放——不僅開放給大學裡的成員使用，也要開放給他口中所謂「知識世界的所有公民」使用。就提供知識管道的這個面向而言，他的這個想法很新穎。歐洲沒有哪一間圖書館是如此運作的，即一方面致力於保存館藏，一方面積極拓展其館藏，與此同時，還同時擴大開放給跟圖書館並無直接相關的社群使用。根據博德利圖書館檔案室的使用紀錄看來，打從圖書館在一六〇二年正式開放之後的數年裡，前來使用館藏的學者眾多，有的來自但澤（Danzig）、蒙皮立（Montpellier）和漢堡（Hamburg），還有其他來自英格蘭各個地區。[15]

湯瑪斯爵士的另一項創舉是出版館藏目錄冊。第一本重要的圖書館館藏目錄冊是萊頓大學（Leiden University）圖書館出版的，當時是一五九五年，也是該圖書館新館開放的紀念。有一張製作於一六一〇年的著名版畫，上面顯示這間圖書館的分類共有七項：神學、法律、醫學、數學、哲學、文學與歷史。[16]

「每一個人都能找到他想要找的書——再也沒有比這更能彰顯一間圖書館的聲譽了。」——加布里耶·諾德（Gabriel Naudé）在一六二七年寫下這一句他對圖書館的評論。諾德是很有影響力的作者，而他批評的是米蘭的盎博羅削圖書館（Ambrosian Library）——歐洲少數對大眾開放的其中一間圖書館。根據諾德，這間圖書館完全不知主題分類法，而且藏書全都「亂七八糟地堆在一起」。[17]與之相反，博德利圖書館顯得條理井然。這裡的館藏目錄冊是在一六〇五年——距離圖書館的開放只有三年——發行，是英格蘭第一間印製目錄的圖書館。館藏目錄冊僅僅把知識分成四類：藝術、神學、法律、醫學。與此同時，它也提供一份作者的總索引，並有幾份關於亞里斯多德與聖經評論者的特殊索引。這本館藏目錄冊的作者是第一任館長湯瑪斯·詹姆士（Thomas James）。這位館長與創建人湯瑪斯爵士之間的通信至今大部分還在，而令人意外的是：兩人通信的內容大部分與館藏目錄冊有關。

最初的目錄印的都是清單（兩人在信中稱之為「表格」），接著這些清單就貼在新近復原的藏書空間裡、那一排排書架末端的木框上——今日我們把這個新藏書空間稱為亨福瑞公爵圖書館。「你一定會注意到他們在陳列和安置館內藏書所顯現出來的秩序，不管他們是按照字母秩序陳列，還是根據書本內容來分類都好，館內秩序井然。」[18]最後，第一批貼在書架的目錄是根據內容來條列，並且依照這些清單出版了第一部館藏目錄冊。就其實體論，這部目錄冊是一本小書，版型大小是過去人們所說的「四開」（亦即書本的規格）；不過，這本目錄冊雖然只有大約二十二公分高，裡頭卻有四百頁的文本、兩百多頁的附錄和六十四頁索引，相當於一部價值重大的出版品。這部目錄冊的流傳很廣，並曾在法蘭克福書展販售（今日這裡仍然是出版家每年聚集並宣傳新書的場合）。許多收藏家和圖書館也開始使用這本目錄冊，例如住在巴黎的法國收藏家雅克・奧古斯特・德・圖（Jacques-Auguste de Thou），還有住在愛丁堡的蘇格蘭詩人豪森登的威廉・德魯蒙德（William Drummond of Hawthornden），兩人即擁有一六〇五年版的目錄。一六二〇年，博德利圖書館還創下另一項發明：新版的目錄冊改用作者姓名的字母順序來作索引。這個方法後來成為標準的編排手法，沿用了數百年。不過在當時，那是知識歷史裡的劃時代之舉。[19]

博德利圖書館與現代歐洲早期的其他圖書館的不同之處在於這間圖書館讓大眾使用館內保存的知識。不論身在世界何處，今日任何人都可以上網檢索館藏目錄。二〇一八到二〇一九學年，共有一千四百萬筆檢索資料；超過三萬多位校外讀者前來使用博德利圖書館的閱覽室。世界各國（除了北韓之外）的讀者下載了我們館裡數百萬部電子館藏。這種結合保存與分享的措施，意味著在十七世紀和十八世紀早期的博德利圖書館事實上就是一間國家圖書館。

檔案室保管資料的方式也有所改變。在中世紀時期，牛津是一間性質複雜的大學，擁有許多不同的學院、學堂和學舍。這意味著學校有大量的管理文件和資訊必須要維護。後來大學當局獲得了管理的權力，得以授予學位和其他權利給予其成員，就開始產生維護各種紀錄的需要。最早開始保存的紀錄是跟學生有關的學業和品行方面的法規和條例彙編。牛津大學現存最早的一封公文來自教宗代表，亦即在一二一七年或一二一八年，教廷使節瓜拉紅衣主教（Cardinal Guala）寄來的信——也許這也是最早的一項標記，顯示大學已經是個重要的機構。[20]隨著大學的規模漸漸擴大，組織更有條理，早期的大學公務員（有些職務至今還在，例如學監）即開始保存入學註冊表（學生登記選修某學科的正式表單）和大學教職員表（大學校長以及其他大學研究人員表）。到了現代，相當於這類表單的資料被稱為「主檔」，而人們仍會參考這些檔案，了解在該大學裡，誰有資格（或曾經）獲得學位和其他種種權益。

同樣的措施後來就延伸到大學以外的場域。為了政府的各種目的而收集知識——這個過程在中世紀時期即已建立，但是在英格蘭，這個過程到了十六世紀產生巨大的進展，而促成此種進展的原因是亨利八世和他的大臣——樞機主教沃爾西和湯瑪斯．克倫威爾——所帶來的宗教改變。一五二〇年代，沃爾西提出的調查成果《教會財產登記》（*Valor*

Ecclesiasticus），還有一五四〇年代成立的「彌撒費用調查委員會」，其目的就是為了準確了解教會的財務狀況，好讓國王能夠加以掌控。沃爾西的《教會財產登記》就是一份收益目錄，取材自一五三五年，亨利八世的皇家調查團所製作的教會歲入表。一五三八年，克倫威爾建議教會執行的洗禮、婚禮和葬禮都必須依法登記在案，另外他還引進了新法，規定產權轉移必須向政府登記。凡此種種，英格蘭史無前例出現了一段政府積極收集資訊的階段，而此種收集亦開啟了政府對保存在國家檔案裡的資料的監控。[21]

直到這時，此種保存知識的過程仍然使用一個現在很少人在用的語詞：契據（muniment），不過這個語詞倒是總結了保存知識的價值。所謂契據，指的是一種特地保存下來，以便作為權利和特權證據的紀錄。保存這類文件的習慣後來慢慢發展成為高度組織化的活動。一五四二年，第一個中央集權化的國家檔案在西曼卡斯（Simancas）成立，原因是查理五世（Charles V）想記錄西班牙的資料。一六一〇年，英格蘭的詹姆斯一世（James I）欽點勒維努斯・莫克（Levinus Monk）和湯瑪斯・威爾森（Thomas Wilson）擔任「各種文件和紀錄的保管者和登記者」。[22]其他人士例如財稅法庭的掌禮大臣西庇奧・勒斯圭耶（Scipio le Squyer）被僱來維護他們職務之內的各種紀錄，而且還必須負責製作複雜的列表。[23]一六一〇年，梵蒂岡檔案館（Vatican Archives）的現代形式也開始建立起來。

整理資訊的過程與國家財政的管理發展與成長是一體的。不過，此時人們也開始看到這個過程具有良好的公共目的。畢竟政府的部分角色就是確保人民得到良好的管理。在十七世紀，皇家學會（Royal Society）和倫敦格雷莎姆學院（Gresham College）這幾個圈子裡的重要知識分子曾提議收集社會統計資料，並以此方式來讓政府「更加確定，更具固定的常態」，並且用這個方式來確保人民過得「快樂與富裕」。[24]

另一個人們開始了解的概念是：如果政府要保持開放與悅納批評，那麼政府就必須把資訊公布於眾。約翰．葛蘭特（John Graunt）是這個概念的其中一位重要倡議者；在一六六二年出版的《對死亡率表的自然與政治觀察》（*Natural and Political Observations...Made Upon the Bills of Mortality*）一書中，他曾猶豫不決，不知道那些出現在死亡率表——列舉倫敦的死亡人數以及分析其死因的文件——的資料是否只對國家政府有用，還是對更廣大的社會人士有用，即這些列表是不是「對多數人有必要的」資訊？[25]這份死亡率表的出版是為了提供「清楚的知識」，目的是鼓勵人們對倫敦的社會狀況有更為完整的了解，並且鼓勵每一個市民追求更好的品行；或者套用葛蘭特的話，這份列表的出版是用來支撐「法治單位，使某些男人謹守規矩」，遠離「各種放肆行為」。[26]這些死亡率表據以建立的原始資料可在教區書記公司的檔案室找到，因為這個公司的任務是收集這類資料。誠如塞謬爾．佩皮斯（Samuel

Pepys）的日記顯示：普通百姓確實會仰賴這些資料來調整他們的行止。一六六五年六月二十九日，佩皮斯在日記裡寫道：「城裡的邊陲地帶每一天都因為瘟疫而變得非常糟糕。死亡率表的數字飆升到兩百六十七，差不多比上一次多了九十；而城裡只出現四人——這對我們而言真是萬幸。」[27]

科學理論家塞謬爾・哈蒂里布（Samuel Hartlib）曾提出設置「事務辦公室」（Office of Address）的建議，目的是提供大量關於經濟、地理、人口與科學的資訊，開放給大眾交流分享。他的說法是：「透過這個措施，整個帝國裡所有有用的、人人想要的資訊，都可以拿出來交流，跟任何對此資訊有需要的人分享。」哈蒂里布這個計畫獲得幾個影響力很大且著名的宗教改革者的支持，尤其是在牛津。當約翰・勞斯（John Rous）——第二任館長——病重，有人即提議讓哈蒂里布接替勞斯的位子，因為當時人們覺得他如果打算發展重要的溝通管道，那麼他的辦事處最好是設置在大圖書館，這樣他就有一個「接納各種意見、提案、協定和處理各種奇聞異事的中心與開會的地方」。雖然如此，這個提議遇到不少反對意見。最後，湯瑪斯・巴洛（Thomas Barlow）被推舉出來擔任圖書館館長一職；巴洛是保皇黨的支持者，套句歷史學家查爾斯・韋伯斯特（Charles Webster）的話，他是「學術上的正統派」。[28]

博德利圖書館保存了許多重要的文件。長久以來，《大憲章》算是當中最深具衝擊力的一份文件：我們現在仍然遵守其中最重要的第三十九條條款，亦即沒有一個自由人應該被囚禁或被剝奪財產，「除非他的同伴提出有法據的評斷，或者國家依法提出這樣的訴求」。第四十條條款規定販賣、否定與延緩正義是違法的行為。時至今日，這些條款在英格蘭法律中被奉為神聖，世界其他國家的法律亦可找到類似條款，包括美國憲法。再者，《大憲章》也是聯合國憲章（UN Charter）關於人權的主要來源。[29]

威廉·布萊克斯通（William Blackstone）是啟蒙時期最偉大的法學思想家之一。他的著作使人意識到《大憲章》的法學和政治意義對十八世紀那些較為廣泛的論辯的重要影響。《大憲章》在一七五四年遺贈給博德利圖書館，而他的《大憲章與森林憲章》（*The Great Charter and the Charter of the Forest*）（一七五九）即根據他對《大憲章》多份正式繕寫文件的詳細研究而寫成。[30]這部作品和另一部傑作《英格蘭法律評論》（*Commentaries on the Laws of England*）（一七六五－六九）的影響深遠，對美國的諸位革命之父（例如湯瑪斯·傑佛遜的私人圖書館即可找到這兩本書）和提倡革命的法國知識分子都有所影響。《大憲章》十三世紀版留下來的文件力量如果受到質疑，那麼十七世紀倖存下來的版本則不然；一九四一年，溫斯頓·邱吉爾（Winston Churchill）即寄了一份十七世紀版給美國作為圖騰，代表美國是第二次世界大戰裡的同盟。

圖書館和檔案室在宗教改革期間遭受巨大的毀壞——這件事促使一整個世代的古文物學家展開行動，盡其可能地拯救各種過去的紀錄和收集這類材料。利蘭在一百年前為了服務亨利八世，驕傲地擔起「古文物學家」這個角色。不過現在時局不同了，在時人眼中，古文物學家似乎是一群怪胎，時常被人在戲劇、詩歌和漫畫裡加以諷刺。一六九八年，《新古今辭典》（*The New Dictionary of the Terms, Ancient and Modern of the Canting Crew*）出版了；在這部辭典裡，「古文物學家」被定義為「奇特的批評家，對古幣、石碑、銘文還有對各種蟲蛀的紀錄與古代的抄本深感好奇，同時亦盲目地喜歡各種遺物和廢墟，熱愛古代的習俗、語言和風尚」。雖然如此，古文物學家搶救下來的那些「蟲蛀的紀錄與古代的抄本」將會成為十六世紀末到十七世紀最偉大的圖書館的鎮館之寶。[31]古文物學家對過去的迷戀，為未來的世代保留了歷史。

堅持毀滅知識這件事不應該再度發生——這是一場由許多個人組成的運動，而博德利是其中的一分子。還有另一個人也持有同樣的看法，意即熱心的收藏家：布倫瑞克－呂納堡公爵奧古斯特二世（Duke Augustus the Younger of Brunswick-Lüneberg）。一六六六年，這位公爵過世的時候，人們在他的私人圖書館找到十三萬本印版書和三千部手抄本——收藏量遠多於當時的博德利圖書館。[32]奧古斯特二世在德國度過青年時期，目睹周遭的宗教動亂和暴力，最後還見到此種動亂演變成三十年戰爭（Thirty Year's War），他於是決定把知識保存起來。就像博德利一樣，他也委派代理人為他建立館藏（其代理人為了尋找藏書，至遠甚至來到維也納和巴黎）。一六〇三年，他甚至還曾到博德利圖書館拜訪——當時博德利圖書館才剛剛開館幾個月而已。博德利的圖書館給了奧古斯特二世許多靈感，使其藏書量攀上新的高峰。他的藏書後來成為今日一間著名研究圖書館（營運資金來自聯邦與中央政府）的基礎，這間圖書館位於沃爾芬比特爾（Wolfenbüttel），稱為奧古斯特公爵圖書館（Herzog August Bibliothek）。

在替未來做各種準備的時候，博德利非常注重細節。他擬定各種規章、捐贈各種資金、重建舊建築、擬定新的建築計畫並開始著手興建。他甚至制定了圖書館長的新角色；他希望擔任這個角色的是「某個在學生時代即以勤奮著稱與知名，所有的言談都令人覺得可靠、積極且謹慎的人。他必須擁有學位，而且還是個語言學家；沒有婚姻的拖累，也沒有忙著要行善救人（亦即不是教區牧師）」。當湯瑪斯・詹姆士被選為第一任館長時，博德利這位創建者和其他理事們不時會悄悄前來關注，因為詹姆士是以研究《欽定版聖經》（King James Bible）著稱的學者。他們之間的往來書信勾畫出一幅令人著迷的圖畫，顯示創立一間大圖書館究竟會涉及多少細枝末葉的瑣事。這個角色至今仍然被稱為「博德利的圖書館長」（我是第二十五任）。

知識的方舟必須蓋得滴水不漏。一六〇九年，湯瑪斯爵士制定了一份捐贈計畫，因為——套句他說的話——「透過觀察，可以很清楚地發現，基督教世界某些著名圖書館會徹底傾覆和毀壞，主要的因素都是缺乏某種來源固定的收益，這才無法維持下去，繼續擔起保存知識的任務」。[33]因為這樣，博德利後來即把他的錢投入他所說的事業上面，並且解除了家人的財產繼承權。

注釋

1 徵引自 Philip, *The Bodleian Library in the Seventeenth and Eighteenth Centuries*, pp. 2-3。

2 Ker, 'Oxford College Libraries before 1500', pp. 301-2.

3 Parkes, 'The Provision of Books', pp. 431-44, 456-7.

4 關於牛津大學各間圖書館的歷史，最好的研究作品可參閱 Parkes, 'The Provision of Books' 和 Ker, 'Oxford College Libraries before 1500'。

5 參閱 Rundle, 'Habits of Manuscript-Collecting: The Dispersals of the Library of Humfrey, Duke of Gloucester', pp. 106-16; *Duke Humfrey's Library & the Divinity School, 1488-1988*, p. 46。

6 參閱 *Duke Humfrey's Library & the Divinity School, 1488-1988*。

7 資料取自作者與大衛・朗朵博士（Dr David Rundle）之間的私人通信。

8 徵引自 *Duke Humfrey's Library & the Divinity School, 1488-1988*, p.123。

9 Ibid., pp. 18-49.

10 關於湯瑪斯・博德利爵士的早期生涯，最近的研究可參閱 Goldring, *Nicholas Hilliard*, pp. 40-59。

11 Bodley, *The Life of Sir Thomas Bodley*, p. 15.

12 *Letters of Sir Thomas Bodley to the University*, pp. 4-5.

13 Peterson, *The Kelmscott Press*, pp. 45-7.

14 事實上，這即意味著所有在英格蘭出版的書都將會收入圖書館，因為該公司幾乎壟斷了所有印刷和出版的事業。關於相關訊息，最好的參考著作見 Barnard, 'Politics, Profits and Idealism'。

15 參閱 Clapinson, *A Brief History of the Bodleian Library*, pp. 20-2。

16 這張版畫重印於 Burke, *A Social History of Knowledge*, pp. 104-5。

17 Naudé, *Advice on Establishing a Library*, pp. 17, 67-8.

18 Bodley, *Reliquiae Bodleianae*, p. 61.

19 Ovenden, 'Catalogues of the Bodleian Library and Other Collections', p. 282.

20 Southern, 'From Schools to University', p. 29.

21 Slack, 'Government and Information in Seventeenth-Century England', p. 38.

22 Tyacke, 'Archives in a Wider World', p. 216.

23 Ovenden, 'Scipio le Squyer'.

24 參閱 Slack, 'Government and Information in Seventeenth-Century England', pp. 42-3，資料徵引自 John Graunt。

25 Slack, *The Invention of Improvement*, pp. 116-20.

26 Buck, 'Seventeenth-Century Political Arithmetic', p. 71.

27 Pepys, *The Diary of Samuel Pepys*, 5, p.142.

28 Webster, *The Great Instauration*, p. 194.

29 Rozenberg, 'Magna Carta in the Modern Age'.

30 Prest, *William Blackstone*, p. 165.

31 這個段落常有人徵引，這裡徵引自 Ovenden, 'The Libraries of the Antiquaries', p. 528。

32 Bepler, 'The Herzog August Library in Wolfenbüttel', p. 18.

33 這句話曾被徵引，見 Philip, *The Bodleian Library in the Seventeenth and Eighteenth Centuries*, pp. 6-7。

第五章　征服者的戰利品

天空被好幾道火光照得極為明亮；一道深色的紅光投射在路面上，亮度足以讓每一個人清楚地看到他的同志的臉……我想不起來我曾在生命中的哪個階段看過比這個更驚人、更宏大的場景。[1]

喬治．葛雷（George Gleig）是個年輕的蘇格蘭士兵，服役於英國軍隊。一八一四年，他帶著複雜的情感，看著華盛頓陷入火海。在柯本上將（Admiral Cockburn）和羅斯將軍（General Ross）的領導之下，他跟著英國遠征軍聯合部隊橫渡大西洋，向美國宣戰，並且親眼目睹華盛頓這座城市陷入史無前例的猛烈戰火。葛雷是個非常聰穎的觀察者；無可否認地，在一八一二到一八一四年英國遠征美國的活動中，他是個有所偏見的證人，但是他對於自己所看到的景象也並不全然覺得心安。

英軍一攻入華盛頓，就放火焚燒白宮（當時白宮的名字是總統官邸〔Presidential Mansion〕）和國會圖書館（Library of Congress）的所在地：國會大廈（the Capitol）。國會大廈高高地坐落在山丘上，其建築的「品味雅致，裝飾華美」，擁有「許多數不清的窗戶」，還有「一道螺旋狀的懸浮樓梯」以及許多間公寓，全「設計成公共閱覽室，其中兩間較大的閱覽室擺滿了珍貴的書，主要是以現代語言寫成的書。其他公寓則擺滿了各種檔案、國家法規、各種法案等資料。這幾間公寓是圖書館員的專用辦事處」。從葛雷的遣詞用字，可以看出他心裡的不安：「一間偉大的圖書館，好幾間印刷辦公室，以及所有的國家檔案資料——這些全都陷入火海，付之一炬。毫無疑問地，這些東西都是政府的財產，不過最好還是不要燒掉比較好。」[2]

對美國來說，華盛頓被焚毀當然是個巨大的打擊，接下來的好幾代人都還能感受到這種衝擊。為此野蠻行徑，英國人遭受唾罵，而這起事件最後竟轉變成一個有用的神話，把接下來好幾個世代的美國人團結在一起，形成一個國家。這是一項證明，顯示他們具有追求成功的韌性、機敏和決心，也顯示他們擁有克服困境，重建首都城市與政府的能力。

在一八一四年，國會圖書館還是個很新的機構。在獨立戰爭（War of Independence）中打敗英軍之後，新政府即以兩院議會——參議院和眾議院——為基礎而建立起來。第一屆議會（一七八九－一七九一）仔細斟酌建立首都和政府的地點。湯瑪斯·傑佛遜、亞歷山大·漢米爾頓（Alexander Hamilton）和詹姆斯·麥迪遜（James Madison）這三位美國建國之父取得共識，選了波多馬克河（Potomac river）附近一個地點，而且也是華盛頓本人喜歡的地點來建都。現在被稱為華盛頓特區（Washington, DC）的原址，原本是森林與農莊各占一半的區域，距離美國其他大城市例如波士頓、費城和紐約都十分遙遠。把政府設立在一個遠離主要都市的地方，這個決定即代表一個象徵的意圖，旨在限制政府對這個新興國家的影響力；這個政治理念在今日美國政治的中心依然持續保有其地位。

隨著政府開始發展和壯大，對資訊和知識的需要也隨之增長。政治家和政府官員大部分都受過良好的教育，但是早在一七八三年，即有人向議會提出從歐洲進口書籍的要求。今日被視為「美國憲法之父」的詹姆斯·麥迪遜主持一個由議會組成的委員會，建議購買「關於國家法律、條約、協商等等主題的著作，以便各種措施符合正當程序」，此外還要購買所有「跟美國歷史和跟聯邦事務有關的每一本書和每一篇文章」。[3]購買這類書籍並不是純然出於對歷史的興趣；他們的動機是為了找到證據，幫助他們對抗歐洲各個強權意欲奪取美國領土這種要求——可預期的要求。[4]

一八〇〇年通過一條法案，允許國會撥款給麥迪遜的委員會購買書籍。委員會提出一張條列了三百多本書的清單，單子上的書包括一部偉大的啟蒙「聖經」：查爾斯－約瑟夫．潘科庫克（Charles-Joseph Panckoucke）版，狄德羅（Diderot）和達朗貝爾（d' Alembert）在一七八二年至一八三二年主編的《百科全書》（*Encyclopédie Méthodologique*），全書總共有一百九十二卷。此外還有法學理論家例如胡果．格老秀斯（Hugo Grotius）和愛德華．科克（Edward Coke）的著作，尤其英國法學家威廉．布萊克斯通的作品，例如《英格蘭法律評論》和《大憲章》（一七五九）。政治理論家例如約翰．洛克（John Locke）和孟德斯鳩（Montesquieu）的作品也在清單上面。再來是亞當．斯密（Adam Smith）影響重大的論著《國富論》（*An Inquiry into the Nature and Causes of the Wealth of Nations*）（一七七六）。在這張羅列了十八世紀重要思想家的名單上，他們還列入愛德華．吉朋的《羅馬帝國衰亡史》和大衛．休謨（David Hume）的著作。除此之外，清單上也列了一些較為實用的購買項目，例如各種地圖。[5]

這張清單儘管看起來十分引人注目，議會起初並沒有真的把購書款撥給委員會。這是這類事件最早的雛形，將來這類事件即將變成一個大家耳熟能詳的問題：圖書館指望議會撥下資金，但是議會並不總是把圖書館的需求列為優先考量的議題。

獨立戰爭結束之後，美國把教育列為最重要的事務。當美國以一個國家的形式逐漸發展起來的同時，書籍的買賣業務也逐漸興旺起來，而這個業務大部分與英國和歐洲其他出版社有關聯。早期的美國除了有許多商業化的流動圖書館，還有許多非商業性質的社會與社區圖書館，為那些沒有能力買書，但是又對新聞和知識有所需求的人民服務。[6] 私人圖書館是中產階級和上層社會人士的專利。隨著流動圖書館、會員圖書館和各種設置於咖啡店的圖書館的逐漸興起，更大的讀者群也更加容易取得知識，而這個過程將會在十九世紀大西洋的兩岸大大擴展。早期的國會議員大部分來自富裕的家庭，大多數人都受過良好的教育，而且家裡大半都有私人圖書館，也許這就是為什麼一開始他們並不覺得有必要在國會設立中央圖書館。

一七九四年，國會終於撥下款項，讓委員會購買威廉・布萊克斯通的《英格蘭法律評論》和艾默瑞奇・德・瓦特爾（Emerich de Vattel）的《萬國律例》（*Law of Nature and Nations*），方便參議院議員使用。不過，這是一個特例。一直等到一八〇〇年，等到國會大廈遷移到華盛頓以及等到麥迪遜提出的法案通過之後，國會才終於撥下建置圖書館的款項。即使到了那時，即使在那一年，當約翰・亞當斯總統簽名讓法案通過時，也特別註明這是為了「進一步提供美國聯邦政府遷移與安置的費用」，亦即他關心的事項比較是鋪設道路和總統官邸的建設，而不是圖書館。撥給圖書館的款項還特別註明用途：

特此撥下五千美元，以便華盛頓的國會用來添購可能會用到的書籍和添購合適的大樓來存放購入之書，……承前所述，購入之書必須……根據書單來執行，……前述書單必須由兩院共同組成的委員會共同商議，並根據前述提及之目的來擬定；購入之書必須存放在合適的空間裡，此空間應設置在該城市的國會大廈裡，以便參、眾議院成員之使用。前述提及之委員會必須根據法規來擬定並執行此計畫。[7]

這裡提到的優先考量很重要，國會當時的第一個直覺就是各種資訊需求將會與立即性的功能有關——基本上就是包含各種關於法律和政府管理的議題。為政府的有效運作而採取適當的措施，這件事非常重要，因為華盛頓不像紐約和費城——這裡並沒有其他的圖書館。

國會圖書館的館藏不多，但是很快就開始擴展藏書。一八〇二年，第一份印刷版的館藏目錄列了兩百四十三本書，第二年即需要增加一份補遺目錄。這第一間圖書館擁有法律和政府管理相關的基本書籍，大部分都是英文書，包括英國的《法律總滙》（*Statutes at Large, Journal of the House of Commons*）和十四冊一套的《國家政治案件審判集》（*State Trials*）。[8]後來他們再慢慢跟倫敦的書商和出版社另外購買其他書籍。[9]國會圖書館第一任館長帕特里克・馬格魯德（Patrick Magruder）甚至在報章上刊登廣告，呼籲作者和出版商贈送書本給圖書館，因為把書放在圖書館裡就是一種廣告，讓美國最傑出的男子看到你的作品。有一篇登在《國民通訊報》（*National Intelligencer*）的告示很炫耀地寫道：「我們很高興發現：就傳播知識的效果而論，如果作者和編輯們把他們的書、地圖和圖表擺在本館的書架上，這比他們使用一般的目錄和廣告更有幫助。」[10]

到了一八一二年，館藏目錄冊列出了三百多部書，動用了一百零一頁才把所有書本簡介完畢。[11]在獨立之後的前面幾年裡，國會圖書館——以及主題涵蓋多種題材且快速增長的藏書——象徵一個國家正在成長，並建立其身分認同。誠如古老的諺語所說的：知識就是力量。雖然圖書館的藏書量依然很小，但是這些被設計來服務政府的藏書正與國民政府同步增長。

因此，英國軍隊一到華盛頓，國會圖書館立刻成為他們的主要標靶——這一點也不令人驚訝。戰爭早已造成大毀壞。國會圖書館甚至不是第一間被焚毀的圖書館。一八一三年四月，美軍攻擊英國的約克鎮（現代的多倫多〔Toronto〕），那是兩軍的第一次接觸，當時設立在議會大樓裡的圖書館即遭受焚毀。[12]

在一八一三年，帕特里克·馬格魯德生病了，不得不請長假，暫時離開圖書館。他的兄弟喬治被選為代理館長。八月十九日，英軍抵達美國。英軍進軍美國的消息傳開之後，人們即開始安排各種撤退的行動。[13]喬治．馬格魯德命令館員暫且不動，等他們看到陸軍部（War Department）的職員開始打包行政紀錄時再準備撤退。他沒有意識到大部分政府部門早就已經開始打包，而且扣押了馬車來幫助他們把重要的物件搬到安全的鄉下。

當時許多在政府部門工作的人也自願加入民兵組織，幫忙保護他們的城市；大部分職員都離開了圖書館，只有一小部分人留駐原地，其中包括助理館員佛斯特（J. T. Frost），而他之所以留下來，是為了每日打開窗戶，保持圖書館的空氣流通（華盛頓的夏天很潮溼，保持空氣流通對館裡的藏書很重要）。八月二十一日下午，塞謬爾．伯奇（Samuel Burch）獲准離開民兵組織的崗位，回到圖書館。二十二日那天，他和佛斯特終於得到通知，獲知陸軍部的職員已經開始撤離華盛頓。

他們終於決定撤離圖書館了——但是這個決定來得太遲。政府裡的其他部門早已徵用了城裡所有剩下的馬車。伯奇花了好幾個小時，好不容易才在華盛頓城外找到一輛運貨馬車。二十二日下午，他帶著那輛由六頭公牛拉著的貨車回到圖書館；他和佛斯特利用下午剩下的時間，把一部分書和檔案搬到貨車上。二十三日一早，他們就把書和檔案送到城外，一個距離城市大約九英里的安全地方。其他人也幫了一點小忙，例如最高法院的書記員埃利亞斯．考德威爾（Elias Caldwell）——他把某些法庭紀錄搬到他自己的家裡。[14]

八月二十四日，英軍進入華盛頓。打從這時開始，情勢迅速惡化。起初，羅斯將軍派人給美軍送上條件書和一面休戰旗。不料之後有人朝他開槍，還把他的馬打死了。關於接下發生的事，喬治・葛雷留下了一份生動的描述。雖然如此，值得注意的是：在其他多起圖書館毀亡的事件中，指控對方在停戰期間開火是個很常見的藉口：

> 所有駐屯的想法全部都得暫時擱置一旁；部隊往城裡推進，衝入那間射出子彈的屋子。殺死屋裡所有人，把那裡夷為平地之後，部隊持續推進，一刻也不遲疑地把他們眼前所見的一切都放火燒了，即便那些建築物跟政府沒有任何一丁點關係。在這場摧毀行動之中，被燒毀的包括參議院和總統官邸，還有面積廣大的修船廠和軍械庫；在兩千或三千人的吶喊助陣下，許多間裝滿海軍和軍械的倉庫、各種各樣的大砲，還有將近兩萬份小型軍備全部都被摧毀了。[15]

根據國會圖書館歷史學家簡・艾金（Jane Aikin）所述，英國士兵把書本和其他在館裡可以找到的易燃物品堆疊起來，然後放火焚燒圖書館。雖然我們無法得知這起事件的實際細節，但一則傳奇故事漸漸開始成形。在很久以後，十九世紀的《哈潑新月刊》（*Harpers*

New Monthly Magazine）刊載了一則焚燒圖書館的報導，文中很明確地把焚燒圖書館的始作俑者歸咎於英國士兵，譴責他們使用館內的藏書來燒圖書館。[16]

在很長的一段時間裡，這場毀壞行動阻礙了美國政府的發展——雖然過了不久，美軍就在巴爾的摩（Baltimore）麥克亨利堡（Fort McHenry）一戰中贏得了勝利。國會圖書館並未單獨被列為攻擊目標，但是由於它位於美國政府重要的建築物之內，因而成為完美的標靶；館內的易燃物也讓大火持續燃燒，不易熄滅。不過，英國軍隊之中，似乎有一成員十分了解圖書館毀亡的象徵力量。根據喬治·葛雷的描述，華盛頓中心經歷那場毀亡的大火之後，變得空無一物，只剩下「一堆堆冒煙的廢墟」。事實上，有人從廢墟中拿走了一本書，視之為戰勝軍隊之領袖的紀念品。[17]這本書是《美國的收入與支出報告：一八一〇年》（*An Account of the Receipts and Expenditures of the U.S. for the Year 1810*），書名刻寫在皮製封面上，還有一行「美國總統」的字樣。一九四〇年一月六日，著名書商羅森巴赫（A.S.W. Rosenbach）把這本書送還給國會圖書館。當初這本書顯然被視為一個紀念品，是柯本上將送給他兄弟的禮物。不管柯本上將是親自把這本書取走，或某個英軍士兵為他找的——這些我們無從得知。在所有英軍帶回國的戰利品之中，這本書道盡了一切。喬治·葛雷寫道：「根據戰爭的所有傳統，戰敗城裡的任何公共財物全都是征服者的戰利品。」[18]

第二天，大火熄了；大家清楚看到毀壞已經形成——石頭結構的建築物雖然還在，但是建築物裡面的東西全都沒了。英軍給美國這個羽翼未豐的政府一記重擊，而且直接打在正中心。議會裡的成員沒受到損傷，但是他們的大樓燒掉了，他們賴以運作的資訊也摧毀了。他們的政治地位必須趕緊重建。

從這場大火的廢墟中，一間更完善的新圖書館即將誕生。這次重建的主要助力是湯瑪斯．傑佛遜——美國革命運動的締造者和國家創建者。在一八一四年，傑佛遜這位前總統此時已經半退休，住在距離華盛頓西南方約一百英里處，即維吉尼亞州的蒙蒂塞洛（Monticello）。傑佛遜的私人藏書豐富，大概是當時全美最有品味、規模最大的私人圖書館——那是他畢生認真閱讀所累積起來的成果。傑佛遜本人很了解圖書館被燒掉的滋味：他第一間專門收藏法律書籍的圖書室就在一七七〇年毀於一場大火；他得從頭開始，慢慢地再度收集藏書。華盛頓經歷火患的幾個星期後，傑佛遜寫了一封措辭謹慎的信給《國民通訊報》的編輯哈里森．史密斯（Samuel Harrison Smith）；《國民通訊報》是當時共和黨人最重要的報紙，其報社即位於華盛頓。

敬啟者：

我從報上得知，我們野蠻的敵人已經燒毀了公共圖書館，肆意糟蹋了我們的科學書籍和各種技藝圖書……關於這件事，世人將會抱持一個想法；他們會看到有一個國家突然撤離一場大戰，全副武裝，滿載而歸，占盡另一個國家的便宜——他們最近才逼迫這個國家走上戰場，而這個國家赤手空拳且毫無準備；他們放縱恣肆，做出種種不屬於這個文明時代的野蠻行為……。

此時此刻，我猜國會應該有很多初期目標要達成，而其中一個目標應該就是重新建立館藏。這是一件很困難的事，因為現在正在打仗，跟歐洲的往來充滿許多風險。你見過我的圖書館，其狀況和規模你也很了解。這五十年來，我不辭勞苦，不放過任何機會，不惜重本地收集圖書，我的館藏才有現在的樣子……我的藏書大概介於九千到一萬部；一般說來，主要的書類是珍貴的科學與文學書。此外，還有一些較特定的書可提供美國政治家可能需要用到的參考，當中特別完整的是關於議會和外交的書籍。長久以來，我的理智告訴我不該繼續再以私人的財產維持館藏，而且我也決定在我死後，讓國會擁有優先決定權，可以用他們自己的價格來收購我的館藏。他們現在遭逢損失，因此使現在成為他們取得館藏的適當時機，不用理會我剩下的時間和我空泛無用的閱讀之樂。基於這些理由，我請求你，我的朋友，請你為我向國會圖書館小組提出建議，請他們考慮收購我的館藏……。[19]

隨之而來的是：國會針對傑佛遜的館藏價值，展開了冗長的討論與爭辯。這些爭論十分激烈：在國家資源稀缺的時候，把錢花在軍事用途上，是否會比大肆整修、重建圖書館更有價值？在接下來的好幾百年裡，這場論辯的基調還會再重複許多次。

傑佛遜建議給「美國的政治家」提供所有他（當時的政治人物當然都是男性）可能需要的讀物——這個提議是天上掉下來的好運，因為不管是重建原本的三千部館藏，還是效仿傑佛遜那間藏有六到七千部圖書的私人圖書館，都需要花很長的時間，而且還要仔細策劃才能達成任務。如此說來，傑佛遜提供了一條建立重要館藏的捷徑，而且這些藏書還有一個附加價值：其主人過去曾經創立新國家的政府結構，如今他主動提供他使用過的書本，等於是為現在這個建館計畫提供一把知性之火。

傑佛遜有龐大的債務要清償，所以他提供的藏書並不全然是無償的。他把話說得很清楚：他看到國人有難，所以提出這個建議來支持他的國人。與此同時，他也明確表示他要整批出售館藏，避免許多藏書家在出售藏書時最害怕的事——有人會來「東挑西選」，取走箇中精華。在寫給史密斯的信裡，他如此說道：「我不知道我的藏書裡頭有哪一門學科是國會想要排除在外，不想列入他們的館藏的；事實上，藏書裡頭的題材都是國會人員不時需要參考的。」很明顯的，這是一個要麼全買，不然就拉倒的交易。[20]

一八一四年十月，國會開始認真考慮更新他們的圖書館。他們成立了一個聯合委員會，尋找獨立估價以便幫助他們對傑佛遜的提案做出明智的決定。到了十一月，他們向參議院提出議案，請求國會「授權購買前總統湯瑪斯・傑佛遜的館藏」。十二月，這個議案通過了。[21]

不過，眾議院一直拖到次年一月，才開始討論這項議案。他們花了許多時間來回論辯，而且情況不是太好。聯邦主義者關心該批館藏會暴露傑佛遜的無神論思想與各種不道德的傾向。他們當中的一個政治家覺得收購該批館藏將會使「國庫破產，人民淪為乞丐和讓國家蒙羞」。其他的反對意見則與啟蒙思想家例如洛克、伏爾泰（Voltaire）的作品有關，他們認為這些作品的存在反映了傑佛遜那令人反感的「無神論、道德敗壞、疲弱的智慧和對法國的迷戀」。[22]報導這些論辯的各家美國報刊分別加入雙邊論戰，例如《美國公報》（*American Register*）預言「下個世代將會……對國會反對購買傑佛遜館藏這件事感到慚愧」。[23]

贊成收購案的人則把這個案子看成一個機會，可以開始建立「偉大的國家圖書館」。他們使用這樣的語言，其意義也許跟我們今日對這個語詞的了解不同，但是傑佛遜館藏所具有的廣度和深度，亦有助於展開那個過程，即便到了最後，國會圖書館並未照單全收，悉數收購他的館藏。一八一五年一月三十日，麥迪遜簽署了法案，授權收購其書。參議院僅以十票之差的大多數通過該案。與傑佛遜交易的法案在華盛頓通過之後，國會圖書館總共買進了六千四百八十七本書，總金額是美金兩萬三千九百五十元。[24]一下子，國會圖書館變成北美地區最大而且最完善的圖書館之一，僅次於哈佛大學圖書館——在一八二九年，哈佛大學圖書館的館藏大約介於三萬到四萬之間。[25]比起發生大火之前，國會圖書館的館藏不止擴增了兩倍，而且收藏的題材範圍也大為激增，收入了整個歐洲各個啟蒙出版社的出版品。一八一二年的館藏目錄冊裡幾乎沒看到這類作品。

話說回來，即便國會圖書館一次購入大批藏書，若與其他大型圖書館比起來，藏量還算很小。在一八〇二年，都柏林聖三一大學圖書館擁有超過五萬部藏書。劍橋大學圖書館在一七一五年增添了摩爾主教圖書館（Bishop Moore's Library）的藏書之後，其藏量增加到四萬七千多部；到了一八一四年，其藏量更是大幅增加，也許已經趨近九萬部之多。在這同時，大英博物館（幾乎就是一間圖書館，只除了「博物館」這個名字之外）在一八一三年到一八一九年之間，總共出版了七本館藏目錄冊，列入的印版書差不多有十一萬部之多，更別提館內還有抄本、地圖和其他收藏，這些全部加總起來，其藏書量比國會圖書館多了十五倍。[26]

買下傑佛遜的藏書之後，議會的下一個挑戰就是找個合適的地點來安置這批館藏。起初，在等候燒毀的國會大廈整理和修復的期間，議會和圖書館就暫時棲身在布洛傑特旅館（Blodget's Hotel）。一八一五年五月，國會購買的藏書從蒙蒂塞洛送過來；兩個月後，藏書開箱，並根據簡化版的傑佛遜分類法上架——傑佛遜用以組織知識的方法是英國文藝復興哲學家法蘭西斯．培根以及法國啟蒙思想家達朗貝爾發展起來的系統。[27]

一八一五年三月，麥迪遜指派喬治．沃特斯頓（George Watterston）擔任國會圖書館館長。沃特斯頓是個作家，出版過詩集、擔任過報社編輯，也是個受過訓練的律師。館藏就是「國家圖書館」核心的這個想法似乎真的激起了沃特斯頓的想像力，因為他在《國民通訊報》刊登一則通告，呼籲作家、藝術家和雕刻家們把作品存放在圖書館。該家報社呼應其看法，指出「美國或國會的圖書館（應該）成為世界文學的儲藏處」，而政府的責任就是提供「一個龐大的存儲之處……方便大眾使用，也方便政府職員使用」。當時的其他文章也反映了這樣的看法。雖然當時人們並未拿美國來跟其他國家比較，但是其含意很明顯：美國需要建立一座國家圖書館來收集全世界有用的知識。在十九世紀的美國，亞歷山卓圖書館的影子再次浮現。

一八一五年，國會圖書館出版了第一本館藏目錄，取名為《美國圖書館目錄》（*Catalogue of the Library of the United States*）。聯合委員會給館長提高薪資，並且擴大圖書館的使用權限，讓司法部和外交部的職員一起使用。[28]一八一七年，第一次有人提出存放於圖書館的出版品須得到美國國務院（Secretary of State）的版權保護；此後，同一系列的建議再次出現多次。同一年，要求建立一間獨立建築物來作為圖書館之用的呼籲亦開始出現。不過，這些呼籲在短期內並未得到重視。

決定是否收購傑佛遜藏書的過程觸發一個看法，即國會圖書館事實上就是國家圖書館的核心，這個過程亦導出一個概念：政府圖書館應該廣收題材範圍更廣泛的書籍，不能僅僅收藏那些對政治家以及政府官員有實用價值、純粹方便他們使用的書籍而已。話雖如此，實現美國國家圖書館這個概念的動力之火花了很冗長的時間才緩慢建立起來。事實上，這個過程還得靠另外一場火，這才真正建立起來。不過，這一次是一場意外之火。

一八五一年聖誕節前夕，國會圖書館的其中一座煙囪起火了。五萬五千多部的館藏之中，超過一半被大火燒毀，其中有大部分是傑佛遜的藏書。重建圖書館之路非常漫長，而且要一直等到美國內戰結束，等到林肯總統（President Lincoln）指派史波福（Ainsworth Rand Spofford）擔任第六任圖書館館長才真正展開重建。史波福很清楚地看到圖書館的發展軌跡是朝著國家圖書館的方向走，而且他也能說出他的遠見，從而促使國會增撥購書資金，並且安排史密森學會圖書館（Library of the Smithsonian Institution）轉移藏書。最重要的是，一八七〇年通過《著作權法》（Copyright Act）之後，他確立了國會圖書館作為美國出版品的法定庫存處。[29]

一八一四年，英軍的燒毀圖書館是國家與國家之間的對抗，那是一種刻意為之的政治行為，其用意是弱化政治和政府的中心。就此意義而言，這個情節在古代世界可在某些攻擊知識的活動中找到許多回響。對於國會圖書館的毀亡，人們的反應證明這件事在歷史上可視為一五五〇年代牛津大學圖書館遭受毀亡的轉型。新的國會圖書館不僅比被毀壞的那間圖書館更大，而且將會成為更合適的資源，協助人們打造一個以現代概念為基礎，重視民主、啟蒙的新國家。完成這些建設將需要花一些時間，但是一旦建設完成之後，新圖書館在保存知識這方面將會成為全球的領袖，為世上最強大的國家增添資訊和觀念的薪火。

注釋

1 Gleig, *A Narrative of the Campaigns of the British Army at Washington and New Orleans*, p. 128.
2 Ibid., pp. 127, 134.
3 Madison, *The Papers of James Madison*, 1, p. 269.

4 Ostrowski, *Books, Maps, and Politics*, pp. 39-72.

5 Ibid., pp. 12-14.

6 參閱 Beales and Green, 'Libraries and Their Users'; Carpenter, 'Libraries'; Ostrowski, *Books, Maps, and Politics*, pp. 14-19。

7 引文出自 Johnston, *History of the Library of Congress*, p. 23。

8 Ibid., p.19.

9 McKitterick, *Cambridge University Library*, pp. 418-19; Ostrowski, *Books, Maps, and Politics*, pp. 44-5.

10 徵引自 Johnston, *History of the Library of Congress*, p. 38。

11 Ibid., p. 517.

12 Fleming, et al., *History of the Book in Canada*, p. 313.

13 Vogel, '"Mr Madison Will Have to Put on His Armor"', pp. 144-5.

14 這則故事徵引自 Johnston, *History of the Library of Congress*, pp. 65-6。至於考德威爾的事蹟，參閱 Allen C. Clark, 'Sketch of Elias Boudinot Caldwell', p. 208。

15 Gleig, *A Narrative of the Campaigns of the British Army at Washington and New Orleans*, p. 129.

16 由於柯爾（John Y. Cole）的建議，簡．艾金很慷慨地跟我們分享她的國會圖書館史稿。

17 Gleig, *A Narrative of the Campaigns of the British Army at Washington and New Orleans*, p. 132.

18 Ibid., p. 124. 羅森巴赫贈禮的故事，可參閱 *Annual Report of the Librarian of Congress for the fiscal*

year ended June 30, 1940, p. 202；羅森巴赫本人也曾提到這次贈禮始末，見 *A Book Hunter's Holiday*, pp. 145-6。

19 書信徵引自 Johnston, *History of the Library of Congress*, pp. 69-71。

20 Ibid., p. 71.

21 Ostrowski, *Books, Maps, and Politics*, pp. 74-8.

22 Ibid., p. 75.

23 徵引自 Johnston, *History of the Library of Congress*, pp. 86, 90。

24 Ibid., p. 97.

25 Ibid., p. 168.

26 Fox, *Trinity College Library Dublin*, pp. 90, 121; McKitterick, *Cambridge University Library*, p. 152; Harris, P. R., *A History of the British Museum Library*, p. 47.

27 Ostrowski, *Books, Maps, and Politics*, pp. 81-3.

28 Johnston, *History of the Library of Congress*, p. 154.

29 Conaway, *America's Library*, p. 68.

第六章　違背卡夫卡的意願

知識的命運如何？其關鍵是「庋用」（curation）這個概念。這個語詞具有神聖的語源，意思是「照顧」，而且當名詞用的時候，一般是指負責「照顧」其教區教徒的神職人員。神職人員據說是「靈魂的療癒者」（cure of souls），或人們的性靈的照顧者。許多新教的分支裡，助理級神職人員至今仍然被稱為「助理牧師」（curate）。圖書館或博物館的館長（curator）得照顧他們負責管理的物件。就圖書館的案例來說，這種責任就延伸到照顧知識本身，亦即照顧含藏在物件裡面的知性材料。庋用的藝術首先涉及下列各種決定：該收藏什麼和如何收藏；該留下什麼和該丟棄（或毀壞）什麼；哪些物件該長期提供民眾使用，哪些該保存一段時間。

該銷毀或保存私人檔案——這個決定至關重要。一五三〇年代，湯瑪斯·克倫威爾保存了一份很龐大的私人文件檔案，存放在裡頭的大部分是書信，以便他執行亨利八世交付的各種任務。在那段期間，國家的管理正在歷經巨大的現代化過程。克倫威爾自己的檔案當然必須整理得井井有條，面面俱到。不過我們會得知此事，主要是靠倖存至今的部分檔案（現在分別存放在國家檔案館和大英圖書館）。理所當然，我們會認為個人檔案收藏的是收到的信件。不過在早期，家庭祕書也會給所有寄出的信件抄錄一份副本存檔，目的是維持雙方資訊的暢通；「像克倫威爾這麼注意細節的人，他一定會確保他的往來書信都在手邊，以便他需要的時候可以參考」。但是事實上，留存至今的只有寄給他的信件，沒有他寄出去的信件。無可避免地，這件事實足以導引出一個結論：「只有刻意銷毀，那些寄出去的信件副本才會大量遺失。」[1]

克倫威爾在亨利八世的宮廷裡失勢之後，還有一五四〇年六月他遭受逮捕之後的那段期間，他的全體僱員必定開始銷毀主人寄出去的信件副本，以免那些信件副本變成他的罪證。霍爾拜因（Holbein）曾給克倫威爾畫了一幅著名的肖像畫；在畫中，克倫威爾的臉望向畫面左邊，近乎側面像。他的神態莊重，近乎嚴厲。他穿著毛皮襯裡的黑色大衣，戴著一頂黑帽子。如此素樸的衣著，看不出任何足以透露其個性的線索。不過，我們從這張畫可以看到他握緊的不是財富或特權，而是知識——他的左手名符其實地牢握著一份法律文件，而且在他前面的桌上擺著一本書。畫中能夠顯示克倫威爾的財富與權勢的，不是他所處的房間，也不是他的衣著，而是他眼前的這本書：皮製的封面，黃金打造的裝飾，而且這本書還有兩個鍍金扣子牢牢扣緊。這張畫讓我們知道克倫威爾真正在乎、真正覺得重要的東西究係何物。

克倫威爾寄出去的書信檔案是在他自己家裡的私人辦公室裡銷毀的。時至今日，我們仍然常常會在居家環境裡看到知識正在遭受銷毀。我和我的妻子曾整理一位家族成員的住家，從裡頭清出許多信件、照片和日記等物件。我們必須決定哪些東西必須被銷毀，而我們也有許多必要且合法的理由這麼做——這應該是許多家庭都曾面臨的情況。那些有待銷毀的物件，有的是因為內容可能太微不足道，或可能會占用太多保存空間，或可能會讓還在世的家人想起不愉快的往事，抑或可能會揭露某些家人從來不知道、當事人可能也希望永遠隱藏的往事。

每天都有人必須做出這樣的決定。但是有時候，這些關於文件命運的決定有可能會對社會和文化產生深遠的影響，尤其當死者是公共生活的知名人物。這樣的人物一旦離世，他在世的親人就必須為他的個人檔案——尤其是信件和日記——的命運做出決定，而這類決定往往對後來的文學史有重大的衝擊。這類決定通常與名譽有關，有時是為了挽救死者的名譽，有時也是為了顧及在世親人的名聲。在此意義下，我認為這樣的決定其實就是一種「政治的」行為，亦即跟權力展現有關的行為，包括展現公共名聲的權力，還有決定什麼可以公開，什麼必須保留隱私的權力。

在這個數位化的時代，現在已經很少人寫日記和日誌了。但是在十九世紀和二十世紀，寫日記或日誌是很流行的文化現象。寫信在今日依然是個人最重要的通訊方式，但是主要是透過電郵與數位訊息來完成。個人信件就像日記或日誌，通常會透露許多內情。作家也可能會留下最初的草稿、初稿和作品的不同版本，對於想了解文學創作過程的學者和批評家而言，這些資料極為珍貴。這種類型的個人檔案可能還會包含其他資料，例如財務紀錄（例如足以反映文學事業成敗的銀行存摺）、照相簿（可以顯示書信當中看不到的人際往來），還有其他各種短期有效的雜物（例如劇院節目表和雜誌訂閱單對文學研究者可能會帶來許多具有啟發意義的發現）。博德利圖書館的特殊館藏部收藏了許多這類有趣的材料；書架上那一盒盒資料當中，其中有些是我們最受歡迎的館藏，例如這幾位作家的文稿：瑪麗·雪萊（Mary Shelley）、雪萊（Percy Shelley）、托爾金（J. R. R. Tolkien）、路易斯（C. S. Lewis）、奧登（W. H. Auden）、布魯斯·查特文（Bruce Chatwin）、喬安娜·特洛普（Joanna Trollope）、菲利普·拉金（Philip Larkin）等等。

作家刻意銷毀自己的文稿——這是一種極端的自我編輯行為。作家之所以這麼做，那是出於對未來的考量。同樣地，違抗作家的遺志，擅自為作家留下作品的理由也是出於未來的考量。後人會以批判的目光看待過去——在整段歷史裡，人類摧毀圖書館與檔案館的動機大抵與這個概念有關。

有史以來，作家們就一直嘗試摧毀自己的文稿。在古典時代，羅馬詩人維吉爾（Virgil）想把他當時尚未出版的傑作《伊尼特》的手稿付之一炬——至少他的傳記作家多納圖斯（Donatus）是這麼寫的。當維吉爾病倒在布林迪西（Brindisi）時，他的傳記作者如此寫道：

> 他之前請求……他的詩人好友瓦立烏斯（Varius），說如果他遭逢不測，那麼瓦立烏斯就應該把《伊尼特》燒了。但是瓦立烏斯說他辦不到。因此，當他病情轉劇，在生命的最後幾個階段中，他不停要求人們把他的手稿盒拿給他，意思是他要親自燒了手稿。但是沒人把手稿盒拿給他，而他也沒再對此事採取特定的行動。[2]

歷來作家與學者對這段描述各有不同的詮釋。有些人將之視為謙虛之情的崇高表現：維吉爾認為他的作品不足為道，因此想要將之銷毀。其他人則認為這是一位病苦之人充滿威脅性的神經質舉動。第三種詮釋是把該事件看成建立文學名聲的部分策略——把決定權交給另一個人，由那個人擔當庋用者的角色。在這個案例中，奧古斯都的贊助對維吉爾極為重要，因為正是這位羅馬皇帝本人替後世拯救了這部偉大的古典作品，而藉由拯救這部作品，同時也保住了維吉爾的名聲。

這幾個詮釋也適用於較後世的作家及其家人朋友對其手稿——以及名聲——的決定。舉個例子，拜倫（Lord George Gordon Byron）大概是十九世紀早期最著名的作家——「誹聞纏身」或許是個更適合的形容詞。年輕的時候，拜倫就在地中海四處旅行，而他特別喜愛希臘，覺得希臘應該擺脫土耳其人的統治。他在一八〇九年出版了《英國詩人與蘇格蘭評論家》（*English Bards and Scotch Reviewers*），而這本文學評論集使他引起文學界的注意。這是一部有力的、諷刺性的文學批評，主要是回應《悠閒時刻》（*Hours of Idleness*）——他的早期詩作（一八〇七年）——所得到的惡意批評。他持續寫詩，無視年歲的增長。他第一部嚴肅的作品是《恰爾德·哈洛爾德遊記》（*Childe Harold's Pilgrimage*），以詩歌為媒介，描寫他的文學旅程。不過，由於拜倫是一篇詩章接一篇詩章地寫，所以這部作品只是部分之作而已。最前面的兩篇詩章在一八一二年出版；這部作品出版後，他曾經很著名地宣稱道：「我醒來……發現自己出名了。」他接著出版更多部詩集，包括一八一三年的《阿比道斯的新娘》（*The Bride of Abydos*）和一八一四年的《海盜》（*The Corsair*）。不過，他的傳世傑作是《唐璜》（*Don Juan*）——這首長詩的前兩篇詩章在一八一九出版。拜倫的婚姻並不美滿；一八一五年，他的妻子安娜貝拉·米爾班奇（Annabella Milbanke）生下一個女兒。他這個女兒名叫艾達（Ada），又名勒芙蕾絲伯爵夫人（Countess of Lovelace, 1815-52），是個開創性的數學家。母女兩人的通信目前存放在博德利圖書館的檔案室裡。此外，拜倫還跟克萊爾蒙特（Claire Clairmont）——瑪麗·雪萊的繼妹——生了另一個女兒奧格拉（Allegra）；不幸的是，奧格拉在五歲的時候就死於斑疹傷寒或瘧疾。

拜倫的生活方式使他在倫敦成為名人，獲得菁英圈子許多的邀約。不過，讓他聲名鵲起的是他與卡羅琳·蘭姆女爵（Lady Caroline Lamb）那段暴風雨似的戀情，還有他與同父異母妹妹奧古斯塔·李（Augusta Leigh）之間的關係（據傳他與這位同父異母妹妹曾生了一個女兒叫梅朵拉〔Medora〕）。一八一六年，就在誹聞鬧到沸沸揚揚的時候，他離開了倫敦，前往歐洲。起初他待在日內瓦（他在日內瓦湖〔Lake Geneva〕附近的柯洛尼〔Cologny〕有一棟別墅——他就在那裡招待雪萊兄妹，而瑪麗·雪萊在一場宴會遊戲中創造了科學怪人〔Frankenstein〕的故事）。拜倫在柯洛尼的漫遊是文學史上最著名的一場夜宴。在這之後，拜倫與雪萊兄妹繼續在義大利各地旅行；在這整段期間裡，他一直不停地寫作和出版詩歌。他與雪萊的友誼是這個時期最大的特色，只是好景不常，這段友誼不久就結束了。原來有一日雪萊出外訪友，卻不幸在回家的途中溺水而死。他乘坐的是他心愛的船；為了拜倫，他心裡雖然有點不甘願，還是把那條船命名為「唐璜號」。那天晚上，唐璜號在維亞雷焦（Viareggio）的外海遇到暴風雨，不幸沉沒。

拜倫生活的每一層面都成為閒話和評論的主題，就連他養的寵物也不例外。住在義大利的時候，他養了許多寵物，簡直就像一座動物園；根據雪萊的描述，他養的寵物計有「十匹馬、八隻大狗、三隻猴子、五隻貓、一隻老鷹、一隻烏鴉和一隻鷹隼；除了馬匹之外，這些動物全都在屋裡自由來去，不時發出爭吵的聲音，彷彿牠們才是屋子的主人」。[3]一八二四年，拜倫移居到他心愛的希臘。不久，他就罹患了熱病，死於希臘。拜倫是個充滿創造力、充滿生產力且卓爾超群的人物，而這樣的特色使他成為全世界的知名人物。在許多作家和詩人心裡，他的殞落是一大傷痛。丁尼生（Tennyson）在晚年回憶道：「我在十四歲那年聽到他過世的消息。那似乎是一場巨大的災難；記得我衝出門外，獨自坐了下來，大聲地嚎叫，然後我在砂岩上寫下這幾個字：『拜倫死了！』」[4]

拜倫的詩擁有大量讀者，分別散布在德國、法國、美國和英國；即使他聲名狼藉，誹聞纏身，他的朋友和文學仰慕者對他始終保持熱切的忠誠，幾乎接近宗教膜拜。就是這種近乎宗教膜拜的地位，影響了他的個人文件的處理。

拜倫的整段作家生涯中，一直都是靠倫敦的約翰・默里（John Murray）出版社把他的作品介紹給大眾。這家出版社成立於一七六八年，由第一位約翰・默里創立——接下來將會有七位名叫約翰・默里的人接管這家出版社，一直到二〇〇二年為止。二〇〇二年，這家出版公司結束私人營業，成為樺榭出版集團（Hachette group）的一員。在出售之前，這家出版社設立在雅寶街（Albemarle Street）五十號——那是倫敦皮卡迪立（Piccadilly）附近一處很漂亮的街區。時至今日，這裡仍是文人聚會的場所；爬上那座優雅但嘎吱作響的樓梯，你就進入二樓的客廳，廳裡依然擺著許多書架。壁爐架上放著拜倫的畫像。站在客廳中間，你會覺得出版人和作家的對話才剛剛結束不久。[5]

約翰・默里二世是一位優秀的出版家，他的眼光精準，很懂得挑選作品，知道如何以他們在十九世紀初期即已培養起來的作家來反映與形塑時代的精神。他們的這張作家名單包括詹姆斯・霍格（James Hogg）、柯立芝（Samuel Taylor Coleridge）和珍・奧斯汀（Jane Austen）。默里和拜倫的關係特別好，雖然當中時有起落，畢竟窮困潦倒的作家總是得靠出版家提供建議、支持和資金。一八一九年，拜倫的《唐璜》出版後，曾引起一陣出版風波；在這起風波之中，拜倫把他私人的傳記手稿交給他的朋友湯瑪斯・穆爾（Thomas Moore）；

穆爾是個愛爾蘭作家，當時住在倫敦；拜倫要穆爾在朋友圈中傳閱他的傳記手稿，任何穆爾覺得「值得」的人，都可閱讀該手稿。在那段時間當中，曾讀過該手稿的人包括雪萊兄妹、愛爾蘭詩人亨利·盧特雷爾（Henry Luttrell）、小說家華盛頓·歐文（Washington Irving）和他的朋友例如道格拉斯·金奈德（Douglas Kinnaird）與蘭姆女爵。知道穆爾身負巨債後，拜倫即建議穆爾，要穆爾等他死後就賣掉那份手稿。一八二一年，約翰·默里同意支付穆爾一筆預付款，認定穆爾以後會編輯該手稿，以利出版。最重要的是，默里獲得了該部傳記的手稿。[6]

一八二四年五月，拜倫死於希臘的訊息傳到倫敦，該部手稿開始擁有不一樣的地位。讀過該份手稿的人都是拜倫的親近朋友，但是這個圈子並不包含他的近親家屬。戰火很快就在兩批人之間形成：有人認為該出版手稿，但是有人認為不該出版，後者包括拜倫的朋友肯姆·霍豪斯（John Cam Hobhouse）和默里，因為他們認為出版該份手稿會在道德上引起公眾的反感，而且拜倫的名聲和他在世親戚們的聲譽都會無可挽回地遭受毀壞。《倫敦季刊》（*Quarterly Review*）是很有影響力的雜誌，其編輯威廉·吉福德（William Gifford）認為該份手稿「僅適合在妓院流通，而且如果出版的話，必定會留給拜倫勛爵一個臭名」。[7]

不反對出版傳記手稿的人有可能是受到出版之後所可能獲得的經濟利益吸引。穆爾打算違背他跟默里的約定，因為他想把手稿交給其他出版社，以此獲得較多的利益。肯姆·霍豪斯知道穆爾打算出版手稿來賺取最大的個人利益，但是他又覺得拜倫的家人才有權力決定要不要出版該手稿。他並不是唯一持有這種想法的人。一八二四年五月十四日，他的日記如此記錄：「我去拜訪了金奈德，他很慷慨地寫了一封信給穆爾，表示不管那份手稿現在在誰的手裡，他都願意馬上支付兩千英鎊為拜倫勛爵的家人買回手稿，換句話說，讓拜倫的家人銷毀那份手稿。」[8]金奈德是拜倫的另一個親近好友；一八一六年，拜倫最後一次離開倫敦時，曾授權金奈德處理他的財務問題。這封信讓穆爾陷入困境，他開始搖擺了，不知道他是否該為了他個人的利益而持續尋找出版社出版手稿。這件事隱藏的意義是：「有幾個特定的人」將會決定手稿的命運。默里也希望銷毀那份手稿，霍豪斯甚至敦促他銷毀他和拜倫的往來書信，如果書信的內容可能會損害兩人的聲譽。幸運的是，默里最後並沒有銷毀他與拜倫之間的往來信件。

一八二四年五月十七日，這起事件發展到了緊要關頭。穆爾和他的朋友盧特雷爾表示想直接找羅伯特·威爾莫特－霍頓（Robert Wilmot-Horton）和法蘭克·道爾上校（Colonel Frank Doyle）申訴。這兩人是拜倫的妹妹與遺孀的財務管理人，而兩人也同意跟他見面，地點就定在雅寶街五十號，亦即默里的住處，時間是早上十一點。幾人會面的地點是起居室的前廳。見面不久，大家就開始人身攻擊，互相指責對方傷害了紳士的榮譽，並為手稿的命運這個核心議題而大吵了起來。最後，默里把那份手稿和穆爾抄寫的副本帶入客廳。接下來發生了什麼事，我們並不清楚。但是那份手稿最終被撕成碎片，丟入客廳的壁爐燒掉。

焚燒那份手稿必定花了不少時間，因為那份手稿至少長達兩百八十八頁（我們之所以知道這個，那是因為那份手稿的裝訂封面和幾張空白頁還在，而空白頁的起始頁碼是兩百八十九）。從幾位參與者的敘述，手稿之摧毀最後是在威爾莫特－霍頓和道爾上校的允許之下執行；兩人是奧古斯塔和安娜貝拉的代表——雖然他們似乎並未取得兩人的書面同意書。雖然默里是那部手稿的法定擁有人，他似乎也同意銷毀手稿——其實不管穆爾申訴與否，或結果如何，他本人原本就可以拒絕銷毀手稿。

默里和霍豪斯亟欲銷毀手稿的動機可能很複雜。霍豪斯當時剛剛獲選為下議院議員，他或有可能急於擺脫他與拜倫的關聯，以此保護他的名聲。兩人也有可能會覺得忌妒，因為拜倫竟把手稿交付給穆爾，而不委託給他們。對默里來說，這件事還另有提高其社會地位的意義：選擇站在拜倫家人那一邊，他或有可能把自己描繪為紳士，而不僅僅只是一個商人。道德感的重力或有可能也同樣對默里產生了強烈影響，他得仔細考慮出版手稿所得到的短期商業利益是否抵得過出版道德上模稜兩可的手稿對出版社所可能帶來的損害。在當時，約翰・

默里出版社還在草創初期，而這家出版社之能倖存下來，多虧出版人能在謹慎與冒險之中取得中和。就這個案例來說，顯然不適合冒險。[9]這起事件顯現了拜倫那群關切未來的友人所具有的力量，以及他們亟欲控制歷史的需要——他們得確保拜倫的傳記手稿不會面世，因為傳記的原稿已經在雅寶街五十號的壁爐裡燒掉了。

如果拜倫的朋友們決定以銷毀其手稿來挽救他的名聲，那麼這種終極的庋用決定也很有可能會走向相反的方向——作家的好朋友們有時候也可能會違背其意願。法蘭茲・卡夫卡（Franz Kafka）留給馬克斯・布羅德（Max Brod）的遺願跟維吉爾留下的遺願很相似，但是布羅德就像瓦立烏斯那樣，決定違背朋友給他的交代。在今日，卡夫卡被視為史上最偉大，而且影響力最大的作家。

卡夫卡走上作家之路，把寫作視為他的生命事業，不過相對來說，他在一九二四年過世之前出版的作品極為稀少。在生命的最後一年，卡夫卡雖然不斷受到肺結核的折磨，但是他與一位年輕女子卻譜出一段認真的戀曲。這位女子名叫朵拉・迪亞芒特（Dora Diamant），而兩人是到德國海邊度假聖地格拉爾－米里茨（Graal-Müritz）參加猶太人的夏令營，這才相遇與相戀。迪亞芒特愛上的是卡夫卡本人，並非作家卡夫卡，而且她顯然不知道卡夫卡曾以德文寫了《審判》（*The Trial*），因為這部作品在一九二五年出版時，卡夫卡已經不在人世。一九二三年九月，卡夫卡回布拉格小住一陣之後，就離開家鄉，搬到柏林與迪亞芒特同居。兩人在施特格利茨（Steglitz）郊外共組家庭，同住了一段時間。只是讓他們家人感到失望的是：兩人並未結婚。對卡夫卡而言，這段時間相當愜意，因為他可以遠離家人，獨立生活。儘管他的健康持續惡化，還有種種經濟上的限制（由於健康不佳，他提早把一小筆退休金領了出來），而且當時柏林正處於通貨膨脹期，但是就短期而論，他和迪亞芒特在一起的生活很快樂。

卡夫卡在世期間，僅僅出版了幾部作品，包括一本短篇小說集《鄉村醫生》（*The Country Doctor*）。然而他這幾部作品都賣得不好，只給他帶來一小筆的收入，亦即他的出版人庫爾特．沃爾夫（Kurt Wolff）支付給他的版稅。既然他是一個沒沒無名的作家，許多人都會覺得很困惑，不知道為何卡夫卡會擔心他死後其他人會看到他未出版的作品。一九二一年和一九二二年，他就已經決定銷毀他的所有作品，而且他也透過談話和書信，向他的好朋友和遺囑執行人馬克斯．布羅德表達這個意願。對於卡夫卡的決定，馬克斯．布羅德在晚年曾回憶他的回覆：「如果你真的認為我做得出這種事，那麼我現在就可以直接告訴你：我不會執行你這個意願。」[10]

一九二三年，柏林的秋天很冷，生活不易。由於手上的錢不多，加上卡夫卡的健康持續惡化，他（和迪亞芒特）真的曾經燒掉部分筆記來取暖。至少卡夫卡死後，迪亞芒特是這樣告訴布羅德的；她所說的筆記，主要是指他們住在柏林期間，那批留在他們身邊的筆記。卡夫卡有個習慣：他到城裡四處閒逛時，身上會帶著筆記本，如果他忘了帶，那麼他就隨時買一本新的。在他死後，迪亞芒特據其遺願摧毀了大約二十本筆記——她是這麼告訴布羅德的。不過，那些筆記其實並未銷毀，而是安全地存放在迪亞芒特的辦公室裡。她把這些筆記視為她最重要的私人財產。[11]不幸的是，一九三三年三月，蓋世太保沒收了她持有的所有文稿。後來人們一再嘗試找回那些文稿、筆記、大約三十五封卡夫卡寫給迪亞芒特的信，還有第四本小說唯一的文稿，但是一直都遍尋不獲，很有可能早就被銷毀了。[12]

不過，即便前述筆記與文稿遭受銷毀，卡夫卡的大部分文學作品還是倖存了下來，因為還有大批文稿存放在他父母的布拉格公寓裡。布羅德在那裡找到許多本只有封面，沒有內頁的筆記本——這些顯然應該都是卡夫卡親自銷毀的文稿。

卡夫卡死後，布羅德把卡夫卡所有文稿收集起來，有的來自卡夫卡過世前住過的、靠近維也納的那間醫院，有的來自他父母的布拉格公寓——卡夫卡在那間公寓有一張書桌。在收集與整理的過程中，布羅德找到兩張卡夫卡寫給他的便條。卡夫卡死後，他很快就出版了那兩張便條。第一張便條卡夫卡給了他清楚明確的指示：

最親愛的馬克斯：

這是我最後的請求：我留下來的所有東西……不管是日記、手稿、書信（別人寄給我的和我寄給別人的）、速寫稿等等東西全都要燒掉……我不希望有人會讀到這些東西。還有我所有的作品以及你或其他人可能持有的速寫稿也都要燒掉……。如果有人不願意把我的信交出來，至少他們得立誓保證他們自己會燒掉信件。

你的朋友，

法蘭茲．卡夫卡[13]

在收集的過程中，布羅德還找到了另一張便條。不過這張便條使前面那些清楚明確的指示變得複雜起來：

親愛的馬克斯：

這次我真的可能起不來了。肺熱過後的那個月，肺炎很有可能會接續發作。即便把這次的發作病程寫下來，也無法阻擋病情惡化——雖然寫作真的具有某種力量。

既然這樣，那麼這是關於我的文稿的最後請求：

在我寫過的所有文字裡，唯一幾部算數的是這幾本書：《審判》、《伙夫》（*Stoker*）、《變形記》（*Metamorphosis*）、《流放地》（*Penal Colony*）、《鄉村醫生》和飢餓藝術家的故事……我說這五本書和那個故事算得上數，這並不表示我有任何意願讓它們再版並傳諸後世；相反地，如果這幾部書能夠全部消失，這才是我真正想要的。但是現在它們已經在市面上了，如果有人想保有它們，我也沒有辦法阻止他們。

不過，我寫過的其他任何文字……只要找得到或可以從收信者那裡取回的，全都必須銷毀，沒有例外——大部分收信者你都認識，其中最主要的是菲立斯女士（Frau Felice M）、茱莉·沃律切克女士（Frau Julie née Wohryzek）和米倫娜·波拉克女士（Frau Milena Pollak），尤其別忘了跟波拉克女士拿回幾本筆記。這些文字最好都不要有人閱讀（我無法阻止你閱讀，但是我希望你最好別讀，但是無論如何，我不希望任何其他人看到這些文字）；所有這些文字全部都要燒掉，沒有任何例外，而我希望你能越早燒掉越好。

法蘭茲[14]

這些指示雖然清楚，卻給布羅德帶來兩難，挑戰他與卡夫卡的友誼。他們是多年的朋友了，兩人在一九〇二年就讀布拉格查爾斯大學（Charles University）的期間就認識了。兩人在智力方面固然差異頗大，但是他們卻發展出一段親密的友誼，其特色是布羅德對卡夫卡的忠誠。布羅德擅長人際往來；這項才華加上他對卡夫卡出色的文學造詣的仰慕，使他在某種程度上變成了卡夫卡的「代理人」，從旁協助卡夫卡發展其文學事業。卡夫卡糟糕的健康、天生沉默寡言，還有深沉的自我批判——這些都使布羅德這項自找的任務變得極為困難。不過，即使有這些挑戰，布羅德依然對卡夫卡不離不棄，不僅提供卡夫卡需要的鼓勵，讓卡夫卡完成作品與出版，還有提供實際的幫助——代替卡夫卡去跟出版社交涉。[15]

因此，布羅德的兩難很明顯：他是應該依循朋友的最後遺願，或者該容許他朋友的文學作品存留下來，並為之尋求更多的讀者——他知道後者必然會讓卡夫卡覺得高興？最後，布羅德選擇了違背他朋友的意願。在他為自己的決定辯護時，他提到卡夫卡必定知道他無法銷毀朋友的作品——如果卡夫卡是認真地想燒毀作品，他必然會找其他人來完成這項任務。

布羅德決定給卡夫卡一個文學地位——他覺得卡夫卡應該擁有，只是生前一直不曾實現的地位。布羅德也清楚認識到那些手稿具有拉金後來可能會說的「魔法」品質，而且打算運用這些手稿來幫他的朋友打造文學名聲。喬治・朗格（Georg Langer）曾提到一則故事（就卡夫卡的案例，或許該用「傳奇」這個字眼比較妥當），話說一九四〇年代，有個作家特地到台拉維夫（Tel Aviv）去找布羅德，目的是看卡夫卡的手稿。不過，那位作家在看手稿的途中，卻突然停電了。後來電力雖然來了，只是布羅德再也不願意讓那位作家瀏覽手稿。布羅德是如此積極地守護卡夫卡的檔案，而他的各種努力——出版卡夫卡的作品和在一九三七年推出卡夫卡傳記，這些全都有助於創造一個奇異的、圍繞著卡夫卡的文學光環（至少，起初在德語文學的圈子是如此）。[16]

經過布羅德的編輯和安排，柏林的希米德出版社（Die Schmiede）在一九二五年出版了《審判》。一九二六年，他還編輯了一部未完成的小說，即卡夫卡原來的出版人庫爾特・沃爾夫本來打算發行的《城堡》（*The Castle*）。《失蹤者》（*America*）也是在一九二六年問世，而這部小說也是用卡夫卡的初稿「編輯完成」的。接下來出版的其他作品則必須使用卡夫卡的日記和書信，從中挑選與編輯才能完成；前述這些作品之所以可能出版，那是因為布羅德手邊擁有實體物件資料。這些物件不占太多空間，但是卻能提供完整的資料，讓布羅德得以替卡夫卡創造身後事業，從而建立卡夫卡的名聲，使之成為現代最偉大的作家之一。當然，在這個過程中，布羅德也獲得了他自己的收入與名聲。

一九三〇年，卡夫卡的作品開始出現英譯本：譯者是蘇格蘭文學夫妻埃德溫・繆爾（Edwin Muir）及其太太薇拉（Willa）。早期的英文讀者當中，包括赫胥黎（Aldous Huxley）和奧登，而兩人都很熱中於宣傳卡夫卡的作品。他們追隨一群歐洲作家，尤其班雅明（Walter Benjamin）和布萊希特（Berthold Brecht），而這兩人也在戰爭陸續發生的那幾年裡，幫忙建立了卡夫卡的名聲。如果當初布羅德遵循他朋友的意願，真的銷毀了卡夫卡的檔案，那麼現代這個世界就會失去二十世紀最具原創性、最具影響力的文學聲音之一。

打從一九二四年布羅德決定保存卡夫卡的手稿開始，這個手稿檔案就不知道歷經了多少危險的磨難。一九三九年，納粹預備攻城，施加反猶太主義（anti-Semitism）的統治時，布羅德是其中一個帶著裝滿手稿和文件的行李，搭上最後一班火車離開城市的人。一九六〇年代發生以阿衝突，存放卡夫卡文稿的城市有被轟炸的危險，於是布羅德決定轉移文稿，將之存放在瑞士一家銀行的金庫裡。這批文稿現在大致存放在三個地方，一批存放在牛津的博德利圖書館，另一批存放在德國馬爾巴赫（Marbach）的德國文學檔案館（Deutsches Literatur Archiv），還有一些收藏在耶路撒冷的以色列國家圖書館（National Library of Isreal）。現在這三個機構彼此合作，致力於保存與分享卡夫卡傑出的文學遺產。

「庋用」偉大文學作品的倫理十分複雜且困難。克倫威爾寄出去的信件之遭受刻意摧毀，這是一個有計畫的政治行為，便於保護他自己和他的全體員工。這種方便之計的結果是：我們對克倫威爾這位重要歷史人物的了解就大為減少（直到希拉蕊・曼特爾〔Hilary Mantel〕半以想像，半以研究的方式，在她的三部曲小說中補上了這個缺口）。焚毀拜倫的傳記手稿——這很有可能挽救了他當時那些親愛的讀者，以免他們陷入震驚和嫌惡的處境。但是在幾百年後，那部失落的手稿所帶出來的神祕感，卻很有可能添增他的名聲，因為作為一個先行於其時代的作者，他的人生與他的作品具有同樣的重要性。保存卡夫卡的檔案，作為建立其名聲的助力——這件事卻花了較久的時間才得以完成。只有在相當晚近的這些年，世人才終於認可布羅德保存卡夫卡的文稿，認可他對世界文化的保存具有重要的貢獻。想像如果沒有《審判》或《變形記》，我們的文化將會是如何？有時候，我們需要那些「私人」庋用者（例如布羅德）的勇氣和遠見，來確保世人會持續擁有進入文明偉大作品的入口。

注釋

1 MacCulloch, *Thomas Cromwell*, pp. 1-3.

2 徵引自 Krevans, 'Bookburning and the Poetic Deathbed: The Legacy of Virgil', p. 198。

3 Letter to Thomas Love Peacock, 10 August 1821. *Letters of Percy Bysshe Shelley* (ed. F. L. Jones), II, p.

330.

4 Frederick Locker-Lampson, 'Tennyson on the Romantic Poets', pp. 175-6.

5 關於約翰・默里出版公司的研究，最好的著作可參考 Humphrey Carpenter 的 *The Seven Lives of John Murray*。

6 Carpenter, *Seven Lives*, pp. 128-9.

7 徵引自 Carpenter, *Seven Lives*, p. 134。

8 Hobhouse's journal, British Library Add. MS 56548 ff. 73v-87v, 抄寫員是 Peter Cochran，引文見前注 ibid., p. 132。

9 這裡的故事出自 Carpenter 的作品，而 Carpenter 綜合多方說法，提出此一版本，見 *Seven Lives*, pp. 128-48。另可參考 Fiona MacCarthy 的 *Byron: Life and Legend*, pp. 539-43。

10 徵引自 Balint, *Kafka's Last Trial*, p. 128。

11 Stach, *Kafka*, pp. 542-3.

12 Ibid., p. 642.

13 Ibid., pp. 402-3.

14 Ibid., pp. 475-6.

15 Murray, *Kafka*, pp. 39-43

16 Balint, *Kafka's Last Trial*, p. 135.

第七章　焚毀兩次的圖書館

華盛頓遭遇祝融之災整整一百年後，另一支入侵的軍隊遇上另一間圖書館，並且將之視為痛擊敵人心臟的最佳目標。不過，這一次的焚書行動引發了全球的衝擊，因為打從困擾年輕葛雷的焚燒國會圖書館事件發生之後，新聞傳播方式在這一百年裡已經產生極大的轉變。一九一四年，魯汶大學（Louvain University）——舊稱魯汶天主教大學（Université catholique de Louvain）——的圖書館被入侵的德軍放火燒了。在當時，這起事件頓時成為嚴重政治暴行的焦點。這與發生在華盛頓的焚書事件不同，魯汶大學圖書館的遭遇國際知名，轟動一時。年輕的耶穌會士尤金．杜皮耶賀（Eugène Dupiéreux）在一九一四年的日記上寫道：

直到今天，我一直拒絕相信報紙上提到德國人所犯下的暴行；但是在魯汶，我看到了他們的「文化」（*Kultur*）究竟是什麼德行。他們比燒掉亞歷山卓圖書館的哈里發歐瑪爾更加野蠻；在二十世紀的今日，我們竟然親眼看到他們放火燒掉了著名的大學圖書館。[1]

魯汶大學是今日比利時這個地區最早成立的大學之一，時間是一四二五年。這間大學培養了許多偉大的思想家，包括神學家聖羅伯．白敏（Saint Robert Bellarmine）、哲學家尤斯圖斯．利普修斯（Justus Lipsius）和地圖學家傑拉杜斯．麥卡托（Gerard Mercator）。這間大學由個別獨立的學院組成，到了十六世紀末，總共有四十六個學院。從中世紀開始，每個學院就個別建立自己的館藏，一直到一六三六年，大學成立了中央圖書館為止。自此以後，在接下來的一百五十年裡，大學圖書館透過購書和贈書，館藏量大有增長。相對說來，魯汶大學相當有錢，其財力足以大力拓展圖書館館藏。在十七世紀末，圖書館捨棄了中世紀和文藝復興時期的古老擺設法：一排排書架從牆壁突出來，延伸到室內的空間，轉而採用當時法國剛剛發明的擺設法，讓書架靠牆擺放，上方再安置窗戶。一七二三到一七三三年間，大學又建立一間新館。到了十八世紀，大學的財力讓館藏大增，甚至超越了校內學生的需求。一七五九年，低地國家的陸軍元帥洛林的查理．亞歷山大（Charles Alexander of Lorraine）賦予魯汶大學圖書館法定庫存的國家特權，自此以後，藏書更是大為激增。[2]過了幾年，圖書館成為受益者，接收了鄰近一間圖書館的藏書：一七七三年，耶穌會遭受解散，會所圖書館被迫閉館，魯汶大學圖書館即購入該圖書館的部分藏書（魯汶耶穌會的館藏現在分散在全球各地，時不時會在古書買賣市場出現）。[3]

十八世紀末和十九世紀初期，法國革命戰爭蔓延歐洲，魯汶大學亦大受影響。一七八八年到一七九〇年間，大學的教職人員不得不搬遷到布魯塞爾；一七九七年，大學正式被迫停課，直到一八一六年才復學。一七九四到九五年間，圖書館裡百分之十的藏書——大約八百多部，包括印刷於一五〇一年前的搖籃本（incunabula）、圖文書、希臘文與希伯來文書籍，全被馬扎然圖書館（Bibliothèque Mazarine）的人員強行搬運到巴黎（這個地區的其他圖書館也遇到同樣的命運，包括皇家圖書館）。其他留下來的書，當中的精華被布魯塞爾中央學院（École Centrale）的圖書館長東挑西選帶走了。

一八三〇年的革命運動，創立了比利時這個國家。在戰爭期間，魯汶大學和圖書館暫時關閉，直到一八三五年才重新開啟，並且改為天主教大學，而圖書館則成為國家復興的象徵、知識和社會力量的引擎，而且是凝固大學在比利時國家意識裡新角色的重要元素。此時圖書館開始對外開放，成為比利時三間公共圖書館當中最大的一間。[4]

到了一九一四年，大學圖書館的藏書已經超過三十萬冊，並且還有幾種具有國際水準的特藏。圖書館的重要地位可從其富麗堂皇的巴洛克建築物一窺端倪。其館藏反映了比利時的文化身分認同，收錄該地區重要人物的智慧貢獻，以及保存大學濃厚的天主教文化特色。作為法定庫存的圖書館，這裡也是一項國家資源，而且開放給一般大眾使用。館內的手抄本幾乎超過一千多部，大部分是古典作家的作品、神學相關的文本——包括教父們的著作、中世紀哲學和神學作品。除此之外，這裡還收藏了大量的搖籃本，以及未編目的東方書籍，還有希伯來文、迦勒底語（Chaldaic）和亞美尼亞語（Armenian）的手抄本。第一次世界大戰之前的大學圖書館館長是保羅．德朗諾伊（Paul Delannoy）；在一九一二年上任之後，他立即著手圖書館的現代化過程，因為在那時，圖書館在組織上已經落後於學術潮流，館內的閱讀室幾乎無人上門使用。他開始整理積壓很久的館藏目錄，同時購買新的研究用書，力圖讓圖書館的管理組織更現代化一些。不過，這個現代化的過程在一九一四年八月二十五日晚上突然被硬生生地中斷了。就像國會圖書館一樣，圖書館被燒毀是一場大災難，不過這場災難最後也同樣會向前躍進，產生巨大的改變。

德國軍隊在一九一四年八月十九日抵達魯汶；他們在前往法國的途中，決定穿過比利時，從而破壞了比利時的中立立場。接下來在差不多一星期的時間裡，比利時就像德國第一軍團（German First Army）的總部。在這之前，比利時民政當局就已經沒收了普通百姓的所有武器，不讓百姓輕舉妄動，並告知百姓只有比利時軍方可以對德國軍隊採取任何行動。研究第一次世界大戰的現代學者至今沒有找到任何百姓暴動反抗德國軍隊的證據。八月二十五日那天，魯汶發生一連串暴行，而其觸發點可能是有一支德國軍隊隊伍在恐慌的狀態下，對他們自己某幾個隊伍開了火。那天晚上，德軍立即開始展開報復行動。比利時百姓——包括市長和大學校長——被強行拖離自己的家，然後集中在一起被處決。大約在午夜時分，德國軍隊進入大學圖書館，並潑灑汽油，放火燒了圖書館。整棟建築物和屋內所有的館藏——現代印版書、雜誌、龐大的手抄本館藏和罕見書籍——全部付之一炬。德國是一九〇七年海牙公約（Hague Convention）的簽署國之一；這份公約的第二十七條是這麼寫的：「圍城和轟擊的時候，必須採取所有必要的措施，盡可能避免傷及具有下列用途的建築物：宗教、藝術、科學或慈善機構。」當時的德國將領無視上述條約的精神，尤其不認為戰爭可以被寫成條例來加以約束。

海牙公約最終會納入較嚴厲的制裁，處罰那些對文化財產施加暴力的行為，但是在第一次世界大戰期間，其力量相對還是比較微弱。魯汶大學圖書館的焚燒案與國際社會對這起事件的反應會幫忙改變這個局勢，尤其《凡爾賽條約》（Treaty of Versailles）更納入一條獨立的條款，專門用來處理圖書館的重建事宜。

八月三十一日，《每日郵報》（*Daily Mail*）的報導提到德國「對世界犯下罪行」，「只要世人心中還有一絲絲的溫情存在」，就不會原諒德國人的罪行。[5]英國重要知識分子湯恩比（Arnold Toynbee）覺得德國人是刻意攻擊魯汶大學的知識心臟，因為沒有了心臟，大學就無法繼續運作。法國天主教報刊《十字架報》（*La Croix*）覺得焚燒魯汶的是一群野蠻人。[6]德國提出的觀點和一八一四年攻擊華盛頓的英軍一樣，指出魯汶的百姓起來造反，找來狙擊手射擊德國軍隊；因為這樣，這才發生了暴行。

事件發生不久，德皇威廉二世（Kaiser Wilhelm II）立刻拍了一封電報給美國總統（無疑是擔心該事件會使美國加入聯軍），說明德軍只是回應魯汶市民的攻擊。一九一四年十月四日，在一片指責德軍犯下戰爭罪行的聲浪中，德國最重要的藝術家、作家、科學家和知識分子組成一個九十三人團體，發表一份針對魯汶事件的聲明。這份聲明取名為「向文化世界的籲求」（An appeal to the world of culture），簽署者大都是德國最重要的文化領袖，其中包括弗里茨．哈伯（Fritz Haber）、馬克思．利伯曼（Max Liebermann）、馬克斯．普朗克（Max Planck）。他們寫道：「有人指控我軍殘暴對待魯汶市民，但是這個指控並非事實。憤怒的市民猛烈偷襲我軍的駐紮處，我軍因此不得不帶著破碎的心，開火攻擊該城部分地區，以示懲罰。」[7]一百多年來，該圖書館被焚毀的原因仍備受爭議。二〇一七年，德國藝術史家烏爾利奇・凱勒（Ulrich Keller）再一次把這起焚毀事件歸咎於比利時人的反抗。

法國知識分子和作家羅曼・羅蘭（Romain Rolland）十分仰慕德國的文化；他在一九一四年九月曾帶著困惑和憤慨寫信給《法蘭克福匯報》（*Frankfurter Zeitung*），呼籲他的作家朋友格哈特・霍普特曼（Gerhard Hauptmann）和其他德國知識分子重新考慮他們的立場；他在信中如此寫道：「如果你拒絕『野蠻人』這一稱號，那麼請問從現在開始，你打算讓人們怎麼稱呼你？哥德的後代？抑或阿提拉（Attila）的後代？」霍普特曼的答覆很乾脆：作為阿提拉的後代而活著，總好過擁有一塊墓碑，上頭寫著哥德的後代。[8]

並非每個德國人都這麼想。阿道夫・哈納克（Adolf von Harnack）是柏林皇家普魯士圖書館（現在的國立柏林圖書館〔Staatsbibliothek zu Berlin〕）的館長；他本身是個重要的聖經研究者，同時也是《九三宣言》（manifesto of the 93）的簽署者之一。他寫信給普魯士文化部長，建議部長指派官員到比利時占領區，確保接下來的戰爭期間，不會再有其他圖書館受到破壞。他的建議得到採納，所以在一九一五年三月底，弗里茨・米爾考（Fritz Milkau）就被派到布魯塞爾去執行這個任務。當時米爾考是位於布雷斯勞（Breslau）（現代波蘭的弗羅茨瓦夫〔Wroclaw〕）的大學圖書館館長，而他帶去執行任務的幾個人之中，有像理查・奧勒（Richard Oehler）這類正在服預備役的年輕士兵：理查・奧勒曾是波恩大學

（University of Bonn）的圖書館員。他們在比利時地區拜訪了一百一十間圖書館，與之商討如何保存館藏和保護圖書館。[9]

魯汶大學圖書館焚毀四年後，法國港都勒阿弗爾（Le Havre）——比利時流亡政府所在地——舉辦了一場紀念會。除了政府官員，與會的成員眾多，例如聯軍各自派來的代表，還有西班牙國王的代表和耶魯大學的代表。公開支持圖書館的訊息來自全球，大家對比利時的同情將焦點從最初的憤怒，轉移至支持圖書館的重建。

在英國，許多圖書館都對魯汶圖書館的損失深感同情；位於曼徹斯特的約翰·萊蘭茲圖書館（John Rylands Library）是其中最熱心也最慷慨的圖書館。一九一四年十二月，該圖書館的管理階層決定捐出館裡的複本；他們想以「實際的行動，表達他們對魯汶大學圖書館當局深刻的同情，因為在那間圖書館的建築和著名館藏遭受野蠻的毀壞之後，館方至今仍在承受這種無可彌補的損失帶來的傷痛」。他們挑出兩百本他們認為會構成「新圖書館核心藏書」的書籍。約翰·萊蘭茲圖書館提供的不僅是他們自己館裡的複本，他們同時也幫忙收集其他有意捐給魯汶的書籍，而這些書籍來自英國各地的私人與公共圖書館。

亨利·谷比（Henry Guppy）是約翰·萊蘭茲圖書館的館長，他是英國支持魯汶背後的驅動力。一九一五年，他發行了一本小冊子，提到大眾的回應熱烈，「令人感到激勵」，甚至連最遙遠的紐西蘭奧克蘭公共圖書館（Auckland Public Library）也捐了書。事實上，谷比的努力不遺餘力。一九二三年七月，要運送到魯汶的書本已經裝船就緒；這次總共籌募了五萬五千七百八十二本書到魯汶，動用了十二艘運輸貨船。這批書大約相當於一九一四年燒毀之書的百分之十五。曼徹斯特當局對他們的努力成果感到非常驕傲，而這也顯示魯汶大學圖書館的困境深深觸動比利時境外許多民眾的心。

戰爭結束之後，國際社會齊心協力重建圖書館的計畫開始加速腳步。這個過程獲得一項特別的助力：《凡爾賽條約》特別把圖書館的重建納入條款，即二四七條條款（一九一九年六月二十八日）。根據該條款：「德國必須負責完成裝修魯汶大學圖書館……在數量上和在價值上，各種抄本、搖籃本、印版書、地圖以及其他館藏物件都必須與那些被德軍在魯汶圖書館燒掉的相當。」[10]

美國也看到了幫忙國際社會一起重建魯汶大學圖書館的機會，不僅藉此展現文化和知識上的團結一致，同時也是一個傳達「軟實力」的機會。哥倫比亞大學的校長尼古拉斯・默里・巴特勒（Nicholas Murray Butler）在主導美國的各種措施方面很是積極；位於安納保（Ann Arbor）的密西根大學則寄送許多書本。梅西耶樞機主教（Cardinal Mercier）是梅赫倫大主教（Archbishop of Mechelen）與比利時的首席主教；他曾領導比利時人在德國占領期間與德國展開反抗。一九一九年十月，他到安納保接受法學博士的榮譽學位。在一個擠滿五千多位大學成員的大廳裡，校方當局介紹其生平，表揚他在戰爭期間的勇敢事蹟。梅西耶樞機主教提出回應時，特別花了心思感謝那群美國「年輕人」為了他的國家的自由而戰。唱過比利時的國歌和〈共和國戰歌〉（Battle Hymn of the Republic）之後，校方贈送梅西耶樞機主教波愛修斯（Boethius）的《哲學的慰藉》（*De consolatione philosophiae*）一書。那是一本充滿象徵意義的書，一四八四年印製於魯汶，印刷工是個德國人，名叫約翰尼斯．威斯特法里亞（Johannes de Westfalia）；他來自帕德博恩（Paderborn）與科隆（Cologne），在低地國家建立了第一間印刷廠。

這則來自歷史的小插曲充滿了諷刺，安納保的學術圈當然不會略而不提。果然，他們在這部贈書題了一段拉丁文：「我是某個德國人在魯汶大學印製的；這位德國人在那裡獲得人們最熱情的款待。許多年後，我橫渡大西洋，來到另一個國家。我很幸運，因為我在這裡躲過了德國人殘忍地施加於我的友伴的命運。」這個特定的版本就是那三百部搖籃本的其中之一，也是魯汶大學圖書館尚未焚毀前曾經擁有的藏書之一。為了這個原因，這本書被選出來，代替那本特別珍貴的失落藏書。[11]

新圖書館的建築資金由美國自願籌募；建築物風格是望向過去，而不是未來，設計上大抵符合低地國家傳統的建築風格，尤其是十七世紀法蘭德斯「文藝復興」的風格。不過，圖書館必須很大：要能容得下兩百萬部書，且其規模深受研究型圖書館最新近的設計思維所影響，尤其是那些美國常春藤盟校的圖書館，例如哥倫比亞、哈佛和耶魯。圖書館重建中產生作用的文化政治展現於建築結構的裝飾。主要入口會設置一尊聖母瑪利亞塑像，代表這個城市的天主教信仰，而盾徽則同時放入比利時和美國的紋章。[12]

一九二一年的奠定基石典禮也同樣充滿象徵意義，代表這個新的比利時－美國關係。儘管該場典禮有二十一個國家派代表參加，典禮由比利時國王和王后、多位樞機主教和貝當元帥（Marshal Pétain）共同主持，但美國顯然是該場典禮的主角。哥倫比亞大學校長與美國駐比利時大使向與會者宣讀哈定總統（President Harding）的祝賀詞。在谷比的眼裡，那天簡直就是「美國日」。[13]八年之後，即一九二九年七月四日（美國的獨立紀念日），重建後的魯汶大學圖書館舉行正式啟用典禮。在典禮上，美國的國旗占據明顯的位置，演說者包括美國大使、美國重建圖書館委員會主席、法國委員會代表和梅西耶樞機主教等人。彷彿美國的存在感不夠高，還不足以壓倒比利時似的，典禮現場甚至還舉行了胡佛總統（President Herbert Hoover）塑像的揭幕儀式，用來表揚他對該計畫的支持。圖書館之重建成為美國和比利時主要的外交緊張來源，幫助產生一九三〇年代主導美國外交政策的孤立主義。

儘管有這些盛大的慶祝活動，完成圖書館之重建在一九二〇年代的美國成為一個壓力點，尤其該計畫在當時已經成為美國在歐洲的地位象徵。到了一九二四年，募資問題漸漸出現在媒體報導，例如《紐約時報》在那年十一月的一篇社論裡，把圖書館之重建描繪成「未完成的諾言」。次月，尼古拉斯・默里・巴特勒解散他設於魯汶的委員會，把任務移交給當時是美國商務部（US Secretary of State for Commerce）部長的胡佛。在美國，許多評論者紛紛哀嘆美國未能完成圖書館之重建，將之視為一種國恥。在此情況下，約翰・洛克斐勒（John D. Rockefeller Jr）不情願地許諾十萬美金，視之為愛國者的責任，而不是分享對該計畫的熱情。到了一九二五年十二月，資金終於籌成，完成了一半的重建計畫終於可以再度開始執行。[14]

浮上檯面的還有另一個議題。原來美國建築設計師惠特尼・華倫（Whitney Warren）曾為圖書館的建築設計了一句拉丁文題詞，亦即「Furore Teutonico Diruta, Dono Americano Restituta」；這句拉丁文的意思很直接，即「毀滅於德國人的怒火，成就於美國人的捐獻」。這句題詞是在一九二〇年代末提出來，當時在歐洲的各種政治隱憂尚未轉移。時移事易，這樣的情緒似乎已經不太恰當。尼古拉斯・默里・巴特勒尤其開始對這句題詞的態度有所保留；在那一年，他擔起另一個新角色，即卡內基國際和平基金會（Carnegie Endowment for International Peace）的會長，而這個慈善機構比較關心的是圖書館在戰後歐洲和解擔當的角色。隨之而來的是，美國的新聞報紙上開始出現華倫和巴特勒之間的戰鬥，而這件事很快就散播到了歐洲。這件事後來成為一個外交和公共關係的議題，加劇了歐洲強烈的反美情緒，尤其是一九二七年之後——當時有兩個義大利無政府主義者薩科（Sacco）和萬澤蒂（Vanzetti）被處死，而兩人似乎是盛行於美國、不公平的反歐洲移民觀點之下的受害者。題詞之鬥爭持續進行，一直到舉行竣工典禮——一九二八年七月四日——的前一天。獲得比利時國族主義者支持的華倫堅持不改他的題詞。大學當局受到美國政府背後的支撐，拒絕允許刻上那句題詞，反而在圖書館的牆上釘上一塊空白的板子。接下來的兩年內，華倫多次提出法律訴訟，這個議題也持續在大西洋兩岸的報紙上延燒。比利時國族主義者曾有兩次試圖毀損那片空白的牆面。最後，原來的題詞在一九三六年被放置在迪南（Dinant）的一間戰爭紀念館。這個議題終於不再出現在報紙的新聞裡，美國和魯汶的大學當局終於鬆了一口氣。[15]

可惜的是，這樣的和平並未維持多久。人們在第一次世界大戰之後並未學會魯汶的教訓，還得在第二次世界大戰裡再學習一次。一九四〇年五月十六日，差不多在圖書館第一次遭受焚毀的二十六年後，重建後的圖書館大樓有一大部分再次被炸毀，而且又是德國武裝部隊下的手。

一九四〇年十月三十一日，《泰晤士報》（*The Times*）有一篇文章的標題寫道：「又是魯汶」。據該報社駐比利時的記者報導：「德國人宣稱這次是英國放火燒了圖書館，但是在比利時，沒有人對德國人的罪行有任何存疑。」有個由來自亞琛（Aachen）的卡勒曼教授（Professor Kellermann）主持的德國調查委員會在地下室發現了來自遠東的馬口鐵罐，據稱這些馬口鐵罐曾裝滿汽油，而英國人以三顆手榴彈將之引燃。根據一九四〇年六月二十七日《紐約時報》來自柏林的報導，他們已經找到「確切的證據」，證明圖書館的轟炸案是英國人的計謀。[16]

哥倫比亞大學校長巴特勒曾經非常熱心投入於圖書館重建計畫，他收到魯汶大學圖書館館長一封很令人痛心疾首的信：

> 我真的很傷心，必須寫信通知你圖書館幾乎被戰火全燒毀了；後面那間優雅的書庫原本是我們存放寶貴館藏的地方，現在已經不在了，只剩下嚴重扭曲與熔掉的梁木。看了真令人心痛……。此外，那批搖籃本、手抄本、獎章、珍貴的瓷器、絲製的旗幟和館藏目錄也都不在了。說真的，我們又得從頭開始，重建一次圖書館了。[17]

一九四〇年十二月，《每日郵報》刊出艾默瑞斯·瓊斯（Emrys Jones）寫的一篇文章，文中譴責德國人「犯下嚴重罪行，摧毀了魯汶古老的圖書館」；在他們看來，之後在倫敦投下的幾場燃燒彈攻擊，還有伊珀爾（Ypres）紡織品市場和蘭斯主教座堂（Cathedral of Rheims）的摧毀——這幾場攻擊都是世界史上那位「大放火者」的行動之一。就像一九一四年那起事件，人們很難證明一九四〇年的攻擊是刻意以圖書館為目標的行動。美國人設計該棟建築物時，曾經保證可以防火，可是這並未能保護圖書館裡的藏書。據知只有兩萬部藏書逃過那次轟炸，倖存下來。重建圖書館的各種努力再次開展，而圖書館於一九五〇年重新開放。[18]

二十世紀這間圖書館兩次遭受焚毀——這個案例兩次都使人想起亞歷山卓圖書館之毀亡所代表的意義：文化的損失。館內藏書的損失更甚於偉大珍寶的損失——那些損毀藏書的知識價值，某些學者向來低調處理，相反地，他們一再強調一種體現在圖書館的驕傲：國家和市民的驕傲；對許多比利時人而言，那是他們的「家庭圖書館」（bibliothèque de famille）。[19]

就像也是在數十年內被焚毀了兩次的國會圖書館那樣，魯汶圖書館的各種重建行動充滿了象徵意義。兩間圖書館都投入巨大的努力，包括重建建築物，重新收集可以讓未來的世代使用再使用的書籍和手稿館藏；或許更為重要的是，在這樣的努力之中，許多運作的方式得以被發想出來。德軍很有可能真的把攻擊圖書館視為一個可以傷害敵人士氣的機會。短期來說，他們成功了。但是就長期而言，其結果是相反的。跟一九二〇年代和一九四〇、一九五〇年代的重建樣貌相比，今日的魯汶圖書館已經極為不同。在一九七〇年代，大學雖然分裂成兩個部分，一間以法文授課，另一間以法蘭德斯文授課，但是今日這間以荷語天主教魯汶大學著稱的大學學府是歐洲幾間重要的大學之一，也是比利時重要的知識與教育的中心，使比利時成為歐洲重要的知識經濟體。

圖書館之毀亡事件震撼世人；一九一四年的事件形成全球的焦點，一九四〇年的轟炸則影響較小。在接下來數十年的時間裡，這起事件的故事已經慢慢淡出大眾的意識。納粹大屠殺（Holocaust）在大眾心中引起的嫌惡與憤怒是另一個新的等級——跟數百萬人被謀殺這件事比起來，焚燒圖書館變得微不足道。不過，不論在比利時或在德國，一九一四年和一九四〇年發生在魯汶的事件依舊是民眾關注的焦點，一個社群依然覺得自己有一種罪惡感和責任感，另一個社群則持續試圖了解事故發生的動機。

注釋

1 尤金・杜皮耶賀因為寫了這段話，被德國行刑隊開槍打死。參閱 Coppens, et al., *Leuven University Library 1425-2000*, p. 160。

2 洛林的查理・亞歷山大亦把法定庫存的特權賜予布魯塞爾的皇家圖書館。參閱 J. de le Court, *Recueil des ordonnances des Pays-Bas autrichiens. Troisième série: 1700-1794*, pp. 276-7。

3 Coppens, et al., *Leuven University Library 1425-2000*, pp. 52-5, 73-4.

4 魯汶大學圖書館的歷史，最好的資料可參考 *Leuven University Library 1425-2000*。

5 'A Crime Against the World', *Daily Mail*, 31 August 1914, p. 4.

6 Toynbee, *The German Terror in Belgium*, p. 116; *La Croix*, 30 August 1914.

7 Schivelbusch, *Die Bibliothek von Löwen*, pp. 27-31.

8 Ibid., pp. 27-8.

9 Ibid., pp. 36-9.

10 Coppens, et al., *Leuven University Library 1425-2000*, p. 190.

11 'Cardinal Mercier in Ann Arbor', p. 65.

12 *Illustrated London News*, 30 July 1921.

13 Guppy, *The Reconstitution of the Library of the University of Louvain*, p. 19.

14 Proctor, 'The Louvain Library', pp. 156-63.

15 Ibid., pp. 163-6.

16 'Nazis Charge, British Set Fire to Library', *New York Times*, 27 June 1940, p. 12.

17 'Librarian of Louvain Tells of War Losses', *New York Times*, 17 April 1941, p. 1.

18 Jones, 'Ordeal by Fire', p. 2.

19 Schivelbusch, *Die Bibliothek von Löwen*, p. 19.

第八章　拯救書本的紙部隊

在納粹政權之下，歐洲猶太人所遭受的迫害不僅落在「聖經子民」（猶太人數千年的自我認同）的身上，同時也落在他們的藏書之上。據估計，從一九三三年納粹政權在德國掌政開始，到第二次世界大戰結束的那十二年裡，大約超過一億本書在納粹大屠殺期間遭受摧毀。[1]

猶太人的宗教與文化生活中，書一直都很重要。有一部特定的書是猶太人生活的重心：《妥拉》（Torah），而這部通常以經卷形式出現的書是他們生活中最重要的一部書。西元七十年，羅馬人占領了耶路撒冷之後，有一部藏在耶路撒冷聖殿（Temple of Jerusalem）的《妥拉》經卷被皇帝提圖斯（Emperor Titus）視為勝利的標記，將之列入勝利遊行隊伍裡，在羅馬街上遊行，由此可見其地位之重要。在猶太人的生活中占據重大地位的，還有其他不可計數的書。在傳統猶太人的文化裡，真正的財富是以書來衡量——以書借貸被視為一種慈善，而且還有許多其他特殊的法律條文是圍繞著書本而訂立起來，從羊皮紙應該如何處理以便製作《妥拉》經卷，到神聖經典應該如何使用的特殊條例皆是，例如聖典不得顛倒拿取，或者不得讓聖典處於打開的狀態，除非有人正在閱讀。至於如何保存知識，猶太人在一千年前就已將之寫入法律，而最足以代表這種知識保存的措施是藏經櫃（*genizah*）——全球猶太會堂都會有的設施。「*genizah*」（藏經庫）這個字源自波斯文的「ganj」，意思是「儲藏」或「隱藏的寶物」，所以藏經櫃儲存的是各種含有神的話語的文本碎片。在猶太律法中，這些文本宛如有生命之物，一旦變得老舊破損，人們必須以適當的方式加以處理。一般來說，藏經櫃就是一個小櫃子，但是偶爾也可看到很大的庫房，例如在開羅福斯塔特（Fustat）的賓以斯拉猶太會堂（Ben Ezra synagogue），這裡數百年來即擁有巨大的藏經庫房。在十九世紀末到二十世紀初這段期間，人們發現開羅這座經卷庫保存著數以千計的書本碎片和文件，有的甚至可以追溯到第七世紀和第八世紀。這個驚人的猶太文化檔案現在被保存在世界各地的圖書館裡（包括博德利圖書館）。[2]

猶太人的書不僅在很多場合裡被公開摧毀，而且也會被刻意偷竊和沒收，目的是記錄與了解納粹政權一心想要消滅的猶太文化。不過，隨著書籍的大量遭受銷毀，同時也有許多社群和個人冒著（有時是失去生命的）危險，試圖保存各種書籍——他們的文化最重要的物質形式。

一九三三年五月發生的多起焚書事件並未立刻惡化，而是過了一段時間才又繼續蔓延開來。部分原因是國際社會對焚書事件的負面反應。首先大聲發言反對焚書，並且將焚書視為警訊的是作家。聾啞作家海倫・凱勒（Helen Keller）出版了一封信，題為〈給德國學生團體的信〉（Letter to the Student Body of Germany），信中提到：「你可以燒掉我的書，還有燒掉歐洲優秀思想家們的書，但是這些書裡的觀念已經透過數百萬個管道散播出去，而且會持續鼓舞著其他人。」[3]作家威爾斯（H. G. Wells）的書也列入焚燒的名單；一九三三年九月，他出言反對「愚笨青年那些反對思想、反對理性，還有反對書本的革命」，並且質疑「這場革命到底會把德國帶往何方」。[4]

事實上，兩間新的圖書館建立起來，作為對這次焚書事件的反擊。一年後，即一九三四年五月十日，德國自由圖書館（German Freedom Library）——又名德國焚毀之書圖書館（German Library of Burnt Books）——成立於巴黎。這間圖書館的創辦人是德國猶太裔作家阿爾弗雷德・坎托羅維奇（Alfred Kantorowicz）；他獲得許多作家和知識分子的幫忙與支持，例如紀德（André Gide）、羅素（Bertrand Russell）和亨利希・曼（Heinrich Mann）——德國作家托瑪斯・曼（Thomas Mann）的哥哥。他們很快就收入兩萬多部書籍，不僅是那些在德國被標記，有待焚毀的書，他們還收藏重要的納粹文本，目的是幫助人們理解那個正在崛起的政權。威爾斯欣然樂見自己的名字與這間新圖書館聯繫在一起。讓許多德國報紙感到頭痛的是，這間圖書館很快就成為德國流亡知識分子的中心，還有各種讀書會、演講和展覽的場地。一九四〇年，巴黎淪陷，落入德國手中；該圖書館因此遭受解散，許多藏書轉而藏入法國國家圖書館（Bibliothèque Nationale de France）。[5]紐約的布魯克林猶太中心（Brooklyn Jewish Center）在一九三四年十二月成立了納粹禁書美國圖書館（American Library of Nazi-Banned Books），顧問委員會裡有許多鼎鼎大名的人物例如愛因斯坦（Albert Einstein）和辛克萊（Upton Sinclair）。據其宣言，這間圖書館的目的是在重新開始的壓迫時期，保存和拓展猶太人的文化。[6]

一九三三年五月十日發生的焚書事件只是一個前奏，史上最齊心合力與最具資源的書本銷毀行動即將隨後而來。[7]在這個早期階段，被銷毀的書的數量並不大（而且很有可能被過度高估），但是心理上的打擊是驚人的；這些事件發生之後，有許多猶太人直接離開了德國。[8]反猶太的攻擊活動持續惡化，首先是奧地利，然後捷克斯洛伐克（Czechoslovakia）的蘇台德地區（Sudetenland）兩地被德國人併吞。這次占領活動的其中一個重要元素是摧毀猶太人的書。隨著焚書活動的持續進行，不同的納粹團體開始編輯不受他們歡迎的作家名單（包括共產主義作家、同志作家和猶太作家）。納粹主義者的呼籲，圖書館並未能免疫；德國一位重要的圖書館長沃爾夫岡・赫爾曼（Wolfgang Herrmann）編了一張禁書作家名單，此名單在德國產生重大影響，就像阿佛烈・羅森堡（Alfred Rosenberg）的影響一樣重大——後者後來成為德國東方總督轄區（Occupied Eastern Territories）的首席部長，他的文化觀點與思想對希特勒（Hitler）和其他主要的納粹黨成員影響很大。這類名單由警察和納粹黨的武裝組織衝鋒隊（Sturmabteilung）負責執行，後來被宣傳部長戈培爾拿去使用，用來挑起反猶太仇恨，其所造成的結果就是書店、圖書館和私人住宅都要把不受歡迎的書清除出來。在第一次世界大戰之後以及在一九二〇年代經濟崩潰之後，這類禁書名單就像落在沃土裡的種子。納粹主義的興起受到社會各界的支持，而學生團體受到赫爾曼的鼓勵，尤其積極地清除當地公共圖書館和大學圖書館裡的禁書。為了煽動仇恨情緒，赫爾曼把德國的公共圖書館描述為「文學妓院」。一九三三年，德國圖書館長會議中，一位講者積極發言，支持燒掉和沒收猶太人與左翼作家的書。[9]

德國社會變得醉心於納粹思想，書籍、觀念和知識紛紛出籠，支持這一現象。隨著反猶太法律一一通過，德國對猶太會堂的攻擊越演越烈，許多猶太人的宗教圖書館都遭到毀壞。這種毀壞行動成為納粹大屠殺不可分割的一部分，那是一個以組織的力量，有計畫地消滅文化的最極端的例子。一九三八年十一月十日清晨時分，水晶之夜（Kristallnacht）前夕，萊茵哈德．海德里希（Reinhard Heydrich）——「最終解決方案」的倡議者——拍了一份電報給納粹黨，在該電文中，他很清楚地把沒收猶太人的資料檔案行動稱為「反猶太人的措施」（Measures against Jews tonight）。在此情況下，鎖定各種知識檔案，以便加以摧毀的過程於焉開始，而且情勢越演越烈：「所有猶太會堂和猶太人經營生意場所的所有現存檔案資料必須由警察沒收，如此才不會在示威的過程中遭受破壞……所有檔案資料必須交給保安局各個負責的部門保管。」[10]

一九三九年，第二次世界大戰爆發，蓋世太保開始執行系統性的沒收行動。不過，這次沒收猶太人館藏檔案的動機可分成兩個：一是沒收，二是摧毀。蓋世太保的工作接著由一個類學術機構接手；這個機構稱為「猶太問題研究學院」（Institute for Study of the Jewish Question），擁有官方賦予的地位、人員和資金。這個機構的總部設在美茵河畔法蘭克福（Frankfurt am Main），於一九四一年正式啟用，院長是反猶太主義的戰略家阿佛烈．羅森堡。[11]成立這個機構的目的是研究猶太教的性質與歷史等等所有細節，還有猶太教對歐洲政治事件的影響力。這個機構的工作重點是收集大量以希伯來文或其他閃族語言寫成的書籍和手抄本，另外就是收集與猶太教有關的所有書籍。[12]

這個類學術機構要順利展開工作，必須和另一個組織合作，亦即羅森堡任務小組（Einsatzstab Reichsleiter Rosenberg）。[13]這個小組的主要工作有二：一是為研究機構收集材料，另一個是銷毀「多餘的」材料。這個組織的領導工作大部分是由若翰內斯・波爾博士（Dr Johannes Pohl）負責。波爾在一九三二年到一九三四年間，曾在耶路撒冷研究聖經考古學，在成為納粹黨員之前，他也曾擔任過一段時間的天主教神父。加入納粹黨之後，波爾即離開神職，結了婚，而且成為柏林國家圖書館希伯來文與猶太教部門的館長。他之所以能得到這個職位，主要是前任館長亞瑟・斯帕尼爾（Arthur Spanier）被迫離職——因為他是個猶太人。波爾的動機不明，不過他離開神職之後，許多觀點就變得極端反猶太。他開始在德國的報刊雜誌發表反猶太的文章，例如他利用他的希伯來文猶太研究專長，詳細分析記載猶太律法的《塔木德》的危險。一九四一年，他搬到法蘭克福，擔任羅森堡研究機構猶太部門主管。[14]到了一九四三年，羅森堡的研究機構已經收集了五十五萬多部書。這些書是從各地的圖書館徵收而來的，包括法蘭克福城市圖書館著名的館藏，還有來自法國、荷蘭、波蘭、立陶宛和希臘各地圖書館的館藏。由於這個研究機構的目的是記錄各種細節，還有納粹政權希望建立一個有條不紊、紀錄完整的官僚體系，所以這次徵收書籍的過程留下了詳細的紀錄。[15]

一九四一年的下半年，蘇德戰爭爆發，納粹政權對猶太人的迫害加劇，開始從壓迫轉變成屠殺。隨著德國的戰爭部隊掃過波蘭、俄國與幾個波羅的海國家，這些地區的猶太人即成為大屠殺的主要目標。各種致力於極端反猶太政策的組織也隨著閃電戰（Blitzkrieg）隊伍的腳步，移向這幾個地區。[16]

就許多方面而言，納粹對猶太人的大屠殺並不是新鮮事。在過去數百年裡，歐洲猶太人一直都在承受各種迫害，而對他們出手的，大部分是跟他們一起生活的基督教社群。在過去，一波又一波的壓迫曾經讓猶太人從一個國家遷移到另一個國家：在十二世紀，他們被趕出英國，然後在十五世紀又被趕出西班牙。歐洲其他地區對猶太人的接受度也時有起落，例如一五一六年，威尼斯當局把猶太人趕離城市，逼他們住在一個限定的區域，稱為「隔都」（Ghetto）——這個至今仍然沿用的名稱就來自此時此地。

一五〇〇年到一七〇〇年這段期間，猶太人的書受到審查制度的檢驗，例如一五五三年，教宗詔書即下令燒掉《塔木德》。[17]第二年，首份天主教《禁書目錄》（*Index Librorum Prohibitorum*）印製完成。在這份目錄裡，總共列了一千多位遭受譴責的作者和他們的作品，其中有兩百九十位作家的全集都在禁止之列，大部分都是信奉新教的作家。伊拉斯謨（Erasmus）有十部作品遭禁，收錄猶太律法的《塔木德》也是禁書。[18]近些年來，學者們發現中世紀希伯來文手抄本的書頁曾被基督徒裝訂工當作廢紙，加以重新使用，用來蓋住中世紀文件的標記；這樣的裝訂手法出現在克雷莫納（Cremona）、帕維亞（Pavia）和波隆納（Bologna）這幾個城市，原本的希伯來文手抄本就這樣被沒收了。[19]受到十六世紀早期宗教改革論爭的刺激，中歐和東歐國家也會壓迫猶太人，定期對猶太人施加審查，例如在一五〇九年到一五一〇年，因為約翰納斯·普費弗柯恩（Johannes Pfefferkorn, 1468/9-1521）的提議，法蘭克福的猶太人的書就全被奪走了。普費弗柯恩是個宗教論爭者，他小時候接受猶太人的教養，但是後來改信天主教，接著進入信奉天主教的德國政府，致力於壓迫猶太人的出版品。[20]在較遠一點的東方，反猶太人的騷亂（亦即大規模有組織的屠殺事件）漸漸成為柵欄區的猶太人——即阿什肯納茲猶太人（Ashkenazi Jews）——熟悉的苦難；柵欄區是特地劃給猶太人住的地區，包括沙俄帝國的西部地區（含今日的烏克蘭、白俄羅斯、波羅的海國家、部分的波蘭以及俄國西部）。從一七九一年到一九一七年，猶太人獲准住在這個區域。[21]

儘管受到壓迫，猶太社群還是有辦法興旺發展，不論他們住在隔都還是其他比較自由的地區。在東歐和中歐文化中，希伯來文和意第緒語（Yiddish）是猶太人的兩大語言。希伯來文被用在各種宗教活動和儀式裡，意第緒語（原本是一種高地德語方言）則被用於日常溝通。希伯來文也是知識分子與文化人士比較偏好的語言，意第緒語則不受重視，全球有許多猶太人甚至沒把這種語言視為「適當的」語言。同樣地，與意第緒語共存、跟隨意第緒語而發展起來的文化現象也不受重視。不過，到了二十世紀初，意第緒語已經成為大約一千一百萬猶太人的母語——大約占全球所有猶太人口的四分之三，而且這種語言早已發展了數百年，擁有數百年的傳統。[22]意第緒語是東歐大部分猶太人的方言，它不僅是一種語言，而是一整個文化與生活的方式。

十九世紀末年出現一波明顯的運動，人們開始認識東歐猶太文化的重要與脆弱。從這波運動當中，漸漸出現幾個奉獻生命，立志保存意第緒文化的人，例如賽門．杜布諾（Simon Dubnow）。杜布諾是個俄國籍的猶太學者；一八九一年，他在《日出雜誌》（*Voskhod*）發表文章，指出東歐猶太人並不認識或欣賞他們自己的文化，並且籲請大眾收集各種記錄阿什肯納茲猶太人文化的材料。[23]這篇文章給了許多人靈感，他們開始寄送各種材料給他，同時也促進幾個歷史學會的誕生。這波文化運動的發展腳步持續加速，到了一九二〇年代，有幾個城市包括柏林、維爾納（Vilna）（現代的立陶宛的首都維爾紐斯〔Vilnius〕）、紐約的猶太人都產生類似的看法，亦即開始促進意第緒語的學術發展。杜布諾亦注意到東歐猶太人的文化遭受威脅：大屠殺、移民和基督教社群的同化。此種威脅一直持續到十九世紀末，始終不曾消失，例如數以千計的猶太人在一九一八年到一九二〇年的幾場大屠殺之中喪失了生命。

在立陶宛的都市維爾納，馬克斯·魏因賴希（Max Weinreich）和扎爾曼·賴森（Zalman Reisen）開始見面開會，並熱心邀請當地社運人士加入聚會，邀請他們一起思考如何可以最好地保存猶太人的文化。扎爾曼·賴森曾於一九二三年建立「意第緒語言學家聯盟」（Union of Yiddish philologists），魏因賴希曾在聖彼得堡大學就讀，並在德國的馬爾堡大學獲得博士學位。在維爾納，兩個教育組織在一九二五年三月二十四日舉行會議，並於會議中提倡興建意第緒語學術機構（Yiddish Academic Institute）的想法，並且建議波蘭的同道也一起共襄盛舉；他們寫道：「必須成立意第緒學術機構，而且絕對要成功地建立起來。」[24]維爾納是這樣的倡議的沃土。這座城市擁有龐大的猶太人口：在一九三九年，猶太人占據該城市總人口的三分之一。在十八世紀到十九世紀這段期間，這座城市以猶太文化和學術中心聞名於世，這裡也出了許多十八世紀重要的宗教領袖，例如著名的伊萊賈·本·所羅門·扎爾曼（Elijah ben Solomon Zalman）——號稱「維爾納的加翁」（Vilna Gaon）的傑出拉比學者。慢慢地，這裡獲得「立陶宛的耶路撒冷」的美譽。[25]魏因賴希和賴森成立的這間新研究機構後來以「意第緒學院」（YIVO/*Yidisher Visnshaftlekher Institut*）知名於世。這間學院的發展很快，不久就成為「運動」的焦點，收集東歐地區的猶太歷史和文化，散發著一股巨大的能量。[26]

維爾納也是個擁有豐富圖書館文化的城市，包括大學圖書館和許多其他世俗館藏。不過，讓這座城市自豪的是：這裡是斯特拉舍圖書館（Strashun Library）的所在地。斯特拉舍圖書館是一間社區圖書館，擁有歐洲猶太書籍最豐富的館藏，可能也是世上第一間猶太公共圖書館。在維爾納的猶太社群裡，這間圖書館亦逐漸發展成知識的中心。[27]這間圖書館的創建人是一個名叫馬蒂特亞胡．斯特拉舍（Matityahu Strashun）的商人和藏書家。一八九二年，他把他收藏的大量早期書籍與罕見書籍遺贈給維爾納猶太社群。人們就在大猶太會堂的旁邊建立一間圖書館，用來收藏這批贈書，並成立理事會負責管理這個機構。理事會允許圖書館一星期開放七天，包括安息日，可見人們希望使用這間圖書館來接近知識的需求有多大。[28]另一間主要圖書館是啟蒙推廣學會（Mefitse Haskala）的館藏，這個學會成立於一九一一年，擁有者是猶太社群，館內藏有四萬五千多部書，包括意第緒語、俄語、波蘭文和希伯來文書籍。[29]

意第緒學院在維爾納成立之後，很快就有長足的發展；在一九二〇年到一九三〇年代，這裡成為「無國籍人士的國家學院」。[30]魏因賴希和賴森的優先任務是調查現有的第一手文件，然後透過研究，鑑定出知識缺口，進而讓學者出去收集相關的第一手資料。這個收集資料的過程，主要是透過志工——意第緒語裡的「採集者」（*zamlen*）——的幫忙才得以完成。採集者到在世的人那裡收集資料——包括文件和各種口述材料，然後把這些資料寄到維爾納，讓學院裡的學者加以分析。意第緒學院最中心的概念不只是採集資料，最重要的核心工作是把採集者收集到的資料建檔、保存並分享從中獲得的知識。在所有活動之中，成立一個書目委員會因此是首要任務。意第緒學院成立之後的前六星期中，他們採集到五百條例證，而這些資料在一年之內增加到一萬條。到了一九二九年，記錄在案的例證已經多達十萬多條。除此之外，他們還會定時收到三百份報紙，其中有二百六十份是意第緒語報刊。一九二六年，他們開始登記所有以意第緒語寫成的新書，還有所有以意第緒語發表的重要文章，以及其他語言所寫的，關於意第緒語研究的文章。到了一九二六年九月，兩百多位採集者已經貢獻了總共一萬項資料，讓意第緒學院登記收藏。[31]

意第緒學院不僅是個猶太研究的中心，也是查找猶太人資料最主要的圖書館和檔案館。不久，這裡開始成為群眾運動的先鋒。一九三九年年底，意第緒學院的創立者魏因賴希在丹麥演講，分享意第緒學院的工作。不過，他後來發現他無法回到維爾納，因為蘇俄軍隊已經占領了波蘭東部，並且往維爾納移動。在此情況下，魏因賴希因此轉向其他可以算是安全的地方成立意第緒學院。出於一種先見之明，他於一九二九到三〇年間，已經在紐約成立了一間辦公室。他可以從紐約與維爾納的意第緒學院保持通訊。在紐約，他持續執行意第緒學院的核心任務：收集資料。在一九四〇到四一年間，他提出一個徵求資料的呼籲，並且在美國的意第緒語報刊刊登廣告，也在他們自己發行於紐約的報刊上刊登廣告。從現在回頭看，意第緒學院以及學院所收集到的文化、宗教、社會和知識生活之能倖存下來，全都因為有紐約這一間辦公室。不過在一九三九年，魏因賴希並未意識到這一點。[32]

一九四一年夏天，希特勒撕破了《蘇德互不侵犯條約》（Molotov-Ribbentrop Pact），並對毫無防備的蘇俄發動了巴巴羅薩作戰行動（Operation Barbarossa）。納粹閃電攻擊隊（Nazi Blitzkrieg）的猛烈攻勢，迅速把蘇俄軍隊逼退。德軍趁這次閃電行動，在一九四一年六月二十四日占領了維爾納。過了幾天，羅森堡任務小組就派了一支由赫伯特．哥德哈特（Dr Herbert Gotthardt）領導的隊伍來到維爾納。在戰前，哥德哈特曾在柏林某圖書館服務；起初他和隊員只是訪查維爾納的猶太會堂和圖書館。但是很快地，他們就安排蓋世太保去逮捕猶太學者。[33]至於其他擁有較多猶太人口的城市，他們就建立隔都，把猶太人隔離在內，集中管理。一九四二年二月，羅森堡任務小組另一負責人若翰內斯．波爾帶了三個專家抵達維爾納。在調查了該城市以及了解他們的組員在該城市所做的工作之後，他們意識到他們需要組織一個更大的小組來處理各種不同的猶太書籍和文件檔案。更重要的是，波爾意識到只有猶太人專家才有辦法辨認哪些資料是重要的、哪些是不重要的。於是他命令隔都提供十二人來幫忙他們分類、打包和整理船運資料，並任命一個由三個猶太知識分子組成的小組來監督工作；這三位猶太知識分子是賀曼・克魯克（Herman Kruk）、澤立・卡曼諾維特（Zelig Kalmanovitch）和柴伊克爾・倫斯基（Chaikl Lunski）。隔都的猶太守衛們把這個小組稱為「紙部隊」（Paper Brigade）。[34]

由於工作需要空間，羅森堡任務小組把他們從隔都徵調而來的紙部隊勞工轉移到維爾納大學圖書館裡。斯特拉舍圖書館的四萬部館藏被搬到那裡，等待接受**挑選**，亦即分類：有些書得以倖存，有些書必須摧毀。這種挑選分類的過程也反映了人類的命運——整個東歐地區的死囚營也運用這種挑選手段來決定囚犯的生與死。[35]有些書會被送上貨船，運到法蘭克福學院，其他書則被送到附近的紙漿廠回收。負責這個分類過程的猶太裔知識分子是一群極為勇敢的學者和圖書館員，他們的領導者是賀曼・克魯克；克魯克曾經掌管華沙的格羅塞爾圖書館（Grosser Library），那是一間專門收藏意第緒語文學和社會主義文學的圖書館；一九三九年納粹占領華沙之後，他與其他猶太裔難民一起來到維爾納。他在維爾納隔都建立了一間很好的圖書館——事實上就是啟蒙圖書館的分身。他有兩個助手：阿布拉莫維奇（Moshe Abramowicz）在納粹占領之前曾在圖書館工作，而另一個助手是阿布拉莫維奇在隔都娶的太太迪娜·阿布拉莫維奇（Dina Abramowicz）。他的副手澤立·卡曼諾維特在戰前是意第緒學院的理事之一，而柴伊克爾·倫斯基則是斯特拉舍圖書館的館長——現在他的工作是書目顧問，登錄那些要寄到法蘭克福的書。克魯克在他的日記裡寫道：「卡曼諾維特和我不知道我們究竟是掘墓人還是拯救者。」[36]

很快地，納粹就在意第緒學院的大樓內成立第二個工作地點，並從隔都徵調其他猶太人加入挑選小組，因為必須檢查分類的書本數量極其龐大。到這個時候，紙部隊開始出現女性成員，例如前高中歷史老師雷秋·普蔻－克林斯基（Rachel Pupko-Krinsky），她的專長是中世紀拉丁文。加入的還有創作人，例如著名的意第緒語詩人蘇特克維爾（Abraham Sutzkever）。在維爾納，納粹打擊書籍的活動並不限於圖書館；為了追捕猶太人，蓋世太保會突襲民宅，羅森堡任務小組人員接著就會到場沒收猶太人的書，確保猶太人的生活方式徹底消滅。沒收猶太人書本的行動越演越烈；到了某個時間點，維爾納大學圖書館的地板甚至被撬了開來，看看裡頭是否藏有猶太人的書。到了一九四三年四月，羅森堡任務小組分別在里加（Riga）、考那斯（Kaunas）、維爾納、明斯克（Minsk）和基輔（Kiev）沒收了二十八萬本書。光是在維爾納就搜出五萬本書，等候被運往法蘭克福。[37]

波爾帶領的小組會鉅細靡遺地記錄摧毀猶太人書籍的行動，每兩週整理清單，記錄有哪些書送到德國，有多少本書被送到紙漿廠，並且還會詳細記下書本寫作的語言和出版日期。按比例來說，大約有百分之七十的書會被送去紙廠銷毀。有時候，納粹分子無法判定書的差異，只好選擇裝訂比較漂亮的書送去法蘭克福。

一九四二年六月，克魯克在日記裡寫道：「負責搬書的猶太搬運工真的是含著淚在工作；看到發生這樣的事，真是令人心碎。」他們知道得很清楚，那些沒被選出來送到法蘭克福的書會有什麼下場，他們也清楚知道他們在戰前努力為之奉獻的組織會有什麼下場。「意第緒學院正走向死亡，」克魯克寫道，「紙漿廠就是學院的大墳。」[38]有一段時間，大家發生爭論，不知道怎麼樣才是處理書本比較對的方式。有些人（例如卡曼諾維特）認為把書送到法蘭克福是最好的方式——至少書在那裡會被留存下來。其他人則覺得一定還有更好的方法。

為了對付納粹對維爾納各間圖書館藏書的破壞，紙部隊的成員想出了幾個策略來拯救書本。首先，他們發現一個最簡單的方法就是盡可能拖延工作時間。他們一看到德國人不在，就會停下工作，輪流為彼此朗讀。這是個危險的做法，因為監管他們的德國人一旦知道他們受騙，一定不會輕易放過他們。但是第二個策略更危險。在每天工作結束時，他們會把書本和文件藏在衣服裡，帶回隔都。克魯克獲得一張通行證，可以自由進出隔都，不被搜身。不過，其他成員若冒險偷渡書本被納粹發現，他們很有可能馬上就被剝光衣服，遭受毒打，甚至可能會被送回隔都監獄，或者送到維爾納的監獄盧奇什基（Lukishki），或甚至被送到城郊的波爾納（Ponar）——納粹在那裡蓋了猶太人行刑場。一旦被送到那裡，就再也沒有生還的機會了。

在一九四二年三月到一九四三年九月之間，紙部隊這項充滿危險的書本與文件偷渡工作取得了驚人的成果。在這段期間，共有幾千部印刷書、好幾萬份手稿文件被帶回維爾納的隔都。

紙部隊的分類小組裡，有一個被迫勞動者是意第緒語詩人蘇特克維爾，他設法從蓋世太保那裡取得一張許可證，讓他可以攜帶紙張回隔都，用作火爐的燃料。不過，蘇特克維爾帶回隔都的，都是罕見的希伯來文或意第緒語印版書，還有托爾斯泰、高爾基（Maxim Gorky）和哈伊姆・比亞利克（Hayim Bialik）的書信手稿，另外他還帶回猶太復國主義創建人西奧多・赫茨爾（Theodor Herzl）的一本日記和夏卡爾（Marc Chagall）的繪畫。所有這些資料全部馬上被仔細藏了起來。大部分這些倖存下來的資料現在收藏在紐約的意第緒學院。紙部隊甚至想出一個計策：把意第緒總部多餘的辦公室家具帶回隔都。德國人批准了這個要求，但是紙部隊在家具裡面藏了許多書本和文件。一旦家具運入隔都，裡頭的書本和文件就會被取出來，然後祕密藏在一個複雜且巧妙的藏匿地點。維爾納隔都有一個居民叫葛森．阿布拉莫維特（Gershon Abramovitsh）。在戰前，他是個建造工程師；他設法在隔都內建造了一個六十英尺深的地下碉堡。這個碉堡有自己的通風系統、電力設備，甚至還有一條地道通向隔都之外的一口井。[39]葛森最初建造碉堡的目的是為了藏匿隔都地下部隊的武器——還有讓他的母親居住。不過葛森的母親很樂意挪出空間來放置書本和文件。某些偷渡出來的童書被送到猶太人的地下學校，供孩子們使用。其他的書本對隔都裡的地下部隊也很有用途：其中有一本書教人如何製造莫洛托夫雞尾酒（Molotov cocktails），亦即汽油彈。

雖然紙部隊冒著個人生命的危險，努力偷渡書本和文件回隔都，大部分的資料還是被送到了維爾納郊外的紙漿廠。紙部隊的成員意識到他們幾乎快沒有時間了。卡曼諾維特在八月二十三日的日記裡寫道：「我們的工作漸漸接近尾聲。數以千計的書被當作垃圾丟棄，猶太人的書將會被銷毀。不過靠上帝的幫忙，我們搶救下來的部分會存留下來。等我們得到自由之後，我們會再回來，我們會找到這些書。」[40]

一九四三年九月二十三日，經過數星期的占領，花了數星期追捕驚恐的居民，納粹開始對維爾納隔都展開殘酷的肅清。隔都裡頭那棟宏偉的圖書館被迫關門，藏書遭受銷毀。[41]紙部隊的成員並未得到特殊的待遇；他們跟隔都其他居民一起，有的被送到波爾納被納粹謀殺而亡，有的被送到愛沙尼亞（Estonia）的勞改營，大部分人去了勞改營之後就再也沒回來過了。[42]

紙部隊有所不知的是，在距離維爾納西南方三百英里的地方，也有一群人跟他們一樣，正在努力拯救東歐猶太人的生活紀錄。那個地方就是華沙隔都。這裡有個地下組織叫奧尼沙伯斯團體（Oyneg Shabes），在他們生活於隔都三年的時間裡，他們每日記錄隔都裡的生活，總共創造了三萬多頁的文件，裡頭有散文、詩歌、書信和照片。他們記錄民間幽默故事、笑話、彌賽亞的希望、故事、詩歌，還有他們也記錄了他們的抱怨：他們抱怨那些替納粹管理隔都的猶太人，那些與納粹聯手，一起管控隔都的猶太裔警察的行為細節。這份檔案保存的資料包羅萬象，甚至保存了各式糖果的漂亮包裝紙。

跟維爾納的資料一樣，這份檔案也被埋在隔都的地下——分別藏在十個箱子和三個金屬攪乳桶裡。跟維爾納的資料不同的是，這裡存留下來的檔案並非來自華沙豐富的書本文化，亦即不是現有的書本和文件。這份華沙隔都檔案記錄的是隔都本身的生活和描寫隔都裡頭的居民。跟維爾納城民保存書本與文件的目的一樣，這些紀錄也是為了讓未來的人們記得過去。奧尼沙伯斯團體的領袖名叫伊曼紐爾·林格布魯姆（Emanuel Ringelblum），他被發現時，正與他的家人和其他三十四個猶太人躲在藏匿處。他們全都遭受納粹殺害，當時是一九四四年三月，距離華沙隔都遭受清肅只有幾天而已。[43]

奧尼沙伯斯檔案分成兩部分重見天日。第一部分是在一九四六年九月被發現的——那是在隔都的廢墟中進行有系統的搜查的成果。第二部分藏在兩個攪乳桶裡，在一九五〇年十二月一日被人發現。第三部分至今還沒能找到。兩個重見天日的檔案共計有一千六百九十三個項目，記錄在三萬五千頁的紙張上。這個檔案裡，光是林格布魯姆的部分就包含有會議紀錄、備忘錄、日記、傳記、遺書、散文、詩歌、歌曲、笑話、小說、短篇故事、戲劇、教室裡的作文、各種文憑、公告、海報、照片、素描和油畫。這份檔案現在存放在華沙的猶太歷史研究所（Jewish Historical Institute），其數位版存放在華盛頓的美國大屠殺紀念博物館（United States Holocaust Memorial Museum），紀念博物館同時還展示其中一個攪乳桶。[44]

在維爾納，紙部隊有幾個成員與其他來自隔都的猶太人設法逃了出去，並且在森林裡加入地下組織。其中一個逃出維爾納的是詩人蘇特克維爾，他後來加入地下組織「猶太復仇聯盟」（Nekome-nemer / The Avengers）。聽到維爾納解放的消息，他和立陶宛流亡總統尤斯塔斯・帕萊基斯（Justas Paleckis）立即趕回城裡；在他的日記裡，他提到他們在路上聞到德國士兵屍體發出的腐臭，這臭味「比任何香水都更讓我覺得愉悅」。[45]

德國人被蘇聯軍隊趕走之後，蘇特克維爾回到了維爾納。他發現意第緒學院的建築大樓被砲彈打中，之前他們偷偷藏起來的文件全部被燒毀。在納粹大屠殺的最後階段，紙部隊的成員大部分被送到勞改營或遭受謀殺。在所有成員之中，只有一小群人倖存下來——蘇特克維爾、他的詩人同伴卡茲爾琴司基（Shmerke Kaczerginski）、圖書館員迪娜・阿布拉莫維奇、社會主義者魯茲卡・科札克（Ruzhka Korczak）——他是個學生，也是社會錫安主義者的「青年衛士」、共產主義者娜歐蜜・馬爾卡拉斯（Noime Markeles）也是個學生，她跟她的父親一起在紙部隊工作；此外，還有攝影師兼世界語（Esperanto）專家阿齊瓦・葛沙特爾（Akiva Gershater）和數學家里翁・伯恩斯坦（Leon Bernstein）。[46]他們在戰後聚集在維爾納的廢墟之中，開始在隔都內尋找資料儲藏處。有的資料儲藏處已經被納粹發現，而且內容物都被燒掉了。但很神奇的是，葛森建立的地下碉堡依然完好無損，裡頭藏匿的資料因而得以重見天日。對城裡依然活著的猶太人而言，這份資料的倖存是一個希望的象徵。隔都地下的另外兩個其他儲藏處也完好無損。在蘇特克維爾和卡茲爾琴司基的帶領之下，從維爾納逃出來的紙部隊倖存成員參加了阿巴・柯夫納（Abba Kovner）領導的前隔都地下反抗組織。此時的維爾納受到蘇聯的統治，他們因此取得蘇聯當局的正式同意，並在人民教育局的幫助之下，創辦了一間猶太文化與藝術博物館（Jewish Museum of Culture and Art），作為意第緒學院的延續。他們會採取這一步，那是因為他們意識到在蘇聯的統治之下，沒有任何像意第緒學院這樣的私人組織可以得到包容。這間新的博物館就設立在前隔都圖書館的建築大樓裡。在這裡，他們開始保護那些重新找回來的藏書。他們在紙漿廠找到二十多噸意第緒學院的資料，還有在維爾納垃圾管理處的庭院裡找到另外三十多噸的紙類材料。一個個裝著書本和文件的馬鈴薯袋開始被送往新的博物館。[47]

從夏天到秋天，對於那群回到維爾納的猶太人而言，生活局勢開始變得艱辛。蘇聯政府當局開始力行控制，猶太文化活動再次成為政治壓迫的目標。當蘇特克維爾和他的夥伴發現蘇聯當局又把那三十噸從垃圾管理處找回來的書本送回紙漿廠的時候，這一群前意第緒學院成員都意識到他們又得**再一次**拯救那些書本和文件了。

蘇聯政府當局不僅對所有形式的宗教強烈排斥，他們尤其反猶太。不過在整段一九四〇年代，猶太人開始與美國產生聯繫，因為有許多猶太人早在這段時間之前即已移民到美國。漸漸地，三位博物館員工成為書本的偷渡者，把帶出館的書本寄送到紐約的意第緒學院辦公室。維爾納的情勢變得極為惡化，卡茲爾琴司基不得不在一九四九年十一月離職。他和蘇特克維爾一起逃到巴黎。一九四九年，意第緒學院的藏書被內務人民委員部（Ministry of Internal Affairs）——蘇聯國家安全委員會（KGB）前身——徵收，然後移送到聖喬治教堂（Church of St George）的地下室存放。這間教堂位於前加爾默羅會修院（Carmelite monastery）的旁邊，在這之前，立陶宛蘇維埃社會主義共和國的書庫組曾挪用教堂的地下室，作為儲藏設備之用。意第緒學院這批藏書於是就被堆放在地下室裡，無人聞問地過了四十年。

從這一刻起，維爾納的意第緒學院倖存藏書和其他猶太人資料就靠立陶宛籍圖書館員安塔納斯．烏爾皮斯博士（Dr Antanas Ulpis）的英雄式挽救了。[48]烏爾皮斯是書庫組的主任——書庫組即相當於國家圖書館的單位，負責保存和記錄所有在立陶宛出版的書籍。直到今日，他所製作的立陶宛出版品書目提要仍然是標準參考資料。修院旁邊的聖喬治教堂有一間地下室，書庫組因而利用該教堂的地下室作為藏書儲存處。烏爾皮斯非常同情立陶宛的猶太人，他做了一個極不尋常的決定：從一九五〇到六〇年代，他僱用了許多猶太人當圖書館的資深員工。他取得旅行准證，得以到立陶宛各地為書庫組尋找資料，因而從中保存了某些先從納粹手中倖存下來，但是又在蘇聯的統治下變得岌岌可危的重要猶太藏書。

從維爾納的其他圖書館，烏爾皮斯取得一些紙部隊留下來的部分資料。此時政府已經宣布所有猶太文化都是反蘇維埃政府的，而且下令移除意第緒語作品，不能在圖書館流通。由於前述原因，所有圖書館都不太願意繼續保留這類資料。烏爾皮斯勸請大部分圖書館館長私下把這類檔案資料捐獻出來。他清楚了解，如果共產政府知道這類猶太資料的存在，必定會下令加以銷毀。他把私下收集得來的資料藏在教堂裡——連教堂裡的管風琴管內也藏了許多猶太文件。（他的兒子一直覺得很困惑，不知道為何他無法彈奏管風琴；許多年裡，只有他的父親知道管風琴不響的真正理由。）烏爾皮斯還把其他書本藏在「顯眼的地方」，就直接放在其他較為普通的書籍下面。他在這裡賭了一把，料定共產政府人員不會太仔細探查存放在教堂裡的書。烏爾皮斯花了很多年來確保他的收藏保持祕密，心裡存著一個希望，期待有朝一日政治氣候轉向，讓他有機會公開他的收藏。一九八一年，烏爾皮斯死了，來不及看到猶太書籍和文件回到創造這些書籍和文件的社群手裡。他把他的祕密保持得很好。

一九八〇年代，開放政策（glasnost）這個蘇俄語詞因戈巴契夫（Mikhail Gorbachev）的關係而變得大為流行。這個字的意思是「開放和透明」；一般說來，冷戰也已經慢慢解凍。在此情況下，東歐的共產國家漸漸開放其政治和智慧生活。猶太組織現在可以公開聚會，猶太人可以再次過屬於他們自己的公共生活。一九八七年，我在波蘭旅行，我當時曾第一手親眼目睹這種開放政策。克拉科夫（Krakow）的加捷隆大學圖書館（Library of the Jagiellonian University）因為設有一個由英國文化協會（British Council）管理與收藏英文藏書的部門，使該館成為克拉科夫城市內改變的其中一個源頭。在所有的蘇聯陣營，圖書館是這些巨大改變的重要部分，維爾納的書庫組也不例外。

一九八八年，有一篇文章刊登在蘇聯意第緒語雜誌，聲稱當時有兩萬多本意第緒語和希伯來文書籍藏在書庫組。更加詳細的調查就從這個時候開始，書庫組的主任跟紐約意第緒學院辦公室的主任塞謬爾．諾瑞奇（Samuel Norich）亦展開了好幾次討論。諾瑞奇到維爾納拜訪，發現那裡除了印版書之外，還有數以千計的手稿——大多數是意第緒學院的採集者收集到的資料，由當年的紙部隊悄悄加以保存起來。在這個時機點，許多人冒著生命危險、多次出手拯救過的藏書再次捲入文化政治的紛爭。諾瑞奇急於想讓這些藏書歸還意第緒學院。然而此時立陶宛已經脫離蘇聯的統治，成為一個新國家；在這個時候，人們看待這批藏書的觀點改變了——現在這批書是立陶宛在前蘇聯時代的國家文化象徵。一九八九年五月三十日，立陶宛國家圖書館（National Library of Lithuania）以全新的面貌，重新開館。這間圖書館成立於一九一九年，當時的名字是立陶宛中央圖書館（Central Library of Lithuania），接著經歷一連串起起落落的權力交替，包括遭受納粹占領、蘇聯統治，最終回歸祖國懷抱，成為立陶宛的國家圖書館。一九九〇年，立陶宛終於脫離蘇聯的統治，宣布獨立。當時曾經出現一段可怕的政治動亂期，所幸軍事干預勉強避免，蘇聯政權終於垮台，立陶宛恢復了民主政治。一九九四年，立陶宛終於同意把意第緒學院的資料送到紐約，讓總部辦公室加以維護、登錄、複製，之後再送還立陶宛國家圖書館。

二〇一七年十月二十五日，立陶宛國家圖書館的網頁張貼一份公告，宣布他們又進一步從聖喬治教堂、立陶宛國家檔案館和立陶宛科學院的羅布利斯基圖書館（Wroblewski Library）確認十七萬頁的猶太文件。烏爾皮斯設法藏起來的文件與書本，其數量真是令人驚異。一九九一年，他們又再發現十五萬份文件。這些文件內容涉及東歐猶太人的公共社會、猶太人的生活組織、杜布諾的作品、早期意第緒學院其他成員的作品和戰爭期間人們創作的意第緒語戲劇作品。除此之外，還有一些很寶貴的資料，例如維爾納猶太會堂的記錄簿——這本記錄簿記載了該會堂早期的宗教生活細節，當時是著名的「維爾納的加翁」，即伊萊賈·本·所羅門·扎爾曼拉比還在主持會務的時期。[49]

這批資料再度由意第緒學院出資加以登錄、維護和複製，不過，其實體仍然留在立陶宛，由立陶宛國家圖書館負責管理。與前面幾次行動相比，這次計畫的其中一個最重要的差異是資料的數位化，讓讀者可以透過網路，存取檔案資料。雷納爾達斯·古道斯卡斯教授（Professor Renaldas Gudauskas）是立陶宛國家圖書館的館長，他很熱心推廣他服務的機構，聲稱他們的「館藏保存了立陶宛和世上最重要的其中一項猶太傳統文件」。他提供十項館藏文件放在紐約公開展覽，作為該圖書館和意第緒學院合作的象徵；這十項館藏展品之中，有一本蘇特克維爾寫於維爾納隔都的詩集。這一小本脆弱的詩集躲過了無數次人為的浩劫，其倖存本身就是一項證據，顯示其中有數不盡的個人曾付出巨大的努力，試圖保存東歐猶太社群的知識。[50]

這批經過七十五年才在立陶宛重見天日的珍貴文獻可能並不是最後一批逃過納粹魔掌，得以倖存的知識寶藏。一九四五年，當聯軍攻下法蘭克福之後，羅森堡的猶太問題研究學院有一大批搶奪而來的藏書被轉移出來，存放在一間位於奧芬巴赫（Offenbach）的倉庫裡，等待接受評估、分類與歸還物主。[51]一九四七年，有個美國人到奧芬巴赫訪問，他即提到那間倉庫看來就像「書本的太平間」。[52]為了處理歸還這些藏書的各種事項，各式各樣的委員會陸續成立起來，其中一個委員會就是「歐陸猶太博圖與檔案館修復委員會」，其主席是英國著名的學者塞西爾・羅斯（Cecil Roth）。

把猶太人的檔案資料留在必須為納粹大屠殺負責的德國——這對很多以色列猶太人而言，是一件難以想像的事。著名的卡巴拉學者葛爾沙・蘇歐勒姆（Gershom Scholem）曾寫信給偉大的拉比學者列奧・貝伊克（Leo Baeck），提到「猶太人移居到哪裡，他們的藏書就屬於哪裡」。不過，德國有某幾個城市仍然有少許早期猶太公民住居，例如沃爾姆斯（Worms）、奧格斯堡（Augsburg）和漢堡，而這幾個地方強烈反對轉移檔案資料，因為這意味著歐洲猶太社群持續定居下來的計畫失敗。沃爾姆斯城有兩個人聯手發起一項活動，希望能留住檔案資料，希望這些資料可以在該城重新創造「小耶路撒冷」。這兩人一位是前市政檔案管理員弗里德利希・伊勒特（Friedrich Illert）——他曾保護猶太人的紀錄，免遭納粹銷毀；另一位則是伊西多爾・基弗（Isidor Kiefer）——基弗早已移居紐約，之前是該城猶太社群的領袖。對那些住在德國，想要保持其社群活力的猶太人而言，這個案例是個象徵，代表戰勝邪惡的終極勝利。在沃爾姆斯和漢堡，多起法庭案件為了猶太人檔案資料的命運而開庭，德國的檔案專業人員和當地的猶太社群領袖不斷向法庭申訴，試圖阻止「他們的」檔案資料被轉移到以色列的機構。不過，他們最後還是宣告敗訴，因為有來自德意志聯邦共和國第一位總理康拉德・艾德諾（Konrad Adenauer）的政治壓力，這位總理很急於展現西德後納粹政權與以色列諸國之間的合作關係。[53]

一直到二十世紀，某些猶太圖書館的館藏依然無法物歸原主。在過去十年間，有三萬本書物歸原主，這六百個原主包括該書的擁有人、其後裔或所屬機構；這樣的努力近來因為網路的便利，有些組織可以幫忙把有待歸還的書單張貼在網路上，因而得到較多的進展。幫忙協尋的組織很多，例如反德猶太材料認領會社（Conference on Jewish Material Claims Against Germany）和世界猶太賠償組織（World Jewish Restitution Organisation）。從二〇〇二年開始，柏林中央與區域圖書館（Zentral-und Landesbibliothek Berlin）即開始有系統地在其館藏之中，尋找納粹掠奪而來的材料，並且物歸原主，並於二〇一〇年獲得柏林參議院撥款協助。這項任務的進行又慢又艱鉅：柏林城市圖書館找了十萬本書，其中有兩萬九千本已被鑑定為偷來的書，但是這之中只有九百本物歸原主——其物主遍布全球二十多個國家。打從二〇〇九年開始，奧地利十五間圖書館總共歸還一萬五千本書給物主或物主的後代。[54]

在一九四五到一九四六年之間，羅森堡因戰爭罪與反人道罪在紐倫堡（Nuremberg）的國際軍事法庭接受審判。他的審判紀錄多次提到他掠奪圖書館和檔案館的罪行，蘇聯檢察官特別提到他對愛沙尼亞、拉脫維亞和蘇聯圖書館的搶奪，而他對於呈堂的罪證僅能掙扎著提出辯護。針對法國檢察官的指控，他唯一的辯護就是那個古老藉口，即他只是因為「接到政府的命令，所以才會沒收那些檔案」。羅森堡的起訴書提到他「組織一個掠奪隊伍，有系統地到所有歐洲占領國去搶奪公共與私人圖書館的財產。一九四〇年一月，在希特勒的命令之下……他指揮羅森堡任務小組，派遣該小組去掠奪多間博物館和圖書館」。他的罪狀包括設計「最終解決方案」，負責隔離與射殺猶太人與設立青年勞改營。他被判死刑，並在一九四六年十月一日處以吊刑。[55]

在今日的博德利圖書館裡，其中一項使用最頻繁的猶太資料就是哥本哈根藏書（Coppenhagen collection）。這批館藏是由阿姆斯特丹一個名為哥本哈根的家族成立的；

以撒·哥本哈根（Isaac Coppenhagen, 1846-1905）是個重要的教師和抄寫員，他和兒子海姆（Haim Coppenhagen, 1874-1942）與孫子雅各（Jacob Coppenhagen, 1913-1997）在家裡建立一批重要的希伯來文藏書。一九四〇年，荷蘭淪陷，他們因此把藏書搬到一間猶太學校藏起來。當納粹開始迫害荷蘭的猶太人，情況越變越危急的時候，他們覺得那批藏書很危險，所以在非猶太裔鄰人的幫忙之下，他們把那批藏書搬到附近的荷蘭學校藏起來。雅各也被非猶太人家庭收留，但是他的其他家人都在納粹死亡集中營遇害。某些哥本哈根藏書曾被阿姆斯特丹的納粹分子沒收，且在後來被羅森堡任務小組徵收。至少現在存放在牛津的兩本書蓋著奧芬巴赫檔案倉庫的印章，這是一項證據，顯示那兩本書是從私人圖書館搶奪而來。

儘管納粹肆虐，保存知識的動力畢竟贏得了終極的勝利。當廢墟裡的硝煙散去，書本和檔案資料開始慢慢地重新浮出表面。伊曼紐爾·林格布魯姆、賀曼·克魯克和無數其他人被謀殺了，但是他們的犧牲使他們的文化和信仰記憶得以存續，即使存留下來的資料僅只是曾經存在的一小部分而已。詩人蘇特克維爾的作品，圖書館員迪娜·阿布拉莫維奇、安塔納斯·烏爾皮斯、各種組織例如紙部隊和奧尼沙伯斯團體的努力，使檔案文件得以倖存，並使倖存下來的資料擁有超乎承載資料的紙張和羊皮紙的意義。在今日，紐約的意第緒學院、牛津大學的博德利圖書館、維爾紐斯（維爾納較為人知的現代名字）的立陶宛國家圖書館繼續保存著猶太人生活的文化紀錄。我寫這本書的時候，耶路撒冷有一間新的以色列國家圖書館正在興建起來——那是一間四萬五千平方米，收藏世上最多猶太人書籍（包括蘇特克維爾的檔案資料）的建築物，也是聖經子民的書籍之家。

注釋

1 Rose, 'Introduction', p. 1.

2 開羅藏經庫的故事，最精彩的作品可參閱 Adina Hoffman and Peter Cole 的 *Sacred Trash*。一般藏經庫的研究可特別參閱頁一二一一一六。

3 這封信的原文可在美國盲人基金會（American Foundation for the Blind）的海倫・凱勒檔案（Helen Keller Archive）找到，網址：https://www.afb.org/HelenKellerArchive?a=d&d=A-HK02-B210-F03-001&e=-------en-20--1--txt--------3-7-6-5-3--------------0-1（檢索日期：二〇二〇年四月十日）。

4 'Mr H. G. Wells on Germany', *The Times*, 22 September 1933, p. 14.

5 von Merveldt, 'Books Cannot Be Killed By Fire', pp. 523-7.

6 Ibid., p. 528. 納粹禁書美國圖書館的館藏現在保存在紐約的猶太教神學院圖書館（Library of the Jewish Theological Seminary）。

7 Hill, 'The Nazi Attack on "Un-German Literature"'.

8 Ibid., p. 32.

9 Ibid., pp. 12-14.

10 Lustig, 'Who Are to Be the Successors of European Jewry?', p. 523.

11 Piper, *Alfred Rosenberg*, pp. 462-508.

12 Sutter, 'The Lost Jewish Libraries of Vilna', pp. 220-3.

13 Hill, 'The Nazi Attack on "Un-German Literature"', pp. 29-32.

14 Steinweis, *Studying the Jew*, pp. 115-16.

15 Ibid., p. 117.

16 Matthäus, 'Nazi Genocides', pp. 167-73.

17 van Boxel, 'Robert Bellarmine Reads Rashi: Rabbinic Bible Commentaries and the Burning of the Talmud', pp. 121-3.

18 Grendler, *The Roman Inquisition and the Venetian Press, 1540-1605*, pp. 93-102.

19 Beit-Arié, *Hebrew Manuscripts of East and West*, pp. 9-10.

20 Shamir, 'Johannes Pfefferkorn and the Dual Form of the Confiscation Campaign'.

21 Goodman, *A History of Judaism*, p. 440.

22 Kuznitz, *YIVO and the Making of Modern Jewish Culture*, p. 3.

23 Ibid., p. 18; Fishman, 'Embers Plucked from the Fire', pp. 66-8.

24 Kuznitz, *YIVO and the Making of Modern Jewish Culture*, p. 51.

25 Goodman, *A History of Judaism*, pp. 387-9.

26 關於維爾納紙部隊的故事，Fishman 的研究、慷慨和勸告對我幫助極大，特別請參閱其著作 Fishman, *The Book Smugglers*, pp. 13-22。

27 Ibid., p. 17.

28 斯特拉舍圖書館的故事，最精彩的研究請參閱 Dan Rabinowitz, *The Lost Library*。

29 Sutter, 'The Lost Jewish Libraries of Vilna', p. 224.

30 Fishman, *The Book Smugglers*, p. 21.

31 Kuznitz, *YIVO and the Making of Modern Jewish Culture*, pp. 73-6.

32 Ibid., pp. 182-5.

33 其他細節請參閱 Sutter, 'The Lost Jewish Libraries of Vilna', pp. 224-5 和 Fishman, *The Book Smugglers*, pp. 25-30。

34 Fishman, *The Book Smugglers*, pp. 55, 61-3, 71.

35 Fishman, 'Embers Plucked from the Fire', pp. 69-70.

36 Ibid., p. 69.
37 Sutter, 'The Lost Jewish Libraries of Vilna', p. 228.
38 Fishman, 'Embers Plucked from the Fire', p. 70.
39 Ibid., p. 71; Fishman, *The Book Smugglers*, p. 97.
40 Fishman, *The Book Smugglers*, p. 114.
41 維爾納隔都圖書館的故事可參閱迪娜・阿布拉莫維奇本人的文章，見 'The Library in the Vilna Ghetto'，還有 Herman Kruk, 'Library and Reading Room in the Vilna Ghetto, Strashun Street 6'。
42 在紐約，意第緒學院是第一個把那些逐漸浮現的災難，以文字告知美國大眾的組織之一。一九四〇年，他們出版了《華沙隔都》（*Warsaw Ghetto*），四年後，他們再次出版一本手冊，描述隔都的起義活動。
43 Roskies (ed.), *Voices from the Warsaw Ghetto*, pp. 62-3.
44 Ibid., p. xxv.
45 引文出自 Fishman, *The Book Smugglers*, pp. 138-9。
46 Ibid., pp. 65 (biographical details), 140.
47 Ibid., pp. 145-52; Fishman, 'Embers Plucked from the Fire', p. 73.
48 描述得最好的英文參考書請參考 Fishman, *The Book Smugglers*, pp. 244-8；不過，這則故事值得進一步展開較具深度的探索。

49 Goodman, *A History of Judaism*, pp. 387-9.

50 https://vilnacollections. yivo.org/Discovery-Press-Release

51 到目前為止，研究歸還贓書與文件過程最著名的學者是哈佛大學的派翠西亞・肯尼迪（Patricia Kennedy）。她有一篇文章是這個課題最好的入門，參閱 Patricia Kennedy Grimsted, 'The Postwar Fate of Einsatztab Reichsleiter Rosenberg Archival and Library Plunder, and the Dispersal of ERR Records'。

52 這位訪客名叫 Lucy Dawidowicz，引文徵引自 Gallas, '*Das Leichenhaus der Bücher*': *Kulturrestitution und jüdisches Geschichtsdenken nach 1945*, pp. 11-14。

53 Ibid., pp. 60-4; Lustig, 'Who Are to Be the Successors of European Jewry?', p. 537.

54 Esterow, 'The Hunt for the Nazi Loot Still Sitting on Library Shelves'.

55 *Trial of the Major War Criminals Before the International Military Tribunal, Nuremberg, 14 November 1945-1 October 1946*, 1. pp. 293-6, 11, pp. 493, 585.

第九章 就都燒了吧，別讀！

菲利普・拉金是二十世紀最重要的詩人之一。不過，他也在圖書館裡服務，並以赫爾大學（University of Hull）圖書館館長的身分參與許多不同的委員會。他在一九五四年出任館長一職，一直到一九八五年去世為止。作為一個圖書館行內人，他可從兩方面來了解文學檔案的許多面向。這個身分組合可說十分罕見，雖然在他之前，也可看到少數其他例子，例如波赫士（Jorge Luis Borges）也是身兼阿根廷國家圖書館（National Library of Argentina）館長的偉大作家；還有卡薩諾瓦（Casanova）也在圖書館工作，並以此度過他生命的最後幾年。

在一九六〇年代到一九七〇年代之間，北美地區的大學圖書館收購了許多英國作家的檔案：伊夫林・沃（Evelyn Waugh）的文稿在一九六七年被德州大學的奧斯汀分校買去，約翰・貝傑曼爵士（Sir John Betjeman）的文稿在一九七一年賣給英屬哥倫比亞的維多利亞大學。拉金曾發起一項活動，呼籲人們認識英國文學檔案的價值，並將之列為國家計畫的一部分，藉此籌募更多資金。一九六四年，他把一本含有他早期詩作的筆記送給大英圖書館，作為拋磚引玉之用。關於這本筆記，他在寫給多年情人莫妮卡．瓊斯（Monica Jones）的信裡，曾自謙地將之描述為「一大堆未能出版的詩與其他雜記。我得說那些詩非常枯燥，都是沉悶的、毫無幽默感的鬼扯」。不過，他補充寫道：「雖然如此，我還是送出去了。」他知道他自己的筆記本的價值。[1]

一九七九年，他寫了〈疏忽的責任〉（A Neglected Responsibility）；在文中，他雄辯滔滔地鼓勵大學與作家重視文學檔案的收藏：

> 所有文學手稿都有兩種價值：一種可稱為魔法的價值，另一種稱為意義的價值。魔法的價值較古老，也比較普遍：這是他用來寫作的紙，這是他當時寫下來的文字，這種獨特的文字組合首次出現在他的筆下，……意義的價值出現得比較晚，指的是手稿可在何種程度上增進我們對作家的生命和作品的了解。[2]

這兩種價值就是現在手稿受到大學圖書館如此看重，以至於激起機構之間的競爭，經銷商趁機提出高價的理由。手稿可以提供第一手材料，讓學生研究、刺激學術生產與豐富教學的機會。手稿的「魔法」面向會在兩個狀況之下浮現：學生在研究文本時，得以更接近原來的文稿，或者廣大的觀眾在觀看展覽時，得以看到作品的初稿，而這些作品有可能是他們在其他文化脈絡之下（例如在電影裡或電視節目上）熟悉的作品。

有些作家對於自己手稿的研究價值知之甚詳，他們可能曾經跟學者有所互動，或者自己意識到長久之後的未來，人們可能會想要研究他們的手稿。當然，有些作家會刻意經營他們的檔案來確保身後的名聲；他們使用自己的手稿，以之作為某種「策展」方式，以便確保他們去世之後，人們會以什麼方式來研究他們。也有一些作家把他們的檔案文稿視為賺取額外收入的管道。大家的動機通常都很複雜，各個不同。沒有收入檔案裡的資料，有可能跟收在檔案裡的資料一樣具有意義。

安德魯．莫申（Andrew Motion）是拉金的遺產執行人之一；根據他的描述，拉金把他的詩文檔案整理得像圖書館那樣井井有條，所有資料都已整整齊齊地分類好，一一放入盒子裡，還按照字母順序把書信排列整齊，讓他的執行人很容易就知道怎麼處理他的文稿。[3]他過世之後，他的文稿檔案就收藏在赫爾大學的布瑞鍾斯圖書館（Brynmor Jones Library）——他服務了大半輩子的地方。有一小部分數量不多但是仍然很重要的檔案收藏在牛津大學的博德利圖書館——牛津大學是他的母校，也是他完成《牛津二十世紀英語詩選》（*Oxford*

Book of Twentieth Century English Verse）的地點。這部詩選在一九七三年出版，而他的許多研究工作是在博德利圖書館完成的。為了讓他順利完成研究，萬靈學院聘請他為訪問學人，博德利圖書館則給他一把珍貴的鑰匙，讓他自由進出圖書館。只有在很罕見的情況下，博德利圖書館才會把該鑰匙交給訪客使用。不用多說，拉金自然是極為享受如此難得的特權。

不過，拉金在病榻上卻要求他多年的情人莫妮卡・瓊斯幫他把日記都燒了，因為他自己當時已經沒有力氣做這件事。莫妮卡覺得自己無法獨立執行這項任務——這一點也不令人覺得奇怪：是啊，誰會想擔負燒毀英國著名詩人文稿的這種責任？拉金死後，燒毀其日記的任務後來就委託給貝蒂・麥克瑞斯（Betty Mackereth）；貝蒂・麥克瑞斯跟隨了他整整二十七年，是他忠心耿耿的祕書（就像他的圖書館助理梅芙・布倫南〔Maeve Brennan〕，她後來也成為拉金的其中一位情人）。拉金在一九八五年十二月二日過世，幾天之後，貝蒂・麥克瑞斯搬了三十多本日記進入他設於布瑞鍾斯圖書館的辦公室。她先去除日記的封面，然後把內頁一一撕下，放入碎紙機裡銷毀。為了確保沒有任何內容會倖存下來，那堆碎紙接著就被送入大學的鍋爐房裡燒掉了。那幾本日記的封面現在還在赫爾大學，就疊放在詩人自己整理的剪貼簿下面。[4]

拉金的日記當然不止這三十本。早期生活留下來的那些日記應該已經被詩人自己銷毀了。有一位出版家在一九七六年曾建議拉金出版日記選，或許因為這個建議，拉金回頭去看了他的早期日記。經過一番思慮，他或許就決定銷毀那批早期日記。據推測，銷毀其他日記的這個念頭應該在那時就已經出現了。貝蒂．麥克瑞斯很確定自己做的事是正確的。安德魯．莫申在拉金的傳記裡引用了她的話：

> 我不確定我保留那些封面到底是不是正確的。但是那些封面很有趣，不是嗎？至於日記本身，這點我完全沒有疑問。我做的一定是正確的事，因為那是菲利普想要的。對於這件事，他的想法很清楚：他要銷毀那些日記。我沒讀他的日記，在我把那些日記放入機器的時候。但是我沒有辦法不看到裡頭的片言隻語。那些都是不快樂的文字，充滿絕望的文字，真的。[5]

拉金決定銷毀他的所有日記——這是一個很有趣的決定，如果我們考慮到他的職業是圖書館員，而且他又曾呼籲圖書館購買與保存文學檔案。瓊斯和麥克瑞斯兩人都很清楚拉金的遺志。早在一九六一年三月十一日，他當時因病在醫院住了一段時間，那時他就已經在思考如何處理他的文學遺產了。在給瓊斯的一封信裡，他如此寫道：

讓我感到羞愧的一件事就是拒絕讓妳使用我的公寓。這件事我始終掛慮在心，拒絕妳的原因是因為我在公寓裡到處堆放著許多私人文稿、日記等等。我想我會留著這些東西，部分理由是我想留個紀錄，也許有一天寫自傳的時候會用得著，部分理由是我需要釋放情感；我死的時候，這些東西就都燒了吧，別讀。我無法忍受讓任何人來讀這些日記，更別提讓妳或任何人來讀——我寫下的這些文字必然會讓妳或任何人感到難堪，或者甚至感到痛苦。[6]

作為一個圖書館人，而且對文學手稿深感興趣，拉金是知道除了燒毀日記這個令人震驚的方式之外，還有其他可能的選擇。一九七九年，他寫信給他的朋友茱蒂・艾格頓（Judy Egerton），信中提到他到德文郡去看布魯斯・蒙哥梅利（Bruce Montgomery）的文稿——蒙哥梅利是他們共同的大學朋友，當時剛剛過世不久。他在信裡寫道：「讓我很驚訝的是，布魯斯竟然還留著一九四三年以後我寫給他的所有信件！因為安（布魯斯的遺孀）的手頭有點緊……我覺得她其實可以把那些信賣了。不過……她倒是很樂意把那些信還我。只是我覺得我不該收下。真是麻煩一堆！」後來博德利圖書館買了蒙哥梅利的信，條件是某些信件必須等到二〇三五年才能公開。由此看來，拉金應該是知道延長公開日期（或許把日期延得很長）這個方法的，而這個方法當然也可以應用在他自己的文學檔案上。[7]

不過，拉金的日記倒是以另一種方式倖存下來——雖然這個日記檔案差一點也被銷毀了。拉金與莫妮卡長期的交往期間，兩人都給對方寫了幾千封的信件和明信片。莫妮卡寄給他的信，他在遺言裡將之留贈給博德利圖書館。他自己寫給莫妮卡的信很多，而且也很長，因此累積起來，幾乎就像是他的日記，或者就像他的文學檔案那樣足以反映許多他個人的想法。

拉金很喜歡寫信，而且他也跟很多人保持書信往來；這些人有的是他的朋友，有的是他的家人，包括詹姆斯・薩頓（James Sutton）、布魯斯・蒙哥梅利、金斯利・艾米斯（Kingsley Amis）、莫妮卡・瓊斯、茱蒂・艾格頓、羅伯特・康奎斯特（Robert Conquest）、安東尼・特威迪（Anthony Thwaite）、梅芙・布倫南和芭芭拉・皮姆（Barbara Pym）。數量最多的是從一九三六年到一九七七年之間他寄給父母的家書：總共有四千多封信件和明信片（他的父母也寄給他幾乎等量的信件，而且這些信件也都還留著）。[8] 即便如此，在這幾個主要通信者當中，也許其中最私人和最重要的是莫妮卡以及他和莫妮卡之間的書信。在他一生當中，跟他保持情侶關係最長的人應該就是莫妮卡。他寄給莫妮卡的信有一千四百二十一封，明信片有五百二十一張，兩者加起來總共多達七千五百頁。他的很多信都寫得很長，一般都會超過六頁，有時長達十四頁，而且他每隔三到四天就會給莫妮卡寫信。

莫妮卡死後，這批信件就留在她位於萊斯特郡的家裡——她是該郡的大學教師。小偷闖入她的公寓，偷走了許多便宜的電子產品。他們翻出這批書信，然後隨意丟了滿地，任意踩踏，完全沒意識到這批檔案的價值遠比他們偷走的電視機值錢。

二〇〇四年，博德利圖書館跟她的遺產執行人買了這批書信。這批信件提供了深刻的見解，讓讀者得以了解拉金的個性、動機以及他對各種事物的看法，包括他對同事的意見，還有他對政治的看法等都可在信裡看到。由於他和莫妮卡的關係親密，他寫給她的信遠比他在其他公共領域所發表的意見更為犀利。

為何一想到其他人讀他的日記，拉金就會覺得不愉快？他是個很害羞的人沒錯，有時候他會被稱為「赫爾的隱士」；他曾寫過他覺得自己很難在他的文字裡反映他個人的思想。他的詩充滿了憂鬱，而且他的許多省思也通常都很間接。有時候，他的反話才是真實的；有時候他會直接面對他的情感，以一種令人驚駭的方式來呈現他內在的思想，最著名的例子是〈這就是那首詩〉（This Be the Verse）。

當他邀請莫申加入莫妮卡．瓊斯和安東尼．特威迪的行列，一起擔任他的文學遺產的執行人，他如此對莫申說道：「沒有什麼太難的事情要做。當我看到死神穿過小徑，往我家大門走來的時候，我就會走到花園盡頭，就像湯瑪士．哈代那樣生一堆火，把所有我不想讓人看到的東西丟進火裡燒掉。」根據莫申，拉金的這個說法其實與事實不符，因為他發現拉金過世的時候，拉金那些重要的日記和其他文稿都還好好的，沒被燒掉。根據他的紀錄，莫妮卡·瓊斯是覺得拉金一直試圖否認即將來臨的死亡，如果他把日記和文稿燒了，那就等於接受他自己即將死亡這個事實。另一個更可信的說法是拉金的內在立場本來就是分歧的；他就是無法決定該怎麼做才好。他一方面很熱心於保存文學手稿——他甚至曾送給大英圖書館一本詩文筆記；另一方面他一想到其他人——尤其他親近的那些人會看到他寫在日記裡的內心想法，他又覺得極為不安。事實上，他的遺囑也非常矛盾，以至於執行人必須找個御用大律師來做裁定，以確定他們不再繼續銷毀拉金的文稿是合法的。最後他們決定把拉金大批的文稿交給赫爾大學的布瑞鍾斯圖書館收藏。

從拉金的例子，可知個人的自我審查會對他們的遺產造成多大的衝擊。失去了他的日記，他這位本來非常低調的人的思想，現在就變成了一個謎。學者現在透過他的書信來重建他的思想，這種種努力或許可以填補某些缺口。從他死後，人們對他的生命和作品的興趣始終不曾減少；在某種程度上，他提出銷毀日記的最後遺願所留下來的謎，多少誘發了人們對他的興趣。

拜倫傳記手稿之燒毀是毀損文學事件當中最惡名昭彰的行為。那些親近他的人想保護他死後的聲名，然而文學學者卻都對這個行為深感遺憾至今。兩百年後，一位名氣與拜倫相當的詩人——泰德・休斯（Ted Hughes）——也捲入另一個文學摧毀行動的中心。休斯摧毀的是他第一任妻子雪維亞・普拉絲（Sylvia Plath）最後的幾本日記。普拉絲也是一位同樣重要的詩人與作家，她與休斯的關係一直都有人詳加研究，已經出版的討論和批評文章不知用掉了多少書頁。一九六三年，雪維亞・普拉絲自殺身亡。他們的關係至今還有個隱晦的面向，而這個面向涉及普拉絲個人檔案某些內容的去向。她的自殺原因，還有兩人的關係狀況是否導致她走向自殺的悲劇——這些問題至今仍然是很多論辯的焦點，尤其休斯對待她的方式是否就是她走向自殺之路的主要原因。我們已經無從知道普拉絲的心態細節，更何況休斯已經銷毀了她的日記。休斯聲稱他會銷毀普拉絲的日記是為了保護普拉絲的名聲，也為了避免他們的孩子讀到普拉絲自殺之前那段日子所寫的日記，以及日記裡那些令人心痛的內容。許多人懷疑休斯之所以銷毀妻子的日記，主要的動機有可能是保護他自己的名聲。

普拉絲死於倫敦，當時她和休斯雖然已經分居，但是她還是他法律上的妻子。當時休斯跟他的外遇對象阿西婭・維維爾（Assia Wevill）住在一起。由於普拉絲並未留下清楚的遺言，身為近親的休斯就成為普拉絲的財產執行人。他保留了她的許多文稿，並視之為他的部分財產。直到一九八一年，他才透過蘇富比（Sotheby's）把普拉絲的文稿賣給史密斯學院（Smith College），並把收益留給他們的兒女弗莉達・休斯（Frieda Hughes）和尼克・休斯（Nick Hughes）。[9] 一九七七年，普拉絲的母親奧雷莉亞・普拉絲（Aurelia Plath）決定把女兒多年來寫給她的書信賣給印第安納大學的莉莉圖書館（Lilly Library）。這件事有個枝節問題：休斯是普拉絲遺產的執行人，他也擁有普拉絲文學遺產的版權，因此他有權控制普拉絲的文字如何印刷與如何流通的方式。即便後來普拉絲的檔案保存在圖書館，但是她寫下來的文字——包括她寫給母親的信和她私人的日記——卻無法印刷出版，廣為流傳，除非取得休斯的書面同意。[10]

休斯作為文學遺產的執行人，他可以小心翼翼地打造普拉絲的詩人名聲。根據他的判斷，普拉絲死後留在書桌上的那些詩稿特別有力與精彩。一九六五年，他為普拉絲出版了第一部重要的詩集《精靈》（*Ariel*），並陸續把她的其他的詩作刊登在文學雜誌上。《精靈》是一部成功的作品，從初次出版到今日，依然還沒絕版。那些重刷多次的精裝本和平裝本一定替休斯賺進大筆的收入。《普拉絲詩歌選集》（*Collected Poems*）出版之後，人們終於清楚看到休斯曾經改過《精靈》的選詩秩序，因為《精靈》的選詩秩序與手稿截然不同，而且有些詩被他抽走，用其他尚未出版的詩取代。對於這些改動，休斯的解釋有二，一是為了避免冒犯詩裡描寫的人，二是為了讓普拉絲的作品呈現更寬廣的視野。雖然如此，有些人把他的這種干預視為證據，顯示他有意更進一步控制亡妻的文學遺產。當然，從他後續對普拉絲檔案的處理方式看來，他的這種意圖是很明顯的。從他對出版過程的細節關注與管理，可知他除了關心亡妻的名聲，也很關心他自己的名聲，以至於他認為這兩者是不可分開的。[11]

一九八二年，休斯出版了《雪維亞・普拉絲日記選》（*The Journals of Sylvia Plath*）；這部日記選是從普拉絲的八本日記手稿，加上他之前賣給史密斯學院的文稿中精心編輯與挑選出來的版本。由於他和孩子住在英國，所以這部日記選並未在英國出版，僅僅在美國發行。他寫了一篇序，描述了他如何發現與處理普拉絲的日記手稿的過程。在他的筆下，普拉絲的日記手稿是「一疊筆記本和一堆活頁紙的凌亂組合」，他還提到兩本他沒有連同其他檔案一起賣給史密斯學院的「栗色封面」本子。他在序文裡說這些日記手稿包含普拉絲死前的一段時期，而那是他們婚姻關係最緊張的期間。兩個本子當中，其中一本他說「遺失」了，另一本他坦承他銷毀了，因為他擔心日記的內容一旦公布出來，他的孩子可能會遭受隨之而來批評的打擾或受到傷害。[12]休斯不僅銷毀（至少）一本筆記，他還很仔細地編輯該部選集，使那兩本包含一九五七年到一九五九年的日記內容被排除在外。他的目的是使那兩本日記的內容保密，直到普拉絲死後五十年才開放給研究者參考與出版。不過後來他改變了心意：一九九八年，就在他死前不久，他放棄了保密的堅持，同意出版普拉絲所有倖存下來的日記。[13]同一年，他在為另一本書寫序的時候，他稍稍修改了說法，甚至在敘述時也從第一人稱改為第三人稱：「這兩本日記當中，第二本被她的丈夫銷毀了，因為他不願意讓她的小孩看到日記的內容……比較早期的那本最近不見了（我想有一天它應該會突然出現）。」[14]

批評家艾莉卡・華格納（Erica Wagner）認為那部消失的日記很有可能就放在藏著休斯檔案的箱子裡，而這個箱子目前存放在亞特蘭大的埃默里大學（Emory University）。這份檔案必須等到二〇二二年之後，或者等到休斯的第二任妻子卡蘿（Carol）過世之後才能公布。[15]洛伊・大衛斯（Roy Davids）是個經營罕見書籍與手稿抄本的經銷商，是他負責把休斯檔案賣給埃默里大學；根據他的看法，他覺得休斯對檔案的完整性有很深刻的認識，因此如果休斯曾經找到那本日記，他必定會送給史密斯學院，讓那本日記和其他日記收藏在一起。[16]當然，其他的詮釋也是有的：兩本日記都被休斯毀了。不過，休斯最新近的傳記作家喬納森・貝茨（Jonathan Bate）另有看法；他認為那本日記可能是被一場大火燒掉了。一九七一年，休斯和第二任妻子卡蘿在約克郡赫普頓托爾（Heptonstall）的住宅朗岸居（Lumb Bank）曾經神祕起火。在當時，地方警察覺得那場大火可能是人為的。[17]

普拉絲死後，休斯並不是唯一試圖「處理」她的私人文字如何流傳的家人。普拉絲保存在印第安納大學莉莉圖書館裡的書信，其內容有被她的母親奧雷莉亞用黑色麥克筆刪改的痕跡。奧雷莉亞編選的《家書》（*Letters Home*, 1975）裡，其內容也處處可見刪節和省略。這些刪改和省略是奧雷莉亞為了出版而做的，理由是因為休斯不但擁有版權，關於哪些資料可以出版他也有意見。奧雷莉亞和休斯兩人所做出的編輯決定主要是為了保護他們的名聲，雖然這個編輯過程最後也揭露了兩人之間的問題。奧雷莉亞刪除女兒信裡對她的負面描寫，休斯也一樣急於確保那些針對他的負面評論不會出現在出版品裡。最後，兩人因為他提出把初稿的某些資料移除，因此發生了爭吵。一九七三年四月，他寫給奧雷莉亞的信裡提到：

> 在我看來，在我刪除了某些內容之後，這本書現在少了所有那些關於我的、煽動人心的內部趣聞，而且也少了那些早期「情書」——我的意思是那些關於我的早期書信，真不知道雪維亞當時為何會寄給妳而不是寄給我。無論如何，這本書還是很精彩，也很完整地顯示妳和她的關係。我知道這是妳要的。而我所做的，奧雷莉亞，不過就是把涉及我私人生活的部分移除，讓我保有我個人的隱私。[18]

就雪維亞．普拉絲的案例而言，這套涉及知識管理的相關決定必須將之視為政治行為。

相續把檔案資料公布到公眾領域的過程：首先是出售檔案，接著出版第一版經過刪改的日記和書信，再接下來是放棄堅持並同意出版所有檔案——這些行動使休斯變成中心人物，而不是普拉絲。從他的這些行動之中，休斯獲得最多利益——不管是名聲還是財務皆是如此。不過，這裡除了道德問題有待爭議之外，讓事情變得更加複雜的是他也有自己的隱私必須要應付。在情感上，他也受到普拉絲之死所影響，而且他對兩人的孩子懷有深切的憂慮。

不過，所有的任務如今已經全部完成，我們現在已經可以使用普拉絲倖存下來的日記，加上她的出版作品、書信文本和其他包含其作品的文學形式，我們已經可以據此評估她的生命和作品。這所有的文本持續提供豐富的材料，讓我們得以從中欣賞普拉絲的文學貢獻。我們無從真正知道目前我們失去的究竟是什麼，但是現在已經可以了解她正在創作她那些被休斯和評論家評為最深刻和最重要的作品時，她當時的某些內在精神生活面向。套句崔西・布萊恩（Tracy Brain）的話：「關於那本消失的日記的內容，我們幾乎一無所知。然而許多評論家不管是否論及普拉絲的作品，大都會被那些內容所影響。普拉絲的作品全集有某些重要的片段不見了：那些不見了的片段，或許有助於理解她的作品——有些人就是這麼想的。」[19]本章所討論的那些遭受銷毀的材料，如果它們倖存下來的話，其實本來可以保存在某個大學圖書館，或者某個國家圖書館裡。如果保存在這樣的機構裡，這些材料不僅得以留存下來，而且也可以開放給大眾研究，或者在展覽會上公開展覽，又或者加以數位化，方便大眾欣賞。

包含作者內在情感的文字具有轉化的力量，足以改變我們對他或她的作品的欣賞。卡夫卡的檔案資料藏入博德利圖書館之後，一直都有人在使用，例如像馬爾坎・帕斯里爵士（Sir Malcolm Pasley）這樣的編輯——透過編輯學術版本，帕斯里爵士擴展了卡夫卡的名氣。卡夫卡的手稿至今已經翻譯成許多其他語言，並且出現在許多場域，例如展覽場、電影和戲劇作品。我們很難說如果馬克斯・布羅德遵照卡夫卡的遺願，會讓這個世界變得比較貧瘠和無趣。這個說法的主要焦點是後人的公共利益凌駕於創作者的個人利益，或者凌駕於那些想保護作者，使其作品保密的人的利益。如果是這樣，那麼這個說法是否暗示那幾位銷毀拜倫作品或銷毀普拉絲日記的人做錯了呢？

我們回頭去看古代世界的知識世界，我們發現我們必須把那些僅僅存在於片言隻語的片段證據一項一項地串連起來。莎芙的作品是如此重要，以至於在數百年的時間裡，人們直接稱呼她為「那位女詩人」（The Poetess），就像荷馬是「那位詩人」（The Poet）一樣。荷馬留下了兩部多少算是完整的史詩，然而我們卻僅能透過那些受到莎芙影響的作品，例如柏拉圖、蘇格拉底和卡圖盧斯（Catullus）等人的作品，這才間接地認識她的抒情詩。亞歷山卓圖書館曾經收藏一部莎芙全集，試想假如這部詩集倖存下來，我們今日看待古代文學的眼光會如何不同？

前面討論的這些案例，當事人所做的決定沒有一個是容易的或直接了當的。在知識的這個特定領域裡，私領域和公領域相互競爭，爭取掌控權。產生困難的地方在於一個事實：作家們藉由參與公共領域來營造生計，創立名聲；作家的作品畢竟是要「出版」的，這意味著向大眾「公開」其作品。很明顯地，偉大作家的思想具有公共利益，但是話說回來，作家們也有保持隱私的權利。休斯銷毀普拉絲部分日記的時候，他心中的第一要務就是守護他的孩子（或他自己）的隱私權。

在一個以幾世紀為時間衡量尺度的圖書館工作，我對這些問題的其中一個回答或許就是把目光看向比較遠的未來。博德利圖書館的書架上擺滿許多「暫不開放」的手稿。這表示我們對那些把檔案送給我們，或存放在我們這裡的人們許下承諾，保證我們會等到說好的日期到了，才會公布檔案的內容。這個日期有可能是作家或檔案持有人的離世之日，或許也可以更久。以拉金的牛津大學同學蒙哥梅利的例子來說，我們同意在他死後三十年才公布他的部分檔案，該檔案裡頭還有某些信件還得再等二十年才能公布於眾。拜倫的自傳、普拉絲和拉金的日記其實都可以用暫不開放的方式保存下來，其執行人可以任意選擇一個開放研究的日期，多久都可以，例如等所有與檔案內容密切相關的人全部離世之後。說到底，保存知識意味著對未來有信心——這點馬克斯・布羅德知道得很清楚。

注釋

1 Larkin, *Letters to Monica* (22 May 1964), p. 335.

2 Larkin, 'A Neglected Responsibility', p. 99.

3 Motion, *Philip Larkin*, pp. xv-xviii.

4 Ibid., p. 522.

5 Ibid., pp. 522, 552.

6 Larkin, *Letters to Monica*, pp. 278-83.

7 Larkin, *Selected Letters of Philip Larkin*, p. 600.

8 這批家書經過選擇與編輯，已經出版問世，參閱 Philip Larkin, *Letters Home 1936-1977*。

9 Bate, *Ted Hughes*, p. 385.

10 Brain, 'Sylvia Plath's Letters and Journals', p. 141. 雪維亞・普拉絲的文學檔案目前分散收藏在北美地區好幾間圖書館：史密斯學院尼爾遜圖書館（Neilsen Library）的莫爾提摩罕見書籍處

（Mortimer Rare Book Collection）——這裡是普拉絲的母校。布魯明頓（Bloomington）印第安納大學的莉莉圖書館設有普拉絲特殊館藏。喬治亞州亞特蘭大埃默里大學的特藏圖書館收藏了大部分的「泰德・休斯檔案」，這裡也可找到部分普拉絲的其他資料。普拉絲大部分的日記都保存在史密斯學院的「普拉絲文稿檔案」，該檔案館館員凱倫・庫奇爾（Karen Kukil）曾仔細整理過這份檔案。

11 參閱弗莉達・休斯為修復版所寫的介紹，見 Frieda Hughes 的 *Ariel* (2004)；泰德・休斯在寫給安德魯・莫申的一封信裡曾經提到：

普拉絲幾個傳記作者的主要問題是，他們都沒有想到普拉絲最有趣最精彩的生命只有一半是普拉絲的，另一半是我的。他們可以在他們愚蠢的幻想之中諷刺普拉絲或重塑普拉絲的形象，然後一走了之——並且假設他們也可以毫無問題地把這種無腦的方式套用在我身上。他們顯然忘記了他們是可以來問我啊；我還活著，我還在這裡。如果可以，我並不打算接受他們的改編重塑。（引文取自 Malcolm, *The Silent Woman*, p. 201。）

12 Plath, *Journals of Sylvia Plath*, p. xi.

13 Brain, 'Sylvia Plath's Letters and Journals', p. 144. 普拉絲這些日記在二〇〇〇年由凱倫・庫奇爾出版，稱為 *The Unabridged Journals of Sylvia Plath: 1950-1962*。這部全集是學術上的驚人成就，因為普拉絲日記本身極為駁雜。有的寫在日記本裡，有的寫在活頁本裡；有的是打字稿，有的隨手寫在單張的紙上——有的甚至還是廢紙，還有很多部分很難確定日期。

14 Ted Hughes, *Winter Pollen*.

15 Erica Wagner, 'Ted Hughes Archive Opened at Emory University', *The Times*, 10 April 2000, consulted in the version at http://ericawagner.co.uk/ted-hughess-archive-opened-at-emory-university/ (Accessed: 10 November 2019)

16 引文取自 Brain, 'Sylvia Plath's Letters and Journals', p. 154。

17 Bate, *Ted Hughes*, pp. 305-6.

18 Read, *Letters of Ted Hughes,* pp. 366-7.

19 Brain, 'Sylvia Plath's Letters and Journals', p. 152.

第十章　塞拉耶佛我的愛

一九九二年八月二十五日傍晚，砲彈像雨一樣，不斷地落在塞拉耶佛（Sarajevo）的一棟建築大樓上。塞拉耶佛是波士尼亞（Bosnia）的首都，也是觸發第一次世界大戰的著名暗殺地點。落下的那些並不是普通的砲彈，被攻擊的建築大樓也不是普通的建築物。那些砲彈是燃燒彈，經過了特別的設計，只要一受到衝擊，就會迅速燃燒，尤其撞擊地點的周遭又布滿了易燃物。這棟遭受攻擊的建築大樓是波士尼亞與赫塞哥維納國家與大學圖書館（National and University Library of Bosnia and Herzegovina），而其攻擊者是塞爾維亞民兵組織；塞爾維亞總統斯洛波丹．米洛塞維奇（Slobodan Milošević）打算摧毀波士尼亞，包圍該城是他們攻占波士尼亞的部分策略。

塞爾維亞人在現場也埋伏了狙擊手，隨時擊殺那些前來救火的消防隊員，他們甚至把本來朝向天空的防空機關槍壓低，以水平的方向四處掃射。圖書館裡的職員排成一條人鍊，一件件地把圖書館裡的藏書往外搬。不過，無情的燃燒彈和狙擊手的子彈太過危險，以至於他們無法救出全部館藏，只來得及搬出少數罕見的藏書。當天稍早，圖書館有一位名叫艾達．布圖羅維奇（Aida Buturović）的職員被狙擊手射中，不幸身亡。[1]她是個才華洋溢的語言學家，致力於全國圖書館協同網絡的建設，罹難的當時，她才三十歲。那天在塞拉耶佛，另有十四人跟她一起罹難，一百二十六人受傷。[2]

雷．布萊伯利（Ray Bradbury）提醒我們：在一九五三年，紙張燃燒的熱度是華氏四百五十一度。不過要燒毀一整棟圖書館，那得花上一段很長的時間。套用波士尼亞詩人瓦勒里堅．祖佐（Valerijan Žujo）的話，接下來的幾天裡，燒毀的書化成灰，飄落在城市裡，看來就像「黑色的鳥」。[3]

摧毀圖書館和檔案館的動機雖然有千百種，每個案例都各有不同，不過最顯著的理由是消滅某個特定的文化。過去歐洲宗教改革的毀書行動具有強烈的宗教意味，攻擊的對象是天主教社群，他們的圖書館於是就成為摧毀的目標，因為圖書館裡的藏書內容被視為異端邪說。魯汶大學圖書館之遭受摧毀也含有文化因素，因為該圖書館的地位崇高，是該國的知識中心。納粹大屠殺期間納粹分子對圖書館和檔案館的攻擊也是一種廣義的文化攻擊：納粹分子試圖消滅的，不僅只是猶太人的宗教，而是猶太人生存的所有面向，從活生生的人，到猶太人的祖先的墓碑都要全部剷除。

波士尼亞與赫塞哥維納國家與大學圖書館設立在一棟當地人稱為市政府的建築大樓裡。館裡收藏了一百五十多萬部書，當中有手抄本、地圖、照片和其他資料。總合在一起，館裡的這些資料提供了一個有紀錄的記憶，而且不僅只是一個國家的記憶，而是一整個地區的文化記憶——這個地區的穆斯林人口非常多。那些砲彈會落在那棟建築大樓，這並不是意外。圖書館也不是偶然捲入區域戰爭，所以才會遭受攻擊。塞爾維亞軍隊瞄準攻擊的目標，正是那間圖書館，而他們的目的不僅只是尋求軍事控制，而是企圖消滅穆斯林人口。附近的其他建築大樓，沒有一棟遭受攻擊，圖書館是這次攻擊行動的唯一目標。[4]

第二次世界大戰結束，民眾終於不用再面對納粹大屠殺那種極端的恐怖；不過，才僅僅過了四十五年，而且那句「永遠別再發生」的話還在世人的耳邊迴響，文化大屠殺的事件又再度降臨歐洲。打從南斯拉夫（Yugoslavia）分裂，變成一系列各自獨立的國家，這個事件就在這段期間浮現出來。這次文化大屠殺的動機極為複雜，涉及的議題極多，猶如一團亂麻。民族主義被種族歧視與宗教仇恨混合在一起，並以政治行動來反映這種糾結。[5]

一九九二年夏天，許多學生背包客會利用國際通票在歐洲到處旅行，南斯拉夫也列在他們的行程裡。塞在他們背包裡的是各種最新出版、以預算很緊的年輕族群為標的讀者的旅遊指南。他們很有可能就買到了最新出的版本：《南斯拉夫簡易旅遊指南》（*Yugosalvia: The Rough Guide*）。這本指南會用幾頁的篇幅，簡單地介紹該地區的歷史。大致的內容是該地區曾被土耳其人統治五百年，邊界有許多鄰居國家；第二次世界大戰期間，有許多波士尼亞人曾經站出來反抗納粹的占領，而把他們團結在一起的首領是狄托將軍（General Tito）。目前這個國家正在承受狄托多年共產統治所帶來的種種苦難：經濟蕭條、重要基礎設施投資不足、惡性通貨膨脹等。一九八〇年狄托過世之後，其所建立的共和國聯邦不再團結，開始瓦解：

> 共和國內各個聯邦高呼個人主義的聲音始終不斷。只有百分之四的南斯拉夫人在護照上填上這個國籍。罷工、示威和民族主義的呼聲再度出現，在塞爾維亞（Serbia）尤其如此。打從戰爭結束以來，聯邦的未來第一次遭受威脅。6

考慮到該地區的歷史，出現政治和社會分裂似乎無可避免。鄂圖曼帝國在十六與十七世紀興起，歐洲各國的君主就不曾停止與之對抗。波士尼亞被鄂圖曼帝國統治的時間幾乎有四百年之久。一八七八年，維也納取代了伊斯坦堡（Istanbul），成為統治該地區的帝國中心。奧匈帝國（Austro-Hungarian Empire）的政治和文化力量漸漸壯大，開始趨向鼎盛，並且取代了鄂圖曼的統治，同時召喚各國，要求占領並「教化」該地區。新的統治者帶來他們自己的行政程序以管理該地區。

波士尼亞一九一〇年的人口普查顯示：基督東正教人口最多，占百分之四十三，其次是穆斯林人口，占百分之三十二，最後是天主教人口，占百分之二十三。沒有一種宗教人口占據主要的優勢，而這種宗教複雜性造就了一種混合交融的文化，使建築風格、音樂、食物和文學互相影響，彼此融合。在政治上，各族群之間存在著張力，而這種張力使各族群受到鄰近的共和國，例如塞爾維亞和克羅埃西亞（Croatia）的力量所影響——這兩個國家一直想占領波士尼亞的土地，其所持有的理由是波士尼亞的人民之中有很多塞爾維亞人和克羅埃西亞人。塞爾維亞尤其虎視眈眈，十分覬覦鄰國的領土。從早期開始，塞爾維亞人就堅持貫徹民族主義的願望。到了一八七八年，他們想辦法獨立，創建了一個國家；在接下來的一百年裡，他們持續騷擾波士尼亞，並在南斯拉夫聯邦人民共和國這個共產政權漸漸解體的期間，繼續與住在共和國裡的塞爾維亞裔保持密切聯繫。

這個背景在波士尼亞投下一道不祥的陰影。不過，許多二十世紀的旅客都對此地多元種族的和平共存盛讚不已，尤其在首都塞拉耶佛，再也沒有其他地方比這裡更具有多元共存之顯著特色了。作家勞倫斯・達雷爾（Lawrence Durrell）寫道：「在這璀璨的東方，四處可見清真寺、叫拜樓與土耳其氈帽。與此同時，穿過城裡的河使氣溫保持涼爽。這條河潺潺地流過城鎮，流經橋下——那座某人遭受刺殺的橋。」[7]塞拉耶佛無視存在於該地區內部的歷史張力，這點特色也反映在城裡那間偉大的圖書館上——那是一間為整個共和國服務的圖書館。

巴爾幹半島（Balkans）這個區域擁有豐富的書本文化。中世紀時期，天主教修會，例如在斯洛文尼亞（Slovenia）的熙篤會即設有繕寫室和圖書館。往南稍遠一點的地方，那裡的猶太人、東正教徒和鄂圖曼社群開創了繁榮的書籍製作中心。塞拉耶佛是書本文化的中心之一。這座城市的加齊赫斯列夫貝格圖書館（Gazi Husrev-beg Library）是塞拉耶佛第二位「創立者」在十六世紀初期建立的，這裡擁有豐富的館藏，尤其是阿拉伯語、土耳其語和波斯語的印版書與手抄本。到了一九九〇年代，這間圖書館已經成為歐洲其中一間仍在持續運作、年代最古老的圖書館。塞拉耶佛的猶太社群也擁有他們自己的圖書館，就在班內瓦倫奇亞（La Benevolencija）。其他宗教團體亦各有自己的圖書館。方濟會在塞拉耶佛有一間修道院和神學院，他們因此建了圖書館來為他們的宗教任務服務。[8]十九世紀末期，幾位哈布斯堡統治者非常鼓勵現代化，因而在波士尼亞建立了區域博物館，稱為國立博物館（Zemaljski Muzej），博物館內還附設了一間研究圖書館。從一八八八年成立至今，這間博物館圖書館的館藏大增，收了將近二十五萬本書，並且保存著該地區最偉大的藝術寶藏：塞拉耶佛哈加達（Sarajevo Haggadah）。

塞拉耶佛的東方學研究所（Oriental Institute）成立於一九五〇年；這裡是記錄波士尼亞文化的重要中心，其重點收藏是阿拉伯文、波斯文和希伯來文印版書、手抄本與各式文件，而最具區域意義的是：這裡收藏了一批以艾德扎米斯基語（Adžamijski）寫成的文件——艾德扎米斯基語是一種用來書寫波士尼亞斯拉夫文本的阿拉伯文字，代表波士尼亞已經逐漸成為該區域的文化十字路口。這裡是東南歐最獨特、最重要的文化與知識中心。

波士尼亞與赫塞哥維納國家與大學圖書館成立於一九四五年。到了一九九二年，館內已經收藏了十五萬部罕見書、五百部中世紀複本、數百部搖籃本，還有許多重要的檔案；由於這間圖書館也是該地區的報紙和雜誌的主要收藏中心，其他來自全球各地、有助於教育發展的學術資料也集中收藏在這裡。這間圖書館不僅是國家的文化資源，也是塞拉耶佛大學（University of Sarajevo）的研究基地。國家圖書館的其中一個特殊功能就是記錄國家的知識財產，而這間圖書館其中一項最具特殊意義的館藏是「波士尼亞特藏」（Bosniaca），亦即「紀錄的館藏」，負責收集所有在波士尼亞出版的書籍和其他有關波士尼亞的書，不管那是列印製品或出版品。這批館藏——以及負責的館員——很自然地反映了波士尼亞多元文化的特質。

國家與大學圖書館所在的建築大樓原本建立於十九世紀末期，當時正值奧匈帝國統治的鼎盛時期，而這棟大樓是該城市的市政廳。大樓的設計是為了反映當地摩爾人的文化與歷史，建築地點選在沃伊沃德大街（Vojvode Stepe）的盡頭，風格模擬摩爾人的建築。哈布斯堡統治者顯然認為這樣的設計可完美地融入巴斯卡爾森雅區（Baščaršija area）的土耳其建築風格；這個布滿鵝卵石街道的區域是鄂圖曼城市的精華地帶。那些砲彈的終極目標正是圖書館裡的藏書。不過，該建築大樓的意義也並不純然與知識和文化有關。從一九一〇年到一九一五年，這棟大樓就是第一波士尼亞國會的所在地。換言之，這棟大樓也是獨立民主政治的象徵——塞爾維亞侵略者想必早已知悉而且感到痛恨的象徵。

圖書館整整燒了三天（八月二十五日到二十七日）才倒下。這三天的時間裡，本來人們多少可以救出部分館藏。煙害是有可能使某些書本無法再度使用，甚至會對人的健康造成危害，但是如果在第一波砲彈停止後，大火即被熄滅，某些館藏是很有可能可以保留下來的。不過由於火勢太大、熱度過高，而且主要閱覽室那些纖細的大理石柱遭受炸毀，導致屋頂垮塌，掉落在樓下的空間，這種情況讓塞拉耶佛的救火隊員不再認為搶救館藏是個理性的選擇。他們其中一人報告道：「長達好幾個小時，迫擊砲一直不停地落下——這讓我們的工作很難進行。」[9]他們絕望的努力也因為水壓太低而受阻——城裡的輸水系統因為幾個月前發生的戰爭而受損。最後，救火員是完全壓制了火勢，但是不斷射來的砲彈，意味著那棟建築物隨時都會陷入火海。不可思議的是，全球的報紙頭條竟然沒有一條提到這起事故。[10]

這場衝突之中，國家與大學圖書館可能遭受最明顯的知識與文化傷亡，不過，這間圖書館並不是唯一的受害者。波士尼亞整個境內共有數十間圖書館和檔案室遭受同樣的攻擊。穆斯林地區的檔案資料遭受粗暴的破壞；在這些地區，種族的清算同時還伴隨著財務資料的毀壞——各處地政室那些保存穆斯林土地財產證明的檔案室全部遭受破壞，甚至穆斯林墓碑也遭人用推土機剷平，企圖徹底消除穆斯林曾埋葬在波士尼亞土地的痕跡。

根據估計，波士尼亞的地方政府檔案館有超過半數遭到破壞：大約有八十一公里的歷史遭受剷除。[11]這些檔案文件鉅細靡遺地記錄了社群成員的公民身分，包括出生、婚姻與死亡，而且已經持續記錄了數百年。由於鄂圖曼帝國留下的習慣使然，人民的土地擁有權狀登記得極為仔細。這些文件使各個社群根植於土地，安身在各自的環境裡；人們可藉由這些文件，追溯自己家庭的過去，證明自己的家庭已經在該地區生存了好幾個世代。不過，這些事件過後，他們未來的居住權、土地與財產的擁有權，甚至連生存的權力全部被根除，或者民族主義者的目的就是如此。穆斯林存在的紀錄，包括穆斯林人口全部一起被「肅清」，或者誠如諾亞．馬爾坎（Noel Malcolm）所說的：「那些發起這些行動的人，他們試圖做的事——如果套句最直白的話，就是抹除歷史。」[12]

在多博伊（Doboj）的城鎮裡，當塞爾維亞民兵組織毀了清真寺和天主教教堂之後，特種部隊（即紅帽兵〔red berets〕）就從貝爾格勒（Belgrade）抵達該地，到處尋找天主教堂檔案室裡的受洗登記簿。很幸運的是——根據教區牧師的說法，當地有些「好人，好心的塞爾維亞人」依照他的指示把那些登記簿藏起來，因為他知道如果登記簿被發現，必定會在城裡再增添一波文化大屠殺。[13]波士尼亞西南方的赫塞哥維納有一座歷史古城名叫莫斯塔爾（Mostar），這裡也是塞爾維亞民兵組織攻擊的目標。赫塞哥維納的各種檔案館，還有天主教大主教區的圖書館和該城的大學圖書館曾經一再遭受攻擊。在莫斯塔爾，當城裡那座美麗的中世紀古橋被摧毀之後，這起事件就化身成一個傷亡的象徵，代表在衝突期間，波士尼亞的文化生活所遭受到的傷害。不過，數百間公共圖書館與檔案館裡的數百萬部書本與文件遭受毀壞，這件事卻很少引起媒體的關注。

塞拉耶佛的其他圖書館和檔案館也難逃遭受攻擊的厄運。第一個受害者是東方學研究所。一九九二年五月十七日，一波波含磷砲彈朝該研究所的建築物發射，摧毀了所裡的全部館藏。刻意瞄準的燃燒彈以及這些砲彈所引發的大火總共燒毀了五千部手稿抄本、二十萬份鄂圖曼文件、一百多件鄂圖曼時代留下來的地籍登記資料，以及一套參考館藏，這套館藏包含一萬部印版書與雜誌。甚至連館藏目錄都未能倖存下來。就與前述國家與大學圖書館遭受攻擊的事件一樣，東方學研究所周圍的其他建築物全都完好無損。[14]

塞拉耶佛大學校內十六間圖書館之中，有十間也受到攻擊和摧毀。這些事件大部分發生在可怕的一九九二年，估計大約有四十萬本書被燒毀。一九九二年六月八日，塞拉耶佛郊外的方濟會修道院被塞爾維亞軍隊攻占，修士們遭受驅逐。修道院圖書館裡的五萬本藏書因為無人照管，全部被搶奪一空，有的被銷毀，有的被掠奪，有的在多年後陸續出現在歐洲古書買賣的市場。[15]

一九九二年九月，塞拉耶佛的假日酒店（Holiday Inn）遭受燃燒彈攻擊。對此，英國廣播公司記者凱特．艾迪（Kate Adie）很生氣，質問塞爾維亞軍隊指揮官為何外國記者與通訊員所住的酒店竟然會成為他們攻擊的目標。令人意外的是，指揮官竟然承認錯誤並極力道歉，說他們的目標其實是對街的國家圖書館，但是因為他們沒正確瞄準，砲彈才會意外地打中旅館。[16]

總的來說，在這場衝突中，波士尼亞全境各機構收藏的檔案文件和手稿抄本估計大概有四十八萬公尺遭到摧毀，印版書則大約有兩百萬本被銷毀。[17]

當那些燃燒砲彈在國家與大學圖書館爆炸的那一刻開始，市民為了拯救館藏，大家一起展開各種艱苦的努力。圖書館員工和塞拉耶佛的人民——塞爾維亞人、克羅埃西亞人、猶太人和穆斯林——攜手合作，大家排成一條人鍊，把館裡的藏書搬出來。即便如此，大家也僅能救出百分之十的館藏。在這之後，圖書館並未停止其服務——在圍城期間，即便情況危急，大約還是有一百多位學生完成博士論文。東方學研究所也繼續舉辦各種研討會和座談會，員工們在家遠距辦公，持續為讀者提供服務。無數團體，包括國際圖書館組織到個別的圖書館，例如密西根大學和哈佛大學圖書館都紛紛自願提供協助。很快地，聯合國教科文組織（UNESCO）就籲請國際社會支持該圖書館的重建。

從一九九六年到九七年開始，圖書館的重建工作分好幾個階段進行（資金來自該區的前殖民統治者奧地利）。起初的目標僅僅是鞏固該建築大樓的結構。一九九八年七月三十日，世界銀行（World Bank）、聯合國教科文組織和斯塔爾城聯合提出懇求，希望國際社會協助修護該城著名的斯塔爾古橋（Stari Most）。這個呼籲吸引了許多資金，競相流入前南斯拉夫。世界銀行把斯塔爾古橋稱為「波士尼亞的象徵」，國際社會為了重建古橋也投入巨大的資源，完全忽略了波士尼亞境內幾乎每一項文化遺產的維護。[18]

與此同時，圖書館的重建計畫卻因陷入政治困境而受阻。一九九九年，歐洲執行委員會（European Commission）撥下第二筆資金，但是重建圖書館的工作一直拖到二〇〇二年才展開，而且在二〇〇四年再度中止。戰爭結束十年了，圖書館依然像一片廢墟，甚至還發生該建築大樓使用權的爭議——到底該建築大樓屬於圖書館？還是屬於市政府？關於該建築大樓重建之後的用途，兩造各有不同的看法。最後，直到西班牙和歐洲執行委員會撥下資金，建築大樓才終於修護完成。目前這裡是一座紀念碑，紀念塞拉耶佛圍城期間所損失的一萬五千條人命。一九九〇年代巴爾幹半島發生的多場戰事，導致數以千計的人民死亡，數百萬人傾家蕩產，流離失所。種族清算事件使米洛塞維奇和其他人被送到海牙，為他們犯下的罪行接受審判。這些震驚世人的審判事件遮蔽了另一個平行發生的悲劇——該地區的許多圖書館和檔案館被刻意施加的暴行而毀滅，導致該區的智性與文化記憶也隨之消滅。

在波士尼亞全境計畫並執行殘暴攻擊的幾個塞爾維亞領袖，最後都被送去海牙的國際刑事法庭（International Criminal Court）接受審判。塞爾維亞民族主義者的領袖拉多萬·卡拉季奇（Radovan Karadžić）否認他的軍隊曾攻擊國家與大學圖書館，反而把罪怪到塞拉耶佛的穆斯林身上，理由是——據他的說法——穆斯林不喜歡該棟大樓的建築方式。[19]幸好國際刑事法庭諮詢了一位擁有必要知識的專家顧問，這才揭露了他的這些謬論。不令人意外的，這位專家是個圖書館員：他知道圖書館和檔案館在波士尼亞文化大屠殺之中的重要性。

安德拉斯・里德邁爾（András Riedlmayer）服務於哈佛大學藝術圖書館；他的博士論文研究鄂圖曼帝國的歷史，所以非常熟悉巴爾幹半島的歷史與文化。他一聽到波士尼亞的圖書館遭受攻擊，立刻表示他可以幫忙重建那些圖書館，並且親自前往前南斯拉夫展開多次實地考察。[20]有時候，他在該地區的旅行使他陷入險境，例如遇到未清除的地雷或暴亂。為國際刑事法庭工作的期間，他記錄了五百三十四個地點，這些地點有的他親自前往探勘，有的依賴照片、證詞和其他形式的書面證據來加以記錄。[21]

里德邁爾是少數曾經在法庭上與戰爭罪犯，例如米洛塞維奇、拉特科・穆拉迪奇（Ratko Mladić）和卡拉季奇等人面對面直接對峙的圖書館員。由於他了解該地區的圖書館與檔案室，國際刑事法庭請他在審判米洛塞維奇的時候出庭作證，並以無可動搖的事實，駁回米洛塞維奇的辯詞。[22]

國際刑事法庭開創先例，成功地起訴破壞文化遺產——尤其民族與宗教建築物，包括圖書館和檔案室——的罪行。話雖如此，比起攻擊的次數以及所造成的傷害，起訴的人數顯得微不足道。不過，他們確實立下一個先例，糾正了某些錯誤。在審理戰爭破壞的案件當中，圖書館和檔案館的命運總是注定會輸。《關於武裝衝突情況下保護文化財產的海牙公約》（The 1954 Hague Convention for the Protection of Cultural Property in the Event of Armed Conflict）並未提出任何方案來預防波士尼亞的圖書館，例如塞拉耶佛的國家與大學圖書館和其他圖書館遭受破壞。不過，刑事法庭的存在確實造成某些人試圖隱藏文化大屠殺以及其他罪行的證據——這顯示法律或許真的具有某種阻遏效果。[23]

斯坦尼斯拉夫・加利奇（Stanislav Galić）是安排狙擊手與砲轟塞拉耶佛國家與大學圖書館的塞爾維亞將軍；由於他所指揮的破壞行動，導致圖書館的員工、消防員和市民無法救出更多的館藏。他後來被起訴，並於二〇〇六年被判終身監禁。圍城期間接手其任務的穆拉迪奇在一九九六年被控上海牙的法庭，罪狀是「刻意且任意毀壞宗教與文化建築物……包括……毀壞多間圖書館」；他在二〇一七年被判終身監禁。跟他一起站上被告席的還有卡拉季奇和米洛塞維奇。米洛塞維奇的健康情況很差，死於二〇〇六年，未能面對法律的制裁。儘管在法庭上曾把破壞文化遺產的罪與違反人道的罪聯繫在一起，但是檢察官在提出審判卡拉季奇和穆拉迪奇的修正提案裡，卻未把破壞國家圖書館這個項目列入時間表。最終沒有人因為毀壞國家圖書館而被判刑。[24]

在戰爭中，數以千計的歷史建築物遭受毀壞。無價的書籍、手稿抄本和各種文件也從此消失，然而這些事件並未引起媒體的關注。嘗試修復那些已經被毀損的館藏，尋找新書來取代被損壞的書——這些嘗試僅能恢復一小部分的損失而已，無從彌補已經失去的全部。國家圖書館的館藏包括許多獨一無二的項目，那是無從取代的珍貴材料。摧毀國家圖書館相當於重擊波士尼亞的文化心臟，削弱了大學教育下一代的能力。塞拉耶佛消防隊的隊長柯南．史林尼奇（Kenan Slinić）被問及他和隊員為何願意冒死拯救圖書館藏書。他的回答是：「因為我在這裡出生，他們在燒的是我的一部分。」[25]

塞拉耶佛有一間圖書館逃過了一劫。國家博物館的員工成功地把二十萬部館藏的大部分，還有博物館的其他藝術品搬離了現場，使之躲過狙擊手的子彈和燃燒彈的轟擊——每天大約有四百發燃燒彈，宛如下雨般地落在城市裡。博物館館長瑞佐．希亞里奇博士（Dr Rizo Sijarić）在一九九三死於手榴彈爆炸，當時他正在搬動塑膠板，打算遮住博物館牆上的洞，保護其他還留在館內的收藏。[26]

這一英雄行動使「塞拉耶佛哈加達」——著名的希伯來手稿——得以保存下來。這部裝飾華美的重要手稿擁有一段很長且複雜的歷史——十四世紀中期創作於西班牙，一四九七年，被趕出伊比利半島（Iberian peninsula）的猶太人把這部手稿帶出來。自此，「塞拉耶佛哈加達」成為一個象徵，代表塞拉耶佛與波士尼亞－赫塞哥維納多元文化的力量與韌性。這部手稿今日已經成為該區域最著名的書。一八九四年，波士尼亞國家博物館買下這部手稿。在這之前，這部手稿曾經過多次轉手，在多次衝突中倖存。第二次世界大戰期間，這部手稿被藏了起來，逃過了納粹的毒手。博物館館長德維什・科爾庫特（Derviš Korkut）把手稿帶到塞拉耶佛，交給澤尼察鎮（Zenica）的穆斯林神職人員。此後這部手稿就藏在某一清真寺或某一穆斯林之家的地板之下。一九九二年，收藏哈加達手稿的博物館遭到竊賊入侵，但是竊賊們可能認為這部手稿不值錢，隨意將之丟棄在地，胡亂與其他物件堆在一起。接下來這部手稿就被送入某一銀行的地下金庫。一九九五年的逾越節，為了平息政府賣掉哈加達手稿來購買武器的謠言，波士尼亞總統把手稿送回了博物館。時至今日，哈加達手稿依然存放在該博物館裡。[27]二〇一七年，為了保存世界的紀錄遺產，聯合國教科文組織把哈加達手稿列入世界記憶名錄（Memory of the World Register），並予以維護。

波士尼亞並不是近年來唯一見證文化大屠殺的國家。十年前，賈夫納（Jaffna）也遭遇如此厄運。賈夫納是斯里蘭卡（Sri Lanka）北部省的首都。打從斯里蘭卡在一九四八年脫離英國的統治，成為獨立國家開始，僧伽羅人（Sinhalese）和坦米爾人（Tamil）這兩個社群之間的鬥爭就是這個地區鮮明的社會特徵。一九八一年，由於地方政府舉行選舉，局勢變得動盪不安，就在這樣的背景下，兩百位警察發起了一場暴動。

六月一日的晚上，賈夫納公共圖書館（Jaffna Public Library）被燒毀了，自建館以來，館內收藏的十萬部書和一萬部手稿全部付之一炬。雖然打從十九世紀初期開始，斯里蘭卡就有一間圖書館，但是一直要等到一九三四年，當賈夫納圖書館落成之後，當地才有第一間真正的公共圖書館。雖然這間圖書館曾經遷移到另一個新地點，而且直到一九五四至五九年之間才再度開放，但是它已經成為「賈夫納精神的一部分，代表人民追求更高教育程度的心願」。[28]

坦米爾社群向來就非常強調教育的重要，並把教育視為首要之務。燒毀圖書館是警察刻意犯下的惡行，目的是恐嚇坦米爾人，同時也摧毀他們對未來的願景。誠如記者法蘭西斯·韋因（Francis Wheen）在當時的報導：燒毀圖書館、書店和報社總部這些行動「明顯是有計畫的行動，目的在於摧毀坦米爾文化」。[29]有一坦米爾政治團體聲稱斯里蘭卡警察之燒毀圖書館是「文化大屠殺」政策的一部分。[30]斯里蘭卡政府把發生在一九八一年五、六月之間的暴動歸因於失常的安全部隊，並因應國際社會的壓力，撥下九十萬盧比的賠償金。儘管有這一筆額外的資金，圖書館的重建卻一直遲遲未能完成。二〇〇三年，賈夫納市議會有二十三人離職，藉此抗議政府的失敗。二〇〇四年，賈夫納公共圖書館終於落成，並使用至今。

在葉門（Yemen），另一個文化也正在面對同樣的威脅。葉門的內戰已經奪去許多人的生命，並讓很多人成為難民。葉門的許多間圖書館嚴重損毀。宰德社群（Zaydi community）的圖書館是葉門文化生活中獨一無二的特色，因為他們信仰的智慧遺產源自於手稿，而這些手稿在西元九世紀就已存在至今。宰德派（Zaydism）是伊斯蘭教什葉派的分支（僅分布在伊朗北部的裡海地區〔Caspian regions〕），最盛行於葉門的山區地帶。宰德社群擁護胡希運動——一支與沙烏地阿拉伯領導的聯合軍隊對抗的反叛團體。

宰德社群的知識傳統極為豐富。這一點從他們圖書館的手稿收藏即可窺知。這種豐富傳統的理由有二：一是他們對非什葉派思想保持開放的態度，再來葉門的地理位置使他們很容易接觸到其他地區的穆斯林團體，例如阿拉伯半島、北非和印度洋。宰德社群保存了穆爾泰齊賴派（Mu'tazilites）的教義，這支源自中世紀的伊斯蘭理性主義思想提倡人們運用理性來接近神聖的智慧。[31]一般說來，宰德社群的圖書館會被燒毀，那是因為不幸捲入戰火，是戰爭所造成的部分災難。不過，大部分圖書館是被人刻意摧毀的，亦即薩拉菲激進分子（Salafi militants）的宗派仇恨所造成的結果，即便葉門長久以來就時常發生各式各樣的衝突，搶劫和毀滅行動是司空見慣的事。

許多圖書館人目前正在使用各種數位化的科技，幫助對抗知識的永久遺失。安德拉斯・里德邁爾到海牙的國際刑事法庭作證之前，即曾透過「波士尼亞手稿信息整合計畫」（Bosnian Manuscripts Ingathering Project），積極地試圖重建波士尼亞各家圖書館的藏書。他與世界其他地方的圖書館人合作，尋找那些毀於波士尼亞圖書館（尤其塞拉耶佛東方學研究所圖書館）的手稿版本。其中某些手稿版本（大部分是顯微膠片）存放於某些機構圖書館裡，也有一些是學者個人的工作收藏。里德邁爾和他的同事們把這些手稿版本掃描成數位檔。只有少部分手稿以這種方式復原，而且掃描檔的重要性畢竟不如原來的手稿抄本。不過作為一種幫助各個圖書館重建的方式，以及替波士尼亞當地的社群保存知識，這個計畫向前邁進了一大步。[32]

數位化和掃描副本也在葉門扮演重要的角色。普林斯頓的高等研究院和明尼蘇達州聖約翰大學（Saint John's University）的希爾手稿博物館（Hill Museum & Manuscript Library）共同執行一個計畫，正在逐步把葉門和他們目前從世界各地收集到的宰德文獻手稿數位化。這個與美國合作的數位計畫，其資金來自歐洲國家，例如義大利、德國、奧地利和荷蘭。為了幫助保護宰德手稿及其文化，總共有一萬五千部手稿被數位化，並放在網路上供讀者存取；這些計畫的目的是為了提升該社群的形象，並且凸顯這一罕見的人類知識。

包含在飽受威脅的宰德手稿裡的，是一個打從十世紀以來就一直存在的文化記憶。扎法爾（Zafar）有一間由曼蘇爾伊瑪目（Iman al-Mansur bi-Llah 'Abd Allah b. Hamza）（在位期間：一一八七至一二一七）建立的圖書館多少還持續運作到今日，雖然現在這間圖書館已經併入沙納清真寺（Mosque of San'ā）。面對戰爭的暴力，還有戰爭帶來的強大武力，這個獨特的文化一直冒著被抹除的危險；即便有這許多威脅，人們依舊堅持不懈，努力保存知識。[33]

注釋

1 Kalender, 'In Memorian: Aida (Fadila) Buturovic (1959-1992)', p. 73.

2 Riedlayer, '*Convivencia* Under Fire', p. 274.

3 引言出自 Huseinovic and Arbutina, 'Burned Library Symbolizes Multiethnic Sarajevo'。

4 Donia, *Sarajevo*, pp. 72, 314.

5 本章提到的事件，其政治、宗教與文化背景可在諾亞．馬爾坎的作品找到最好的簡介，參閱 Noel Malcolm, *Bosnia*, pp. 213-33。

6 Dunford, *Yugoslavia: The Rough Guide*, p. vii.

7 引自 ibid., p. 257。

8 關於波士尼亞當地的圖書館和檔案室，Riedlmayer 的研究最為詳盡，參閱 Riedlmayer, '*Convivencia* Under Fire'; Riedlmayer, 'The Bosnian Manuscript Ingathering Project'。另可參閱 Stipčević, 'The Oriental Books and Libraries in Bosnia during the War, 1992-1994'。

9 Schork, 'Jewel of a City Destroyed by Fire', p. 10.

10 'Jewel of a City Destroyed by Fire' 是八月二十七日《泰晤士報》的頭條，作者是 Kurt Schork，報導刊登在該報第十頁。八月二十八日 Roger Boyes 寫了另一篇幅較大的報導 'This is Cultural Genocide'，這篇報導才終於點出這次攻擊較為重大的意義。

11 Riedlmayer, '*Convivencia* Under Fire', pp. 289-90.

12 Malcolm, 'Preface', in Koller and Karpat (eds), *Ottoman Bosnia*, p. vii.

13 Riedlmayer, *Destruction of Cultural Heritage in Bosnia-Herzegovina, 1992-1996*, p. 18.

14 Riedlmayer, '*Convivencia* Under Fire', p. 274.

15 Riedlmayer, 'Crimes of War, Crimes of Peace', p. 114.

16 Riedlmayer, '*Convivencia* Under Fire', p. 276.

17 Walasek, 'Domains of Restoration', p. 72.

18 Ibid., p. 212.

19 Riedlmayer, '*Convivencia* Under Fire', p. 274.

20 Riedlmayer, 'Foundations of the Ottoman Period in the Balkan Wars of the 1990s', p. 91.

21 Walasek, ‘Cultural Heritage, the Search for Justice, and Human Rights’, p. 313.

22 August 2019 的私人通信。

23 參閱 Walasek, ‘Cultural Heritage, the Search for justice, and Human Rights’。

24 *The Prosecutor vs. Ratko Mladić: ‘Prosecution Submission of the Fourth Amended Indictment and Schedule of Incidents*’.

25 徵引自 Riedlmayer, ‘*Convivencia* Under Fire’, p. 274。

26 Ibid., p. 276.

27 Ibid., p. 288.

28 Sambandan, ‘The Story of the Jaffna Public Library’.

29 Wheen, ‘The Burning of Paradise’.

30 Moldrich, ‘Tamils Accuse Police of Cultural Genocide’.

31 Sahner, ‘Yemen’s Threatened Cultural Heritage’.

32 Riedlmayer, ‘The Bosnian Manuscript Ingathering Project’.

33 Ahmed, ‘Saving Yemen’s Heritage’; Schmidtke, ‘The History of Zaydī Studies’, p. 189.

第十一章　帝國之火

在博德利威斯頓圖書館（Weston Library）那令人迷惑的現代書架陣裡，你會在氣候控制區找到幾排書架，架上排列著打從創館初期就留存至今的其中一份館藏；這批特定的館藏是在一五九九年，博德利爵士的建館構想正在開始慢慢成形的時候，他的朋友羅伯特・德弗羅（Robert Devereux）送給他的。這位活力充沛的埃塞克斯伯爵（Earl of Essex）有一段時間曾是英國最有權勢的男人；他是個愛書的朝臣，有一段時間也是女王的寵臣。從架上拿一本書，你會發現書的封面是由黑色皮革製成，上面壓印著金色徽章。你可能預期會看到德弗羅家族的徽章，不過你可能要失望了，書的封面印著法魯（Faro）——今日的葡萄牙——的主教徽章。

在許多旅遊指南裡，法魯都被描述為一個「富裕而繁忙的城市」。根據旅行指南的推薦文字，天主教堂附近的區域是個「高低不平，但是令人愉快的空間」，天主教堂的建築風格具有哥德式的「骨架」。主教的官邸就在附近高高矗立，俯瞰著法魯古老的城鎮。大部分旅遊指南也不忘點出「埃塞克斯伯爵劫走了主教官邸裡的藏書，現在那批藏書是牛津博德利圖書館的核心館藏」。

知識的搶劫自有一段很長的歷史。圖書館和檔案館裡收藏的材料，有時候可能是戰爭與領土紛爭當中掠奪而來的成果。這種挪用剝奪了社群獲得知識的途徑，其作用就像把圖書館或檔案館燒掉那麼顯而易見。「歷史是由勝利者書寫的」——這句話有可能是，也有可能不是邱吉爾創造的。但是無論如何，要書寫歷史，人必須擁有接近知識的管道。這章的主題就是關於歷史的控制、文化和政治認同的各種議題。

許多古書現在都收藏在牛津——這個事實提出一組有趣的問題。知識的載體，例如法魯大主教的圖書館藏書，究竟是在何時變成合法的政治目標？把這批藏書從原來的擁有者那裡取走，這算不算是一種摧毀的行動？與此相似的討論議題還有那些從前帝國企業帶回歐洲、如今存放在博物館裡的物件，例如貝南青銅器（Benin bronzes）——幾乎全歐博物館皆可看到的文物，也是現代博物館界正在討論的主題。[1]

大主教的藏書是透過一條不尋常的途徑才變成博德利的館藏——這批藏書其實是戰利品。當時英國與西班牙曾發生斷斷續續的衝突（一五八五－一六〇四），箇中涉及許多因素。其中一個因素是宗教——西班牙是天主教國家，而且一直試圖強迫英國接受他們的信仰；不過英國不久前才剛剛放棄天主教信仰，背離那位住在羅馬的宗教領袖，自己建立了英國國教（Church of England）。英國國教是基督新教的其中一個分支，擁護英國君主（而不是教宗）為其宗教領袖。伊莉莎白女王的前任君主與西班牙國王菲利普二世（Spanish King Philip II）結婚，但是英國人極度不贊同兩人的婚姻。後來伊莉莎白的大部分外交政策都集中在削弱西班牙的全球勢力。反過來，西班牙在追求帝國大業時，始終也不曾忽略英國這位潛在的對手。一五八七年，法蘭西斯·德瑞克爵士（Sir Francis Drake）對西班牙海軍發動了一連串的攻擊；這多起攻擊事件在史上十分著名，被稱為「燒灼西班牙國王的鬍鬚」。不過，這種小型的攻擊事件最後演變成公開的戰爭——西班牙在一五八八年曾試圖入侵英國，只是沒能得逞。兩國之間的戰爭最後演變成跨大西洋的帝國衝突，兩者都試圖建立海上霸權，以及隨著海上霸權而來、足以促進經濟力量的殖民帝國。從西班牙這個例子，國家只要擁有海上霸權，就可把自己變成統御全球的帝國，為國家帶來大量財富。英國在此看到了機會，不僅為了維護自己的宗教立場，同時還為了許多更進一步的發展。打敗西班牙無敵艦隊（Armada）的十年後，英國持續利用其海軍攻擊西班牙，維護自己的地位。

這些涉及宗教、政治和貿易的衝突持續發生，參與其中的還有不少是英國宮廷裡的重要人物。一五九六年六月三日傍晚，一支由埃塞克斯伯爵率領的遠征軍從普利茅斯（Plymouth）出發，航向西班牙。這次他會帶兵遠征，主要的原因是他獲得情報，得知西班牙正在計畫入侵英國。該年稍早，西班牙曾帶兵攻擊康瓦爾郡，而這種恐懼促使他決定主動反擊。

六月二十一日，英國艦隊抵達加的斯（Cadiz）港口。埃塞克斯伯爵及其軍隊首先上岸，在城裡到處發動猛烈的攻擊。幾天之後，焚燒加的斯港的煙味還停留在他們的衣服上，埃塞克斯伯爵的戰艦就已開航，朝西航向阿爾加維（Algarve），並且再一次發動攻勢，襲擊附近的海港法魯。根據時人的描述，埃塞克斯伯爵一上岸不久，就「把自己安頓在大主教的屋裡」。在主教的官邸裡，埃塞克斯伯爵和他的攻擊隊伍發現了馬斯卡林哈斯主教（Bishop Fernando Martins Mascarenhas）的圖書館。他們從中挑了一箱封面上壓印著主教徽章的印版書，然後把那箱書和其他戰利品搬離官邸，運到他們的船上。[2]

這支遠征隊伍回到英國之後，埃塞克斯伯爵就把那箱書送給湯瑪斯．博德利爵士新近成立的圖書館。那些書本全部排放在新近設計的書架上，並且列入圖書館於一六〇五年出版的首部館藏目錄冊裡。[3] 對埃塞克斯伯爵、博德利爵士和其他英國人而言，這批藏書是他們合法取得的「獎品」。英國當時正在跟西班牙帝國打仗，而英軍維護的，不僅是英國人的宗教，還有英國人的領土。此外，馬斯卡林哈斯主教也是個負責執行宗教法，惡名昭彰的葡萄牙宗教大法官；因此之故，他必然曾經在宗教法庭上對許多英國船員動刑。這位大主教也負責西班牙的審查制度，而且在他的指揮之下，西班牙曾以宗教為由，編了一份遭受禁止的作家清單，稱為《應譴責之作家目錄》（*Index Auctorum Damnatae Memoriae*），並於一六二四年在里斯本發行。這是《禁書目錄》的變體——《禁書目錄》出版於一五四六年，內容以禁書為主，出版地是魯汶，當時授命編輯這份目錄的是西班牙宗教審查官。

在命運奇異的安排之下，這份西班牙《目錄》竟成為博德利第一任館長湯瑪斯·詹姆士的靈感泉源。提到大主教的那批藏書時，詹姆士曾經把那批書的入館稱之為「天意」，同時還提到當中有某些書的「狀況極為悲慘，整頁都黏在一起，許多句子遭到墨水汙損」；而且，「任何人只要看到那些書，心裡都會覺得十分悲痛」。這些顯然都是圖書館人才會說出來的話，而且也是個真正的新教教徒才會有的感受。讓詹姆士特別感興趣的，是那些編入天主教《目錄》，不讓讀者閱讀的書。事實上，這份《目錄》後來成為博德利圖書館購入新書的參考指南。一六二七年出版的館藏目錄冊上，詹姆士列入所有出現在《目錄》上，但是博德利圖書館沒有的書。這些書因此成為他最想要收藏入館的目標。[4]

四百一十九年來，那些書打從入館以後，至今仍然擺在博德利圖書館的架上，位置僅僅移動了數碼而已，而且一直都開放給全球的研究者使用。詹姆士的名字被列在一六三二年那本西班牙《禁書目錄》裡，所以他的書在西班牙當然是禁書。馬斯卡林哈斯主教從來沒有機會收回他的藏書，或許這算是某種方式的報復吧！

奪取法魯主教圖書館的書，可能是一件臨時起意的事，因為這並不是遠征軍的主要目標。不過，普法茲選侯（Prince Electors Palatine）設立在德國海德堡（Heidelberg）的圖書館，亦即普法茲圖書館（Bibliotheca Palatina）之遭受劫掠，這個行動當然是刻意的。普法茲圖書館是十六世紀最著名的圖書館之一，而且是當地人民、地方和新教徒引以為傲的焦點。宗教改革期間，海德堡的城民站出來擁護新教改革者。信奉喀爾文教義的難民受到該城市及其大學的歡迎；一五六三年，《海德堡探題》（Heidelberg Catechism）在當地宣揚，成為普法茲新教信仰的正式宣言。這間圖書館是透過宗教改革的掠奪品而創建的；在某些方面，這間圖書館也反映了書本從修道院圖書館轉移到世俗圖書館的現實。這間圖書館收藏了許多原來放在洛爾施隱修院（Abbey of Lorsch）的手稿抄本。洛爾施隱修院位於海德堡北方，在一五五七年解散；洛爾施隱修院擁有眾多珍寶，當中最著名的是《金色聖書抄本》（Codex Aureus），或又稱《洛爾施福音書》（Lorsch Gospels）。這部完成於八世紀的抄本裝飾華美，可說是查理曼（Charlemagne）宮廷畫師精巧的藝術傑作。

一六二二年，海德堡被巴伐利亞公爵馬克西米立安（Maximilian）帶領的天主教聯盟占領。當時，教宗額我略十五世（Pope Gregory XV）看到了拓展其圖書館的機會；這位耶穌會士出身的教宗了解圖書館的價值，打算藉此擴充羅馬梵蒂岡宗座圖書館（Biblioteca Apostolica Vaticana）的館藏。他設法任命馬克西米立安為普法茲選侯——神聖羅馬帝國五種最有權位的頭銜之一。對馬克西米立安來說，這是他莫大的成就。為了表示感激，他給教宗送上一份極為浮誇的「謝禮」：他在拿下海德堡的五天之內，就把普法茲圖書館的藏書送給了教宗。他在給教宗的信裡，說明該圖書館是他的一項「戰利品，代表我最謙遜的心意與敬意」。[5]最後，那批藏書被運送到羅馬，原來的書架被砍下來，做成書箱，把書打包運到梵蒂岡圖書館。這批藏書改變了梵蒂岡圖書館，為梵蒂岡圖書館增加了三千五百部手抄本、五千部印版書，館藏幾乎增加了一倍。增加的項目不僅有中世紀的抄本，還有各種當代新教的文獻——這些書對教宗很實用，可以幫助他想出反論證。圖書館館藏的移除象徵權力的轉移：把館藏轉移到天主教信仰的中心，即代表異端邪說的軍械庫終於遭到解除。今日在梵蒂岡圖書館裡走動時，你會看到新增館藏的標記，例如放置《洛爾施福音書》的書架上標記著「Codices Palatine Latini」，而放置普法茲館藏的書架則標記著「Codices Palatine Greci」，意思是來自普法茲圖書館的拉丁文與希臘文書籍。

從法魯主教圖書館和普法茲圖書館的遭遇，我們知道把藏書與文件從一個國家強行搬走，移到另一個國家的現象具有很長遠的歷史。在比較晚近的時期，這個現象漸漸被稱為檔案的「錯置與遷移」（displaced and migrated）。這些文件紀錄的命運各自不同——有的被銷毀，以便隱藏管理不當與權力濫用的證據，有的被人從前殖民地移走，送回歐洲。這些文件紀錄引發一個重要的問題：誰來控制前殖民地的歷史書寫？新近獨立的國家？或者前殖民國家？

歐洲各國的影響力在十八到十九世紀遍布全球各地；到了今日，其所創造的帝國留下了各種形式的施政結果。殖民地的管理通常被歸入「母國」行政機構的一個部門，而在該部門服務的許多官員大都從母國外派到當地出差，並不是由被殖民的當地人民來擔任。經營殖民地最重要的部分工作就是管理各種檔案紀錄。這些文件記錄殖民地政府的所有行為——通常都極為詳細；一般說來，各種紀錄保持得越詳細，其控制的程度就越嚴格。因為這個緣故，前殖民地在經歷去殖民化與追求獨立的過程之中所產生的各種文件紀錄就變得極為重要。這些文件記錄了殖民統治者那些令人覺得尷尬的行為，而這也使它們變成殖民統治者亟欲銷毀的目標。不過，這些文件紀錄也是新國家的歷史和身分認同的寶貴資源，十分值得保存。

十九世紀晚期到二十世紀這段期間，西方的檔案管理方式已經有所演化，出現了許多概念，例如「檔案順序」（archival order）和「檔案完整性」（archival integrity）。這樣的想法源自於英國檔案學家謝拉里．詹金遜（Sir Hilary Jenkinson, 1882-1961）的著作，而他提出的管理方式，直到今日依然很重要。檔案的順序應該依照各行政結構的文件歸檔順序而建立起來。根據成規，殖民地的檔案被視為殖民國的檔案的一部分。一旦殖民地的行政部門關閉，正常的紀錄保存程序就會啟動，即利用既有的程序，依據丟棄與保留的各種進度表來決定哪些文件必須歸入「總」檔案，送回「母」國。過去七十多年來，這個程序已經產生了一連串備受爭議的問題，導致某些新近獨立的國家與其前殖民領主國產生衝突，其中最主要的爭議點就是歷史敘事的合法性。

在英國，這個議題一直都很重要，因為英國曾經是歐洲強權之中最大的帝國。在各個殖民地獨立之前，把檔案從殖民地轉移出去，這種做法已經在英國本土創造了數量極為龐大的「遷移檔案」（'migrated' archives），保存在政府上層組織裡，亦即「外交與殖民事務辦公室」（Foreign and Colonial Office），簡稱為「FCO 141」。過去許多年裡，這些紀錄的存在若不是被否認，就是被官員含糊其辭地草草帶過。不過，現在這批龐大紀錄的存在已經被正式且公開地承認，並且已經轉移到英國國家檔案館加以登錄，開放給學者研究。[6] 除了這些「遷移」檔案之外，還有許多檔案遭受刻意銷毀的案例。這些案例之中，有時候負責的官員是依循文件管理的常規，把紀錄銷毀，但有時候銷毀紀錄也可能是為了隱藏前殖民地官員某些駭人聽聞的行為，因為如果那樣的文件曝光，可能會造成嚴重的政治和外交後果。

評估文件紀錄的過程會涉及選擇讓某些文件銷毀或送回母國。不過，這個過程並不一定會有隱藏證據的邪惡意圖。執行銷毀文件紀錄並不見得是為了保護某個個體的名譽或隱藏惡行的證據。政府部門所產出的紀錄文件並不是全部都要保存下來——若真要全部保留下來，那就太瘋狂了，而且也是不可能辦到的瘋狂行徑。過去設計用來管理公共紀錄的法律本來就允許政府各部門丟棄沒有價值的文件，尤其是殖民地部（Colonial Office），因為到了二十世紀初，這個部門已經成為一個龐大的政府機構，為了從倫敦有效地管理整個帝國，每日都產出數量驚人的文件。[7]今日典型的做法是，每個政府部門產出的所有文件，只有其中的百分之二至五會送到國家檔案館保存下來。這個標準也適用於殖民地產出的文件。依此慣例，在各個登記處工作的書記們會運用前述原則來處理他們收到的文件，有的予以保存，有的予以銷毀，尤其是那些當時已經不需要用到，或他們覺得對歷史學家而言並無永久價值的文件。通常這些決定是取決於實際的考量，亦即他們到底有沒有足夠的空間來存放那些不會再用到的文件？

第二次世界大戰結束後，歐洲國家的殖民地紛紛爭取獨立。特別受到這個過程影響的國家是英國、比利時、荷蘭與法國。在決定如何處理殖民地的文件紀錄時，殖民地官員們必須做一個決定：既然以後再也用不到了，那麼他們該把文件紀錄銷毀嗎？還是移交給新成立的獨立政府？或者打包起來，送回母國？

英國主要是一九四七年體驗到前殖民地爭取獨立的過程：印度在這一年宣布獨立；隔了一年，錫蘭也脫離英國的統治。在殖民地走向獨立的前一段時間裡，整批文件紀錄全部一起轉移到設立在倫敦的外交與國協辦公室（Foreign and Commonwealth Office），並未經過一份份文件個別篩選的過程，雖然在轉移任何文件之前是有必要先加以篩選的。錫蘭警察特別支部的首長就覺得十分詫異，因為他發現自己的檔案資料竟連同其他文件一起全部被轉移到倫敦。[8]

一九五七年，馬來亞脫離英國的統治。一九五四年，吉隆坡的馬來亞殖民政府主要登記處已經變得太擁擠，根據某處存有副本的假設，許多可以追溯到十九世紀的大量文件紀錄就被全數銷毀了。[9]在這個過程中，許多關於馬來亞早期歷史的重要資料就這樣遺失了。根據歷史學家愛德華．漢普希爾（Edward Hampshire）的研究，我們知道這當中有某些資料之銷毀是基於更為邪惡的理由。原來他發現了一份留給馬來亞殖民政府官員的指示文件，文中提到有某些「令人不悅的文件不應該留在馬來亞」，尤其是那些反映「英國政府的政策或觀點的文件」，因為那些觀點或政策「不應該讓聯邦政府知悉」；更糟的是，那些「涉及馬來亞問題，或者關於其個性的討論」文件都不能留下，因為那樣「可能會冒犯到聯邦政府」。[10]

由此看來，檔案的銷毀在此是為了隱藏前殖民政府官員的種族歧視或有所偏見的行為。五大卡車的文件被運送到新加坡（當時仍然是英國的殖民地），然後在英國皇家海軍的焚化爐裡燒毀。即使是這個過程，殖民者也執行得充滿焦慮；吉隆坡有一個英國高級官員以典型的英式口吻，恍若輕描淡寫地寫道：「為了避免讓英國政府和馬來亞人之間的關係惡化，他們費盡苦心，盡可能小心翼翼地執行任務，因為那些馬來亞人可能並不是那麼能夠理解這些措施的必要性。」有趣的是，目前出現了一份筆記，裡頭明明寫著英國殖民地部希望馬來亞新政府能繼承大部分是完整的檔案，而這是為了確保「英國不會留下使人詬病的把柄，讓人指責他們為了歷史的目的而破壞檔案材料。再說那些材料按理也應該留下來讓馬來亞的歷史學家去研究」。這份筆記上的指示為何沒有被遵守？根據漢普希爾，那是因為當地官員的個性天生就是那麼謹慎所使然。[11]

隨著時間的過去，前殖民地國家開始想要了解他們的歷史，此時遷移檔案就變成更加引人爭議的問題。一九六三年，就在肯亞獨立之前，一個在奈洛比（Nairobi）政府部門上班的書記把許多捆文件丟入草坪上的火盆裡燒掉。許多記錄茅茅起義（Mau Mau insurgency）的文件就在那時候燒掉了，因為那些文件有殘酷鎮壓行動的紀錄，而這樣的文件不能落入新政府的手裡。不過，其中有某些文件還是流入英國，收藏在著名的 FCO 141 機構裡。[12]一九六三年十一月，有四個裝了一千五百份文件的木箱被轉移到英國保存；這批紀錄文件的存在曝光之後，茅茅起義的資深人士在二〇一一年向最高法院上訴，尋求英國政府的賠償。直到二〇一四年，這些文件才受到評估、登錄，然後收進國家檔案館。「肯亞緊急狀況」（Kenyan Emergency）是英國給茅茅起義的委婉名稱；而茅茅起義者提出一個有待爭議的處理方式：當年那些留在肯亞的文件紀錄，其去留的決定過程本身涉及種族歧視，因為有資格決定哪些文件要留、哪些文件要銷毀的長官，其身分必須是「歐洲血統的英國人民」。換言之，這項規定暗示讓非洲人自己決定他們自己的歷史書寫是不「安全」的。[13]

這些經驗並非只有英國人才有，其他歐洲殖民國家也經歷過非常相似的過程。例如在東南亞，荷蘭官員在面對即將到來的民族主義和獨立浪潮時，他們的因應之道就是竭盡全力做最後一搏，而他們緊抓在手的其中一個權力象徵就是各種檔案；他們創立了他們自己版本的 FCO 141，稱為彭古迪度檔案（Pringgodigdo Archive），裡頭收集了許多關於民族主義活動的文件。一九四八年，荷蘭傘兵奪得這批跟活動相關的文件，並交給荷蘭軍事情報局加以仔細分析。[14]這個檔案的建立，目的是支持一項使提倡獨立的革命人士失去信譽的政治活動，並且發動一場戰爭，對抗叛亂分子。這項活動最後失敗了，並未產生荷蘭當局所預期的結果。印尼最後獲得勝利，獨立建國。過了一段時間之後，印尼與荷蘭政府和解，雙方恢復友好的關係。印尼政府也開始向西方國家尋求經濟和政治的支持，尤其是荷蘭。在這個過程中，兩國終於簽訂了一項文化協議，印尼的檔案研究者得以在荷蘭受訓，作為增加彼此合作的先鋒。最後，雖然大家都認為彭古迪度檔案已經消失很多年，一定是不存在了。不過，這個檔案後來重新被找回來，並於一九八七年回到印尼政府的手裡。

★

從英國和荷蘭這兩個例子，我們知道前殖民國處於有利的地位。他們的行政官員才有權力決定哪些文件要銷毀、哪些文件要保留，移送回「母國」。即使在那時，備受爭議的檔案之存在與否，這方面的資訊還是一直被刻意壓抑，而且有許多文件紀錄完全被隔絕在公共領域之外，官方也不承認那些紀錄之存在。

一九五〇年代末期，法國在普羅旺斯地區的艾克斯（Aix-en-Provence）給法國檔案館（Archives de France）建立一個駐外辦事處，稱為法國海外檔案館（French Overseas Archive，AOM），目的是把那些現在已經不存在的部門的檔案，與那些轉移自「各個前殖民地與阿爾及利亞」的檔案整合起來——法國官方並未把阿爾及利亞視為殖民地，而是國土的一部分。[15]法國海外檔案館的第一任主任是皮埃爾・布瓦耶（Pierre Boyer），他在一九六二年，亦即阿爾及利亞獨立的那年上任；在這之前，他一直負責管理阿爾及利亞檔案。新檔案館收集的資料很多——存放在此的檔案資料大約有八點五公尺長，而且在一九八六年和一九九六年又連續擴建了兩次。最初這個檔案館的員工很少，只有布瓦耶和另外三個人。協助他們的是一群士兵，他們來自著名的法國外籍兵團（French Foreign Legion）；在十九世紀法國擴展殖民的事業之中，這個兵團曾扮演重要的角色。新的檔案館與法國殖民經驗緊密交織，密切關聯。阿爾及利亞獨立之前，布瓦耶曾試圖摧毀阿爾及利亞的檔案。這個情節現在很著名：一九六二年六月，他曾航行到阿爾及利亞灣，試圖沉沒三十個紙箱的警察紀錄。當他發現那些紙箱不會沉入海中，他就朝紙箱潑汽油，放火把它們燒了。如果那些檔案紀錄只是因為沒地方擺，他應該不會以這種方式來處理。檔案紀錄的內容必定具有高度爭議性，而且如果它們落入阿爾及利亞民族主義者手裡，可能對法國的名譽有損。[16]這起事件發生的幾天之前，試圖阻止獨立的法國殖民地祕密恐怖組織才放火燒了阿爾及利亞圖書館（University of Algiers）。[17]阿爾及利亞被銷毀的文件之中，這幾個紙箱只是不可知的冰山的一角，其他許多數以萬計的檔案早已被送回法國，當中有大部分很可能就送到艾克斯，存放在布瓦耶管理的機構裡。不過當中有許多分布在其他部門的**全宗**（*fonds*），跟其他相關的文件放在一起；誠如當時法國最高權力機構首長——法國總統瓦萊里·吉斯卡爾·季斯卡（Valéry Giscard d'Estaing）所說的：「那些檔案是我們的國家傳統，也是我們國家主權部分的組成元素。」[18]不過，所有這些檔案目前已經被獨立之後的阿爾及利亞政府在不同的時間點一一要了回去。[19]

二〇一二年，阿爾及利亞慶祝獨立五十周年。檔案的議題在這個時候變得越發明顯，畢竟這是個適合進行歷史反思和慶祝建國的時機。關於追求獨立的奮鬥史，其歷史敘事各自不同，而這明顯暴露了國家檔案資料的缺席。阿爾及利亞人希望檔案回歸，或許這樣可以避免發生更進一步的社會衝突。

錯置和遷移的檔案一直是前殖民地和前殖民統治者之間最主要的議題。即使到了今日，這兩者之間的關係還是很複雜。在羅德西亞（Rhodesia）獨立成為辛巴威（Zimbabwe）之前，羅德西亞軍隊的檔案被移出羅德西亞，存放在南非。過了一段時間之後，這個檔案轉而存放在布里斯托（Bristol）一間私人經營的博物館，即大英帝國與大英國協博物館（British Empire and Commonwealth Museum）。如此過了很多年。不過，等到這個機構因為缺乏資金而關門的時候，這個檔案就成為無主孤兒。辛巴威國家檔案館（National Archives of

Zimbabwe）聲稱那是他們的國家傳統，而且檔案的移出本來就不合法。總之，一項重要的歷史資料就那樣擱置在那裡，學者的國際社群無法使用，辛巴威的國民也無法取得。這個案例的其中一個最重要的關切點是：檔案裡的紀錄可能會揭露某些細節，顯示在獨立前夕的那段期間，軍隊的行為可能並不是那麼正面。[20]

二〇一九年夏天，博德利圖書館舉辦一場展覽，展出館藏的衣索比亞和厄利垂亞（Eritrean）手稿。這批館藏不多，但是頗為重要。從展出的手稿裡，可看到該地區的歷史、文化、語言和宗教相關的有趣資訊。展出的手稿之中，其中有一部分在今日被稱為「米格德爾寶藏」（Magdala Treasure）。

一八六七至一八六八年，英國之遠征米格德爾（Magdala）有幾個值得注意的說法。羅伯特・納皮爾爵士（Sir Robert Napier）會帶領不列顛印度軍隊（British Indian Army）入侵衣索比亞，目的是去救英國官員和傳教人士。原來皇帝特沃德羅二世（Emperor Tewodros II）曾寫信給維多利亞女王，但是卻沒收到女王的回信，他一氣之下，就挾持英國官員和傳教士為人質。最後，納皮爾的軍隊救回人質，弭平衣索比亞的軍隊；在一八六八年四月的最後一戰中，米格德爾的要塞被英軍攻陷，皇帝特沃德羅二世因為兵敗自殺身亡。不久，不列顛印度軍隊就離開了米格德爾。

不過，當時衣索比亞的藝術珍寶和文物遭到大規模的掠奪。根據一則紀事，當時英軍動用了十五頭大象，兩百頭驢子才把所有的珍寶和文物運走。當時有一位名叫格哈德・羅爾夫斯（Gerhard Rchlfs）的目擊證人，他如此寫道：

……我們來到諸位國王居住的樓房，這裡的所有東西已經被士兵拆了下來，他們把所有物品扔在地上，亂七八糟地堆在一起……看起來就像規模很大的舊雜貨店……在那時，我們並不知道一旦英國軍隊攻下一座城市，所有落在士兵手中的物品都是他們的財產，他們可以販賣出售，謀求共同的利益。[21]

所有搶奪自米格德爾的文物和珍寶後來都一一成為國家或私人的收藏品。大部分的書籍和手稿進入大不列顛博物館（現在的大英圖書館）、博德利圖書館、曼徹斯特的約翰・萊蘭茲圖書館（現在成為當地大學館藏的一部分）、劍橋大學圖書館，以及英國其他規模較小的圖書館。搶奪特沃德羅的收藏意味著剝奪衣索比亞這個國家的文化、藝術和宗教珍寶。一直到現在，始終都有人在呼籲把「米格德爾寶藏」（現在的通稱）歸還給衣索比亞。

就支持文化身分方面，錯置的圖書館館藏可能可以扮演一個正面的角色。二〇一九年八月，博德利圖書館舉辦的展覽之中，共有好幾千住在英國的衣索比亞和厄利垂亞社群來參觀。不過，即使其中有一項手稿展品就是從那場戰爭奪得的珍寶，這次展覽並沒有提到米格德爾。這場展覽的策展人並不是博德利圖書館的員工，而是住在英國的衣索比亞和厄利垂亞社群。[22]當然，這個策展小組應該是熟知米格德爾議題、戰爭掠奪與帝國主義行為的事例的，但是各項展品的說明文字並未提及那段歷史。他們把焦點放在人與手稿的私人回應上，通常都是情感上的回應，其所喚起的是童年時代的記憶和非洲經驗，或者身為非洲人的後代但是卻住在英國和身為英國人的經驗。避免提到掠奪的議題並不是刻意的，因為他們的焦點是社群與手稿之間的關係——雖然其中有一份目錄確實提到手稿的源頭。[23]對策展小組而言，這次展覽帶給衣索比亞和厄利垂亞文化的宣傳是極為正面的，他們並不希望任何事物來破壞他們歌頌那些手稿的文化重要性以及它們所代表的文化。

把知識從一個社群那裡移走，即便該知識並未遭受破壞，其所造成的影響也是巨大的。如果社群不能接觸他們自己的歷史，過去的敘事會被控制和被操縱，而文化和政治身分會被嚴重破壞。許多歐洲國家的前殖民地現在已經各自獨立，但是數十年來，有些國家始終還在擔心他們的歷史被鎖在外國的檔案倉庫裡。這件事至關重要：這些檔案資料被移走的社群，他們應該再次擁有控制他們自己的歷史書寫的權力。

注釋

1 特別參閱 Savoy and Sarr, *Report on the Restitution of African Cultural Heritage*。

2 目前寫得最好的兩篇敘事，參閱 Purcell, 'Warfare and Collection-Building' 和 Pogson, 'A Grand Inquisitor and His Books'。

3 Philip, *The Bodleian Library in the Seventeenth and Eighteenth Centuries*, pp. 9-10.

4 Ovenden, 'Catalogues of the Bodleian Library and Other Collections', p. 283.

5 Mittler (ed.), *Bibliotheca Palatina*, p. 459.

6 Engelhart, 'How Britain Might Have Deliberately Concealed Evidence of Imperial Crimes'.

7 參閱 Banton, 'Record-Keeping for Good Governance and Accountability in the Colonial Office', pp. 76-81。

8 Hampshire, '"Apply the Flame More Searingly"', p. 337.

9 W. J. Watts, Ministry of External Defence, to Private Secretary to High Commissioner, July 1956, folio 2, FCO 141/7524, National Archives; see Hampshire, p. 337.

10 Hampshire, '"Apply the Flame More Searingly"', p. 340.

11 Ibid., p. 341.

12 Anderson, 'Deceit, Denial, and the Discovery of Kenya's "Migrated Archive"', p. 143.

13 Ibid., p. 146.

14 Karabinos, 'Displaced Archives, Displaced History', p. 279.
15 Archives nationales d'outre-mer: History, http://archivesnationales.culture.gouv.fr/anom/en/Presentation/Historique.html（檢索日期：二〇二〇年二月二十八日）。
16 Shepard, '"Of Sovereignty"', pp. 871-2.
17 McDougall, *A History of Algeria*, pp. 224-31.
18 Shepard, '"Of Sovereignty"', pp. 875-6.
19 Ibid., p. 873.
20 Chifamba, 'Rhodesian Army Secrets Kept Safe in the UK'.
21 Matthies, *The Siege of Magdala*, p. 129.
22 策展小組的組長是 Dr Mai Musié，目前是博德利圖書館公共關係部門經理。
23 Gnisci (ed.), *Treasures of Ethiopia and Eritrea in the Bodleian Library*.

第十二章 對檔案的執迷

縱觀歷史，全球所有極權國家都會利用文獻紀錄來掌控他們想控制的人口。古代美索不達米亞為了增稅而保存的人口紀錄，可能是第一個全面監視人民的例子。一〇六六年，英國經歷諾曼征服之後，新的政權即對英國國土展開全面調查，以便了解土地如何安排、誰擁有以及擁有哪些財產、哪裡可以找到他們等等。這所有的資料全都記錄下來，寫成一系列文獻，其中最著名的文獻就是「末日審判書」（Domesday Book）。漸漸地，極權國家開始使用祕密監視的手法來維持其控制。在大革命期間的法國、在納粹統治期間的德國以及在共產時期的俄國，其人民都被密切監視與詳細記錄，而那些記錄下來的資料可幫助極權政府牢牢地掌控其人民。

第二次世界大戰結束後，俄國握緊了對東德和半個柏林的控制。在接下來的四十五年裡，德意志民主共和國（German Democratic Republic）成為冷戰期間的前線。一九五〇年二月八日，這個共產極權國家成立了一個祕密組織，稱為史塔西（Stasi）。史塔西的功用很多，既是德意志民主共和國的祕密警察，也是情報機構和犯罪調查中心。總共有二十七萬人為史塔西工作，其中包括十八萬個線人，或又稱為「非官方合作者」。這個組織監視東德人民幾乎包括每一面向的日常生活，同時也從事國際間的間諜活動，並且建立了五百六十萬人的檔案，累積了一個龐大的檔案庫，總共容納一百一十一公里長的文件資料。除了文字檔案，當中還有各式各樣的影音檔案，例如照片、幻燈片、影片和錄音帶。史塔西組織的官員在審問的時候，甚至還建立了一個收集人類汗味和體味的檔案。

一九八九年十二月三日，德國統一社會黨（Socialist Unity Party）的中央委員垮台，史塔西組織於是成為極權統治的最後堡壘。新論壇（Neue Forum）領導的所有東德政治團體此時開始擔心史塔西組織可能會為了掩藏他們的活動而試圖燒毀所有的紀錄和資料檔案。十二月四日早上，艾福特（Erfurt）的史塔西總部地區有很多煙囪都在冒煙。地方政治團體都認為史塔西組織一定是在摧毀資料檔案。在其他民眾——包括一個名叫「追求改變的女人」的婦女團體——的幫助之下，他們占據了那棟總部大樓和附近的還押犯人監獄，亦即史塔西組織儲存資料檔案的地方。[1]接續在這起事件之後，東德其他地區的史塔西大樓紛紛遭受占領。一九九〇年一月十五日，人民終於可以進入史塔西組織的柏林總部。統一之後的德國政府很快就接手管理那些資料紀錄，一九九一年十二月通過《史塔西紀錄案》（Stasi Records Act）之後，人民獲得調閱檔案的權力。截至二〇一五年一月為止，總共有七百萬人申請查看他們自己的史塔西檔案。

其他位於中歐、東歐和中東的極權國家從東德的史塔西事例，看到了監視與紀錄在掌控人民方面所產生的作用。他們後來建立的檔案資料也會成為事例，讓人們看到這些紀錄如何可能用來療癒破碎的社會。

在二十一世紀，檔案作為社會秩序的中心、歷史書寫的控制、國家與文化身分認同的這個議題依然受到密切的關注。在我寫這本書的期間，現代伊拉克的國家檔案仍然有大部分存放在美國——在很多伊拉克人的心裡，美國這個國家依然是他們的敵人。伊拉克的這些國家檔案極其重要，可以讓人較為深刻地了解那些翻天覆地的事件——這些事件形塑了伊拉克，整個區域，乃至在某種程度上亦形塑了一九六八年阿拉伯復興社會黨（The Ba'ath Party）掌權以來的整個世界。換個角度說，這些國家檔案也具有良好的社會目的，足以幫助伊拉克解決數十年來的內在衝突。

在這些資料之中，其中最重要的是阿拉伯復興社會黨的檔案。在伊拉克的政治和政府事務上，這個黨派曾經獨領風騷，叱吒風雲三十五年。打從一九七九年薩達姆．海珊（Saddam Hussein）當上總統，到他二〇〇三年四月被推翻為止，他就一直利用復興黨的組織和資源，對伊拉克這個國家施加最大程度的集權統治；在這段期間，他透過國家安全組織來監控人民、形塑線人文化，並對任何可疑的異議分子施以暴力壓制。[2]

在薩達姆．海珊掌權期間，東德的史塔西組織曾在不同的時間點提供了訓練和指導，雖然對阿拉伯復興社會黨伊拉克人而言，史塔西組織所提供的訓練方式有限，並未完全達到他們原先的期望。[3]阿拉伯復興社會黨是在一九六八年奪得權力之後，才找上史塔西組織幫忙。史塔西組織訓練伊拉克官員如何祕密監察（尤其是竊聽）、如何使用隱形墨水、如何解碼各種訊息，同時也訓練他們保護高階政治人物的安全。[4]

由於國際社群對伊拉克一直保持興趣，所以阿拉伯復興社會黨的檔案被移送到美國保存。但是這些檔案之能移送國外，亦有賴於幾個有影響力的人物；他們的熱情和意志是那些檔案得以保存的關鍵，雖然他們通常必須面對嚴厲的批評，甚至還得冒著失去生命的危險。

這批檔案首先與科威特（Kuwait）有關。一九九〇年，薩達姆．海珊閃電入侵科威特，並在二十四小時之內攻陷科威特，占領其國土。海珊接下來就宣布科威特為伊拉克的行省。不過，海珊的這次入侵行動卻受到國際社會嚴厲的譴責。一九九〇年十一月，聯合國通過一項議案，要求伊拉克在一九九一年一月十五日之前撤軍，並且授權聯軍動用武力——如果伊拉克不服從的話。聯合國的軍隊在一九九一年一月十六日開始對伊拉克展開攻擊，並且在二月二十八日擊退伊拉克，還給科威特自由。[5]當伊拉克軍隊匆匆撤退時，他們留下了大量文件資料在儲藏處。這些文件資料後來被運到美國，由美國國防部（US Defense Agency）將之數位化；不久，部分文件獲得解密。科威特文件資料的數位檔最後收入史丹佛大學的胡佛研究所（Hoover Institution），稱為「科威特數據集」（Kuwait Dataset）。[6]

一九九一年，科威特剛剛遭受攻擊不久，接著就發生庫德人起義（Kurdish uprising）事件。這是伊拉克復興黨統治的政府與北方的庫德人累積了數十年的恩怨，不斷衝突摩擦所產生的結果——從一九七〇年代中期，伊拉克就不時對庫德人展開稱為「安法爾屠殺」（Anfal）的殘酷攻擊。庫德斯坦民主黨（Kurdistan Democratic Party）把這起攻擊稱為「滅絕種族的戰爭」，[7]並將之變成國際事件。庫德人的村落常常被砲彈攻擊或轟炸，使用的武器包括凝固汽油彈和神經毒氣。為了反擊，庫德人的軍隊利用第一次波灣戰爭（Gulf War）結束後，國際社群施加給伊拉克的壓力，把伊拉克人趕出他們的領土，同時還推翻了幾個伊拉克設立的行政中心，包括復興黨設在伊拉克北部蘇萊曼尼亞（Sulaymanïyah）、達霍克（Dahuk）和艾比爾（Erbil）的幾個區域指揮中心。在這個過程之中，庫德人發現了數百萬份行政紀錄文件——估計大概有十八噸重，數量十分驚人。庫德人知道這些文件的價值，所以把它們搬到庫德斯坦偏遠地方的山洞和其他地區收藏起來。因為這樣，這些文件資料的保存狀況很差——如果不是胡亂被塞進麻袋裡，就是堆在彈藥箱中，而且完全沒有什麼「檔案順序」可言。即便如此，這批檔案將會對世界的局勢，和對伊拉克的未來造成深刻的衝擊。

一九九一年十一月，卡南·馬其亞（Kanan Makiya）前往伊拉克北部，到庫德人統治的地區旅行。馬其亞是個住在國外的伊拉克人，他在伊拉克檔案的故事裡是個重要的人物；因為他的緣故，那些紀錄文件被轉移到國際政治的中心，並且因此影響了伊拉克後來數十年的歷史發展。馬其亞發起的行動之中，其中有個特殊的面向就是他會使用檔案作為行動的中心，以之為證據，揭發不公不義、恐怖與殘忍的政權，從而促使國際社群站出來採取行動。他會運用檔案證據，逐步發展出他所謂的「對檔案的執迷」。[8]

在一九七〇年代，馬其亞的父親因為得罪了極權政府，就帶著妻子離開伊拉克，將他的建築事業轉移到倫敦。兩人逃離巴格達的時候，馬其亞還是個學生，正在麻省理工學院就讀建築系。到了倫敦之後，馬其亞與異議團體開始有所往來，甚至還跟人合夥創立一間阿拉伯書店。他希望藉這間書店宣揚中東的出版品，不僅只是古典阿拉伯文化的出版品，還特別著重於那些書寫當代事務的書籍，因為他覺得在當時，西方「正淹沒在許多謊言的大海裡」，看不到海珊統治之下的伊拉克真相。

一九八九年，馬其亞以薩米爾・卡利耶（Samir al-Khalil）為筆名，出版了《恐怖共和國》（*Republic of Fear*）一書。為了揭發海珊統治下的暴政，他使用的材料包括那些流傳在異議社群裡的資料，還有他在大英圖書館、國會圖書館和哈佛大學懷德納圖書館（Widener Library）找到的文獻。這本書在後來的幾次再版中，他就改用他的本名，從此也成為伊拉克政權的頭號敵人。一九九一年，這部書出版平裝版。當時距離一九九〇年八月伊拉克的入侵和科威特的政治情況生變不久，由於該書的內容與前述事件密切相關，因此再次吸引大量讀者閱讀，使該書飆上暢銷書排行榜。從這時開始，馬其亞便成為反對伊拉克政權重要的知識分子。[9]

庫德人把馬其亞視為盟友，因此把他們找到的文件資料送給他。馬其亞意識到那些文件資料具有無可估量的價值，可以藉此提升世人的意識，認識庫德人所遭受到的人權壓迫。如果套用他說的話來說，他早期的書「就像只能從外在症狀來判斷病人生了什麼病的醫生寫的文字。這些文件資料的好處就是讓我看到病人身體的內部」。[10]

這批文件資料主要是由兩個庫德人組成的政治團體聯合管理，亦即庫德斯坦愛國聯盟（Patriotic Union of Kurdistan）和庫德斯坦民主黨；這兩個團體因為痛恨海珊統治下的伊拉克而結盟。隨著一九九〇年代的發展，他們意識到把文件資料交給美國，可以藉此增進他們的團體的地位。他們達成一個協議，即經由土耳其的空軍基地，把文件資料空運出庫德人控制的伊拉克北部，並且交由美國國家檔案館保管。[11]到了目的地後，檔案專業人員立刻開始展開工作，將文件重新安置在一千八百四十二個檔案箱子裡，再安全地交給美國國防情報局（Defense Intelligence Agency）與中東觀察局（Middle East Watch）的人員處理；截至一九九四年年底，朱斯特・希爾曼（Joost Hiltermann）所領導的工作小組已經把五百五十萬份文件數位化。到這個時間點，這批文件已經被視為一個檔案。一九九七年，美國參議院外交委員會決定把這批文件（以及這批文件的數位檔）轉移到波德（Boulder），交由那裡的科羅拉多大學（University of Colorado）照管。這次的轉移完全依照馬其亞要求的規定辦理：這批文件資料的合法主人是伊拉克人民，暫時以信託方式交給美國保管，直到伊拉克出現一個國家，並且這個國家願意成立檔案館保存這批文件，同時允許人民隨時自由調閱，就像保存史塔西檔案的德國檔案館那樣。[12]

一九九二年，馬其亞在哈佛大學中東研究中心成立了一個小型研究小組，稱為「伊拉克研究與檔案文獻計畫」（Iraq Research and Documentation Project），並透過申請，獲得了大部分檔案箱（但不是全部）和該批資料的數位檔。第二年，那些數位檔被置入一個數據庫系統，並且為每一份文件加上詮釋資料：人名、部門、重要事件的日期、文件內容簡介。一九九九年，計畫小組在網站上宣稱他們是「收藏最多伊拉克文獻資料的公開網站」，並且以此自豪。馬其亞的目標是希望這些文獻資料能獲得研究和分析，以此謀求伊拉克社會的福利。這個較為廣義的社會目標是他所有活動的核心：提供不正義的證據，並且提高世人的意識，讓世人知道庫德人的社會發生了什麼事，並因此影響國際社群，使之挺身干預。由於伊拉克北部違反人權的暴力事件每天都在發生，所以這個目標的提出就變得更為迫切。不過，倫理兩難的問題馬上明顯浮現。出版原始文件讓許多伊拉克人冒著生命的危險，因為把這些文件資料放在網路上就暴露了許多人的姓名和個資，讓可能想傷害他們的勢力得以找到他們。後來這個小組決定從官網上刪除任何會暴露個資的文件。

馬其亞鼓吹改變伊拉克的政體——這個想法來自他在庫德人的檔案裡收集到的資料。在一九九〇年代邁向二十一世紀的過程中，這個想法在美國的外交政治圈裡變得很有影響力。政治情緒開始轉向，人們開始想要發動第二次波灣戰爭，並強行逼迫海珊與復興社會黨下台；在此情況下，白宮聽取的各種意見當中，其中一個就是馬其亞的聲音。人們開始登入美國的伊拉克檔案，搜尋伊拉克是否擁有大規模殺傷性武器的線索。馬其亞關於伊拉克政權的熱情觀點，開始產生不同的效果，讓華盛頓的態度變得強硬。

對他而言，重要的轉捩點是他出現在一個稱為《此時此刻》（*Now*）的電視節目裡。這是一個關於流行時事的節目，主持人是資深美國政治評論家比爾．莫耶斯（Bill Moyers），同時出場的還有作家華特．艾薩克森（Walter Isaacson）和歷史學家西蒙．夏瑪（Simon Schama）。他在節目裡鼓吹發動第二次波灣戰爭，並且陳述政權成功轉移深刻的道德理由。這個節目在二〇〇三年三月十七日播出，節目一開始主持人就直接切入當時最熱門的話題：出兵攻打伊拉克。「美國軍隊進入伊拉克並不只是為了摧毀，而是為了創造新事物。」馬其亞對莫耶斯說道。接著主持人質問他伊拉克不公不義的證據在哪裡。他在回答時，提到了那批檔案資料：「我們現在擁有的證據，遠比我們所需要的多。我有好幾張失蹤人口的名單。我剛剛說過了，一百五十萬人死了，伊拉克人；從一九八〇年開始，這些人就這樣死在那個政權的手裡。」在節目的最後，莫耶斯問了他一個很重要，但是很難回答的問題：「你確信戰爭是正確的選擇嗎？」馬其亞的回答：「沒有其他的方法了。戰爭早就在開打了，而且是一場攻打伊拉克人民的戰爭。」[13]這樣的鼓吹在政府圈子裡具有高度的影響力。美國發動戰爭的前夕，馬其亞與美國領導階層走得很近，而且是喬治．布希（George Bush）親自告訴他美國即將出兵攻打伊拉克的消息。不到一個月的時間裡，美軍攻入伊拉克；馬其亞和布希總統一起待在白宮那間橢圓形的辦公室裡，觀看美軍入侵伊拉克的新聞畫面。[14]不過，對於接下來他所看到的畫面，他可說是一點心理準備都沒有。

二〇〇三年四月十五日，《衛報》（*Guardian*）刊登一篇報導，聲稱「古代的檔案文獻消失於巴格達圖書館的大火」，該篇報導繼而描寫道：「昨日巴格達的國家圖書館失火，多起大火吞噬了整座圖書館，摧毀了數百年的古老手稿。五角大廈承認他們沒料到會發生大規模的古代文物掠奪事件，即便美國考古學家好個月前就已經提出多次警告。」[15] 隨著戰事的發展，注意力的焦點從圖書館移向博物館；全球的報導將會以文化遺產這一語彙，全力報導那些被掠奪的古代文物。聯合國教科文組織的文化部助理執行長蒙尼爾·布切納基（Mounir Bouchenaki）把文物藝品的掠奪行為描述為「伊拉克文化遺產的劫難」。對伊拉克同樣造成劫難，但是或許程度沒那麼激烈的是，整個伊拉克地區的檔案館和圖書館持續遭受摧毀和扣押，只是在接下來的十五年裡，這樣的事件幾乎不曾受到國際媒體的關注，彷彿這樣的事件不曾發生。

隨著各種記錄資料的傳統形式遭受攻擊，新的紀錄形式正在崛起。在現代歷史上，入侵伊拉克是第一次可以在社群媒體上同步報導的衝突。有個名叫薩拉姆·阿杜穆尼姆（Salam Abdulmunem）的年輕人創立了一個名叫「巴格達部落客」（Baghdad Blogger）的部落格。他的部落格對伊拉克首都的生活提供了生動的描寫，喚起了不知道什麼將會到來的恐懼和不安。「昨晚的加油站大排長龍，長得不得了，實在太誇張了。」二〇〇三年三月十七日，他在部落格裡如此寫道，還提到「多拉（Dorah）和塔瓦拉地區（Thawra Districts）據說出現海珊的照片，只是臉部被塗掉了」。伊拉克人當時還能收看電視節目，薩拉姆寫道：「昨晚我們在電視上看到的畫面……實在太可怕了。整座城市看起來就像陷入了火海。我唯一能想到的問題是：為什麼這種事會發生在巴格達？看到我真的很愛的大樓在爆炸之中倒塌下來，我眼淚都快掉下來了。」第二次波灣戰爭（當時就已經傳開來的名稱）付出了慘痛的人命代價：伊拉克人民有四千到七千人喪命，安全部隊共有七千到一萬兩千人喪命，英美聯軍有將近兩百人戰死沙場。[16]

美軍轟炸巴格達的時候，阿拉伯復興社會黨的檔案被丟棄在巴格達好幾處地下室裡，無人看管。這個檔案有很多不同的名字，不過最常見的名稱是阿拉伯復興社會黨區域指令集（Ba'ath Regional Command Collection）；這個檔案的大部分資料都存放在復興社會黨位於巴格達總部的地下密室裡。除了紙本文件資料，這個檔案還包括伊拉克安全局下令收集的各種錄音資料。由於復興社會黨在伊拉克占據如此重要的地位，其文件基本上就等於政府的文件紀錄（這點跟大部分國家不同，大部分國家的政黨文件資料和國家檔案都能輕易區分開來）。

馬其亞之前沒想到復興社會黨的資料會是個檔案集，更沒有想到這個檔案會變成他生命中最重要的一部分，而且在接下來的幾年裡，這個檔案也影響了他的國家的未來。二〇〇三年六月，他和其他大約六十名伊拉克人受邀到伊拉克南部參加一個會議，一起「思考如何度過過渡期」。他對海珊垮台之後的伊拉克充滿信心，對其未來也很樂觀；波灣戰爭之後不久，他如此寫道：「伊拉克夠富有，伊拉克夠進步，而且伊拉克擁有許多人力資源，可以在阿拉伯和穆斯林世界重建民主社會和偉大的經濟體，就像過去曾經建立專制與毀滅的政權那樣。」[17]

波灣戰爭之後的巴格達是個不一樣的地方，充滿了混亂、謠言和毀壞。有個美軍隊長來請教馬其亞，因為他們發現大批文件資料堆在巴格達復興社會黨總部的地下室，想問馬其亞該怎麼處理。馬其亞很好奇。他跟著那位隊長，走入一個宛如迷宮的地下室。那是個很大的地下室，看起來「就像阿拉丁的洞穴」。地下室沒有電燈，有些地方還淹水，水深及膝。裡頭布滿一間間房間，房間的架上放著文件匣。有很多文件架倒在地上，裡頭的內容物散了一地。馬其亞檢視了某些文件和資料，馬上就知道這是一項重要的資訊來源。他知道這些文件十分重要，必須馬上救出去，保存起來。

馬其亞的父母在一九七一年逃離伊拉克之前，曾在巴格達蓋了一棟大房子，而且幸運的是，這棟房子就蓋在當時美軍保護的綠色管制區（Green Zone）。他找到駐守在該區的美軍長官，設法運用他與保羅．布雷默（Paul Bremer）的關係，把那些文件資料運出地下室，轉由他來保管。保羅．布雷默是當地聯軍臨時管理當局（Coalition Provisional Authority）最資深的文官，在他的幫助下，事情順利完成。馬其亞簡直不敢相信他的好運：他之前為了處理伊拉克相關檔案，成立了一個組織，名叫伊拉克記憶基金會（Iraq Memory Foundation），如今他父母的舊房子竟成為他的組織的辦公總部。地下室的文件資料開始搬入他父母的房子，接著把資料數位化的過程立即開始。[18]惠普科技（Hewlett-Packard）捐贈了幾台掃描機，基金會的工作人員再加上幾個伊拉克志工，工作小組就開始展開工作。他們一個月掃描八萬頁文件（考慮到這個檔案今日累積到六百萬頁，這個工作速度並不算快）。[19]這是一項危險的工作：好幾次有人試圖來摧毀檔案——可能是前復興社會黨的成員；工作小組有人收到死亡威脅的訊息。有一次，有支火箭落在屋頂上，幸好很神奇地沒發生爆炸。考慮到伊拉克突然發生激烈的內戰，他決定轉移檔案到別的地方。他認為這是個明智的預防措施。

美國國防部出資幫忙轉移檔案。在馬其亞的工作小組的監護之下，這個檔案被送到維吉尼亞州一個巨大的機庫。在這裡，大規模的加工設施設立起來，成立一個生產線，每日掃描十萬頁文件。花了九個月的時間，工作終於完成。從這個檔案找到的文件，加上庫德人提供的資料，檢察官從中提出多項證明海珊涉嫌危害人類罪的證據。海珊被告上法庭、定罪，並在二〇〇六年十二月被處以吊刑。

阿拉伯復興社會黨的檔案目前存放在加利福尼亞州史丹佛大學的胡佛研究所。許多談到遷移該檔案的意見裡，大家一致認為把該檔案存放在胡佛研究所是個短期的安排。[20]這個檔案在那裡會很安全，而且會有一群極度專業的工作小組善加管理。不過，歷史已經被第二次波灣戰爭的勝利者控制。薩德·埃斯坎德爾（Saad Eskander）是伊拉克國家圖書館和檔案館的館長，他寫道：

> 在短短的三天裡，伊拉克國家圖書館和檔案館失去了大部分伊拉克的歷史記憶。數以百萬計的檔案資料、無數的罕見書籍在三天之內永遠消失……那兩次的開火和文物的搶奪之後，直接的後果就是國家檔案館失去百分之六十的檔案資料。一句話：這是一場大規模的國家災難。這些損失無可補償，我們損失的，是伊拉克歷史記憶的一部分。[21]

庫德人找到的文件資料，阿拉伯復興社會黨的檔案——這兩者並非唯一被帶離伊拉克的資料集。伊拉克祕密警察的文件也出現在波德的科羅拉多大學。[22]各個政府部門和國防建築物裡的無數公文檔案都被找出來，並且加以遷移。這些遠比阿拉伯復興社會黨的檔案龐大許多的資料集被送往卡達（Qatar），然後被數位化，以便尋找大規模殺傷性武器的線索。這次的資料數位化和之前把庫德人提供的資料數位化的目的不同，那時是為了揭露侵犯人權的事例。這批資料集的數量最大——估計共超過一億頁的文件。有些文件經過選擇，由美國國防大學的衝突紀錄研究中心（Conflict Records Research Center）公布在網路上。當中有大部分在二〇一三年五月歸還，當時總共用了六百三十四片貨板，三萬五千個檔案盒，然後以運輸機送回伊拉克。[23]不過，阿拉伯復興社會黨的檔案並不在歸還之列，依舊留在美國。

考慮到伊拉克社會的崩解，入侵事例當中檔案所扮演的角色，讓人忍不住懷疑帶走那些檔案是否是一件正確的事。馬其亞現在後悔鼓吹二〇〇三年的戰爭，但是他不後悔帶走那些檔案。伊拉克這個國家「早在一九九〇年代就已經腐敗了……西方的各種制裁早就使伊拉克變成空殼子」，[24]所以基於這個理由，二〇〇三年的入侵根本不是一場真正的戰爭，因為根本沒有真正的對手：「伊拉克就像一疊紙牌，一碰就全部倒下來了。」住在伊拉克境外的人，包括他自己，還有布希政府裡的決策者，當時沒有一個人知道伊拉克這個國家已經衰敗若此。他也沒有預期在美軍入侵之後，社會秩序竟會消失得如此之快：「劫難有如滾雪球，越滾越大——這是二〇〇三年之後伊拉克讓我覺得驚嚇之處。」[25]

政治主張的提出，檔案占據重要的地位。不過，那些政治主張後來導致第二次波灣戰爭之發生和帶來許多戰爭的後果。兩次波灣戰爭對世界的衝擊都很大，在全球誘發了規模前所未有的恐怖主義，導致擊垮伊拉克與該地區其他國家的社會與經濟劫難，造成全球數以千計的人死亡。這些結果似乎檔案難辭其咎。伊拉克檔案一再地缺席，是否已經延緩了該社會的康復？

在伊拉克，調閱檔案的效果也許可以跟共產政權垮台之後的東德來做一個對比。我在思考遷移伊拉克檔案的倫理問題時，發現發生在前東方集團國家的事與發生在伊拉克的事竟形成對比——這種對比讓我困惑了好幾個月。沒有了那些檔案，人們如何面對他們多災多難的過去？[26]一九八九年，柏林圍牆倒了之後，有一個稱為高克機構（Gauck Authority）的組織在德國成立，而這個組織用一種很節制的態度來管理開放調閱史塔西檔案的過程。儘管有高克機構從中協調，前東德成功地做到開放檔案，然而伊拉克是否擁有類似程度的社會進步，可以慢慢地開放檔案？德國經歷的過程，可以說是很成功的，因為西德經濟體夠強，可以提供充足的資源。成立高克機構的人是約阿希姆．高克（Joachim Gauck），他本來是前東德的一位牧師，後來成為德國的總統。他為高克機構建立了周延的組織，可以細心控制開放讓民眾調閱的資訊，但又不危及到其他人的安全。到了一九九四年，高克僱用了三千個員工，撥下了巨大的預算，因此他們可以處理數百萬筆資料的調閱與文件的申請。[27]如果沒有資金來正確提供服務，這整個計畫可能會變成大災難。這或許可能就是伊拉克面臨的問題。

跟伊拉克近期歷史相關的另一組文件資料，目前出現在好幾個互不相關的網路文章裡。其中最引人注目，也最引人爭議的是魯克米妮·卡利馬基（Rukmini Callimachi）的作品。卡利馬基是《紐約時報》派往伊拉克的隨軍採訪記者。她進入原本由伊拉克和黎凡特伊斯蘭國（ＩＳＩＳ）控制，但是新近被美軍占領的大樓裡，然後發現了一萬五千頁文件資料，還有幾個電腦硬碟——這些資料對她的作品〈ＩＳＩＳ檔案〉（The ISIS Files）至關重要，內容涉及一個稱呼自己是伊斯蘭國的恐怖組織，這個組織一開始只是蓋達組織（al-Qaeda）的小派別，意圖控制敘利亞和伊拉克的領土。卡利馬基並未獲得也沒有試圖尋求准許，她就直接帶走了資料。從那時候開始，她就跟喬治華盛頓大學（George Washington University）合作，把文件數位化、翻譯並發表在網路上，附上長篇大論的新聞稿，有的以播客（podcast）呈現，有的刊登在報紙上。只有等她的報導登出之後，才允許讀者存取原始資料。這個過程引起了許多熟悉的議題：到底帶走並發表屬於其他國家的檔案是否有法律和道德的問題？[28]

這些文件資料目前揭露了許多重要的資訊，像是ＩＳＩＳ組織成立於二〇一四年六月的哈里發（Caliphate）是如何運作的細節。文件裡有大量關於各種管理結構的細節，以及這些管理細節如何影響普通百姓的生活，例如定價（例如從剖腹產到盆栽架的價格），規定某些特定罪刑的懲罰方法（同性戀處以死刑到飲酒處八十下鞭刑）。這些文件非常不同於那些較早從伊拉克遷移的檔案，因為ＩＳＩＳ組織不是伊拉克的組織，而是一個包含伊拉克到敘利亞的國際組織，其目的也不是取代伊拉克的政治結構，而是建立一個新的政治結構。時至今日，幾個重要的道德問題依舊圍繞著卡利馬基的行為打轉：遷移那些文件是否不合法？公布文件是否是個負責任的行為，尤其當文件裡提到的個體依然在世，這麼做是否會讓那些個體身陷險境？

比起那些緩存在美國政府裡的龐大資料，卡利馬基目前出版的文件數量還不算多。但是這個事例顯示要了解全球的政治和社會事件，檔案所占據的核心地位。在過去的十年裡，伊拉克檔案的地位，尤其那些跟阿拉伯復興社會黨有關的文件，依然是重要論辯的主題，涉及了重要的人物和組織。最主要的問題依然是：遷移檔案是否合法？檔案是否該物歸原主？

伊拉克的文件資料有一段複雜的歷史。第一部分是庫德人發現的，在造成第一次波灣戰爭時占據決定性的角色，但是這批資料也暴露了海珊政權的種種恐怖。庫德人利用這些資料來引起世人的注意，了解他們承受的恐怖折磨——這點我們很難責怪他們。馬其亞保存了阿拉伯復興社會黨留在伊拉克的檔案，從這些檔案，世人了解復興社會黨的政權在控制人民方面的驚人細節；通報者的角色、異議分子的屠殺、對庫德人的侵犯——這些伊拉克生活中的各個層面，還有其他更多的面向的細節變得廣為人知。假如這些資料留在巴格達，即便是美國軍隊可能也很難保護它們完整無損。不過，這些文件資料一直都不在伊拉克人民的手裡，而且也一直不可能在他們國家的社會的發展中扮演任何角色，就像東德開放史塔西檔案所完成的成就那樣。

受到歐洲和美國的大屠殺紀念博物館的啟發，還有南非的經驗——真相與和解委員會運用檔案和口傳證據，來幫助他們的社會復原——馬其亞從中看到一個可能：在巴格達創造一間博物館，收藏他所找到的資料。過去的種種暴行必須要被世人「記得」。

伊拉克人在這最近的十年間，一直試圖遺忘過去的四十年。不過，新的世代應該獲得他們的機會：或「記得」過去，或了解曾經發生的一切，但是是以一個伊拉克人的身分，而不是以強迫政體的一個成員來了解這些。可悲的是，在我寫作本書的二〇二〇年初，伊拉克的檔案依舊存放在胡佛研究所，並未回到伊拉克政府的手裡。該地區的地理政治情勢使這件事變得不可能。未能使用那些檔案來幫助他們面對過去，伊拉克人民走向未來的路將會充滿掙扎。

注釋

1 Große and Sengewald, 'Der chronologische Ablauf der Ereignisse am 4. Dezember 1989'.

2 這裡採用的資料，大部分來自 Joseph Sassoon 的作品，尤其參閱其權威著作 Joseph Sassoon, *Saddam Hussein's Ba'ath Party*。

3 參閱 Sassoon, 'The East German Ministry for State Security and Iraq, 1968-1989' 以及 Dimitrov and Sassoon, 'State Security, Information, and Repression' 兩人的作品。

4 Sassoon, 'The East German Ministry for State Security and Iraq, 1968-1989', p. 7.

5 Tripp, *A History of Iraq*, pp. 239-45.

6 參閱 Hoover Institution Archival Finding Aid, Register of the Hiẓb al-Ba'th al-'Arabī al-Ishtirākī in Iraq [Ba'th Arab Socialist Party of Iraq] Records, http://oac.cdlib.org/findaid/ark:/13030/c84jocg3（檢索日期：二〇一九年六月三日）。

7 引文見 Makiya, *Republic of Fear*, p. 22。

8 感謝馬其亞撥出許多時間，接受我的訪問。

9 Filkins, 'Regrets Only?'.

10 羅伯特曾在一場訪談中，回顧這個檔案的發現過程，參閱 Stephen Talbot, 'Saddam's Road to Hell', 24 January 2006, https://www.pbs.org/frontlineworld/stories/iraq501/audio_ index.html（檢索日期：二〇一九年十一月二十四日）。

11 Gellman and Randal, 'U.S. to Airlift Archive of Atrocities out of Iraq'.

12 參閱 Montgomery, 'The Iraqi Secret Police Files', pp. 77-9。

13 莫耶斯訪問馬其亞的節目有一逐字稿可參考，見 *PBS: Now Special Edition*, 17 March 2003, https://www.pbs.org/now/transcript/transcipto31703_full.html（檢索日期：二〇一九年三月十七日）；亦可參閱 Filkins, 'Regrets Only?'。

14 Gravois, 'A Tug of War for Iraq's Memory'.

15 Burkeman, 'Ancient Archive Lost in Baghdad Library Blaze', *Guardian*, 15 April 2003.

16 *Salam Pax: The Baghdad Blogger*, 19 March 2003, https://salampax.wordpress. com/page/22/（檢索日期：二〇一九年三月十七日）；Tripp, *A History of Iraq*, pp. 267-76。

17 Makiya, 'A Model for Post-Saddam Iraq', p. 5.

18 Gravois, 'A Tug of War for Iraq's Memory'.

19 關於這個檔案的大小，不同的說法很多，其中一個來自美國檔案工作人員學會（Society of American Archivists），而這個網站引用的資料來自伊拉克記憶基金會在二〇〇八年四月的報導，指出他們的檔案擁有三百萬頁文件，其網頁參見：https://www2.archivists.org/statements/acasaa-joint-statement-on-iraqi-records（檢索日期：二〇二〇年二月二十八日）。

20 Montgomery, 'Immortality in the Secret Police Files', pp. 316-17.

21 引文出自 Caswell, '"Thank You Very Much, Now Give Them Back"', p. 231。

22 Montgomery, 'The Iraqi Secret Police Files', pp. 69-99.

23 Montgomery and Brill, 'The Ghosts of Past Wars Live on in a Critical Archive'.

24 資料取自作者與馬其亞的訪談，時間是二〇一九年六月。

25 Makiya. 'A Personal Note', p. 317.

26 Garton Ash, 'Trials, Purges and History Lessons', in *History of the Present*, p. 294.

27 Gauck, 'State Security Files', p. 72.

28 Tucker and Brand, 'Acquisiton and Unethical Use of Documents Removed from Iraq by *New York Times* Journalist Rukmini Callimachi'.

第十三章　數位洪災

我們生活的這一刻，正是史上知識與我們互動方式改變最激烈的一個時代。我們現在生活於其間的，是一個「數位資料過量」的時代，數位資訊滲透了我們所有人的生活。[1]我們每日以數位形式創造並存放在網路上的資訊數量十分驚人。以二〇一九年來說，在一個尋常的一分鐘裡，全球共有一千八百一十萬則簡訊送出，八萬七千五百人傳送了推文，超過三十九萬個應用程式被下載。[2]我們不應該只關心那些文本傳送的故事，或者推文裡頭附上的圖片，在背後支撐這些文本和圖片之傳送的數據現在也是社會知識的一部分。

現在許多圖書館和檔案館開始採用「混合的」經營手法，同時處理傳統與數位媒體資料。許多機構的數位收藏通常會分成兩種類型：一種是把原有的館藏，例如書本、手稿和紀錄文件等等加以數位化；另一種是原生數位（born-digital）資料，亦即那些一開始就以數位形式創造的文件，例如電子郵件、文字處理檔案、試算表、數位影像等等。學者並不只是在學術期刊上發表文章而已，他們會使用各種科學儀器或其他學術程序來創造研究數據，而且數量通常都很大。許多圖書館和檔案館的數位收藏規模正在快速增長，例如在博德利圖書館，我們擁有大約一億三千四百萬種數位影像檔，分布在多個不同的儲存位置。[3] 如此大量的資訊如今已經成為我們的日常。我們現在把取得資訊之輕易與便利視為理所當然；資訊取得的便利與輕鬆促進了所有領域的研究機會，而我們現在把這種方便視為常規。

我們的生活越來越常以數位的形式展現，而這對知識的保存具有什麼意義？到目前為止，數位轉型（digital shift）掌握在數量相對少數的科技大公司手裡，他們會負責控制歷史的書寫，以及保存社會的記憶嗎？知識如果控制在私人機構裡，是否會減少遭受攻擊的危險？圖書館和檔案館是否應該繼續管理知識，照管這個世代到下一個世代的數位記憶，就像打從美索不達米亞的古代文明時代以來他們一直所扮演的角色那樣？

目前各地圖書館和檔案館都非常積極地把他們的收藏數位化，並且放上網路，供所有人分享。任何曾在網路上出版資訊的人都不會對分散式阻斷服務攻擊（Distributed Denial of Service [DDoS]）感到陌生。分散式阻斷服務攻擊透過控制公共網站的軟體，從許多不同的網址向公共網站發出大量查詢指令——每秒數千個或甚至數萬個指令，而且通常會伴隨使用一個稱為殭屍網路（botnet）的自動軟體。這類型的攻擊通常都會癱瘓遭受攻擊的網站的伺服器。這類攻擊可能會固定發生，甚至會時常發生，有時候是因為某些駭客太空閒，加上他們受到某種挑戰的吸引，因而才會出手「拿下」某個大型的、著名的、尊貴的或受人敬重的機構（例如博德利圖書館就不時會遭受這類駭客的攻擊）。不過，有越來越多的證據顯示，許多國家也利用分散式阻斷服務攻擊來對付他們的對手和敵人。遭受攻擊的機構的回應就是花更多的錢來建設更強的基礎設施。在數位世界裡，這樣的攻擊只是其中一種最「直接」的方式而已，還有許多更為陰險的危害形式存在。

圖書館和檔案館正面臨一個新的、將會影響社會全體的存在挑戰。目前以數位形式存在的知識，越來越受到相對少數的超級大公司操控，這些公司是如此地強大，以至於文化記憶的未來勢必會受到他們控制，對此我們之前幾乎毫不知情。而我們也才剛剛開始意識到這種狀況將會產生的各種結果和影響。這些公司正在收集我們所有人創造的知識，而我們現在把這些知識僅僅稱之為「數據」（data）。從全球各地，這些數據被收集起來，然後因為這些數據取自我們與他們的平台的互動，因此這些大公司通常都擁有獨家管道，可以取用這些數據。他們運用這些數據來操控我們很多不同層面的行為，主要是試圖形塑我們的購買習慣。不過，這種影響也進入我們生活的其他領域——我們的投票行為和甚至我們的健康選擇。他們從事的這一切都是在暗中進行，民眾很難了解他們的運作方式。

這些客戶群遍布全球、收益龐大的公司的迅速崛起，是史上前所未見的現象。跟他們最接近的機構，也許是中世紀和文藝復興時期的羅馬天主教。羅馬天主教同樣掌握了全球廣大區域的宗教權威、世俗權力與龐大的經濟利益。威權握在一人手裡，而此人主掌一個只有少數幾個人能分享其威權的權力結構；相對來說，這少數幾個人在此權力結構中所擁有的威權極其龐大。普遍共有的信仰系統，加上普遍共有的語言，此二者幫助他們的全球權力得以保持，得以增長。今日臉書（Facebook）以其「單一的全球社群」而自豪；統計資料顯示谷歌擁有壓倒性的網路搜尋市場占有率，因此是「程序化廣告技術」（adtech）最大的份額，亦即用來追蹤服務使用者行為的數據，而後這些數據會被賣給網路廣告商（和其他人士）。[4]中國的大科技公司，例如騰訊（Tencent）和阿里巴巴（Alibaba）都擁有數億的使用者，而這些使用者每日跟他們的平台互動許多次。所有這些公司都使用雲端科技，用掉大量存儲空間，免費給他們的使用者提供線上服務，代管影像、訊息、音樂和其他的內容（亞馬遜的附屬公司亞馬遜網路服務〔Amazon Web Services〕，現在是世界上最大的數據存儲的提供者）。我們已經習慣於按「讚」或與其他社交媒體使用者或廣告商創造的貼文互動。這些公司現在所掌握的權力，讓歷史學家提摩西・賈頓・艾許（Timothy Garton Ash）把他們稱之為「私人超級強權」（private superpowers）。[5]而這些公司運作的方式，目前被稱為「監控資本主義」（surveillance capitalism）。[6]

二〇一九年年底，相片分享網路公司 Flickr 難以跟上其他競爭者例如 Instagram 的腳步，宣布公司將會減少帳戶持有人的免費使用空間。二〇一九年二月之後，免費帳戶使用者的空間將會限制在一千張照片和影片，任何超出的內容將會被公司自動刪除。數百萬用戶發現他們帳戶的大部分內容被永久移除。發生在 Flickr 的事件告訴我們：「免費」的服務並不真的免費。公司的生意模式是建立在使用者數據的買賣之上（通常並未告知使用者），一旦市場占有率輸給競爭者，「免費」的服務就得讓步給付費服務。網路存儲與圖書館的保存並不是同一回事。[7]

Flickr 這個案例拋出來的問題是：人們對現在控制著線上知識的那些公司的信任。活躍用戶會知道即將到來的改變，或許能夠把他們的數據移動到其他平台。其他沒能及時移動數據的人，可能會發現他們親人的照片或旅遊的照片紀錄全都不見了。一眨眼就什麼都沒了。[8]使用其他「免費」的平台，例如 Myspace 和 Google+ 的消費者也曾有過類似的經驗；這兩個平台在二〇一九年，幾乎沒什麼提前通知就關閉了。二〇一七年，YouTube 銷毀了數千小時記錄敘利亞內戰的影片。[9]這幾個網站和維護它們的公司受控於商業利益，而且（大部分時候）聽命於股票持有人。他們並未身負公共利益的使命，任何存儲在他們網站上的知識之所以會被保留，只不過是因為這對他們的商業運作有利。

圖書館和檔案館正試圖跟這類新的資訊大公司合作，希望能在保存數位知識這個層面扮演正面的角色。不過這個任務十分複雜，而且費用昂貴。舉個例子，二〇一〇年，美國國會圖書館破天荒地宣布跟社交媒體巨人推特合作，希望能一起開發完整的檔案，收藏推特從二〇〇六年三月成立以來的所有推文，而且不只收藏過去的推文，還包括現在以及未來的推文。國會圖書館是到目前為止其中一個致力於數位收藏的重要機構；身為地球上最富國的國家圖書館，國會圖書館想跟社交媒體革命當中的科技公司龍頭締結合作關係，這也是一件很自然的事。

很不幸的是，由於資金短缺，這個合作案在二〇一七年停擺。目前國會圖書館只收藏了部分「精選的」推文。[10]考慮到像推特和臉書這種社交媒體平台所擁有的影響力，再加上許多重要人士和組織都在使用這些平台，而這些重要個人與組織又涉足政治與公共生活的其他面向，所以假如這些使用紀錄沒能留下任何系統性的紀錄，這對開放社會而言不可能是一件好事。

我們的生活越來越常出現在社群媒體上，所以我們需要找到方法，幫助圖書館和檔案館來維持社會保持開放。打從政治界開始擁護數位資訊以來，我們就看到不少「假新聞」和「另類事實」。為了維護民眾知的權利，為了提供公共生活的透明性，保存知識已經漸漸變成未來民主社會的重要議題。這些科技公司——尤其那些受僱於政治活動的社群媒體公司和數據公司，他們的言行如今受到更加仔細的檢視。為了留下他們言行的證據，建立檔案就變得至關重要。

圖書館和檔案館必須保存網站資料（存放在網路檔案館〔web archives〕）——這件事現在已經變得越來越重要，因為網路檔案館能夠提供永久的基地，用來保存那些包羅萬象、記錄在線上網站、部落格和其他網路資源裡的人類成就。政治候選人、辦公人員和政府官員的公共言論（通常這會讓他們覺得尷尬）會出現在網路上，而這些公共言論現在有越來越多人覺得應該保存下來，因為如此一來，民眾、媒體和選民才能據此要求他們的民意代表為其言論負責。

網站典藏（web archiving）至今依然是一項相當新的工具，例如英國網站典藏檔案館（UK Web Archive）是由六間位於英國和愛爾蘭共和國（Republic of Ireland）的圖書館合作，一起經營的成果。[11]這六間圖書館都擁有著作權法定送存的特權——打從《一六六二年授權法》（Licensing Acts of 1662）和一七一〇年的《安娜女王著作權法案》（Copyright

Act of Queen Anne）通過之後，所有印刷出版品都必須送到指定的圖書館保存。[12]英國網域的歸檔是在二〇〇四年開始的，當時大英圖書館首先仔細挑選若干網站，並基於自願許可的原則之下加以收集，存入網路檔案。入選的每一個網站，其經營人都獲得通知，並且簽訂書面同意書，其網站才會被存入這個檔案。所有被保存的網站都開放給大眾在線上閱覽。二〇一三年，法定送存的法令更新，《非印刷品法定送存條規》（Non-print Legal Deposit Regulations）通過，成為法律。這項法令使英國網站典藏檔案館這個自發的系統受到法律規範，而這六間法定送存圖書館遵守此一法令，共同出資經營這項大業至今。[13]

典藏網站是很複雜的任務，因為典藏的目標始終處於變動之中。許多網站會消失，或者會常常更換網址。據英國網站典藏檔案館指出，從他們開始營運至今，就發現網站的耗損率非常驚人。任何一年收藏進來的網站，在兩年之內有半數會在公開網路上消失，或者因為某些理由無法被連上——以技術性的話來說，即這些網站的網址已經「失效」。三年之後，消失的網站達到百分之七十左右。不過，儘管有這些問題，英國網站典藏檔案館持續保持增長。在二〇一二年，館內固定收藏了大約兩萬個網站。二〇一九年，在完整地「爬取」（crawl）英國所有網站之後，典藏檔案館內總計收入六百萬個網站，裡頭總共收入十五億種網路資源（完整「爬取」一次約需一年的時間）。除此之外，典藏檔案館也擁有某些較有深度、較為固定的網站收藏；這類被稱為「特殊典藏」的網站大約有九千多種，收藏之前都經過策展小組的鑑定，具有較重要的研究價值。這類特殊典藏比較經常被爬取，可能每月、每週或甚至每日一次；由於這類網站較常被重新爬取，至今總共已經累計了五億筆網路資源。[14]

英國網站典藏檔案館特殊館藏裡頭的部落格和網站之中，有一萬個網址的內容是關於二〇一六年，英國去留歐盟公投（或又稱英國脫歐〔Brexit〕）和公投之後的政治發展。二〇一六年六月，投票脫離組織（Vote Leave campaign）刪除他們的公共網站上的大量內容，包含那些承諾如果英國脫歐，他們將會每週挹注三億五千萬英鎊給國民保健署（National Health Service）的文章。到了二〇一九年，這個承諾變得越來越有爭議。幸運的是，在這個網站刪除其部分內容之前，英國網站典藏檔案館早已收藏了這個網站。

從網路上存取知識——這在目前已經成為社會的必須。不過，哈佛學者喬納森・齊特林（Jonathan Zittrain）、肯德拉・阿爾伯特（Kendra Albert）和勞倫斯・雷席格（Lawrence Lessig）在二〇〇七年指出，《哈佛法律評論》（*Harvard Law Review*）和其他法律雜誌文章所參考的網站，超過百分之七十已經失效；而且更為重要的是，美國最高法院（US Supreme Court）公共網站的URL有百分之五十都是連不上的，全都發生數位保存社群所謂的「連結失效」（linkrot）的問題。這些網站都是社會的重要資源：試想一個不知道國家法律是什麼的社會該如何行事？[15]

數位資訊的成長目前已經比許多圖書館和檔案館迅速許多，讓後者幾乎無法跟上腳步，因而留下許多缺口。此時其他玩家就必須入場，以便補上這些缺口。在所有私人自行發起的網路檔案收藏組織之中，網際網路檔案館（Internet Archive）是個很好的例子。這個網際網路檔案館是由網際網路先驅布魯斯特・卡利（Brewster Kahle）在一九九六年創立的，總部設在舊金山，其標語是「普及所有知識」——這是你在加利福尼亞這個地區會看到的、典型的大膽想法。自從成立以來，這個網際網路檔案館透過他們所謂的網站時光機（Wayback Machine）的主要服務，已經收藏了超過四千四百一十億個網站。這些網站是公開的，大眾可透過網際網路自由存取。他們使用網路爬蟲（web-crawler）在公共網站上搜尋，把找到的數據資料「抓取」（scrape）並加以收存。他們並未尋求網站經營者的同意，其活動也沒有等同於英國的網站檔案館擁有的法定送存法律基礎。

網際網路檔案館所保存的知識本身也多次成為攻擊目標。二〇一六年六月，網際網路檔案館遭受強力的分散式阻斷服務攻擊，其攻擊者是一群憤怒的團體，因為他們不滿意檔案館收藏了某些來自極端團體ＩＳＩＳ成員所創造的網站和影片。他們的目的並未得逞。但是這起事件顯示：知識的合法取得並傳播與知識的審查這兩者之間的界線是相對微小的——某些讓大多數民眾覺得受到冒犯的知識，或某些團體拿來當作宣傳工具的知識就會被審查，尤其又涉及某些因為持有暴力或違法觀點而被合法禁止的團體。[16]

我最擔心的是網際網路檔案館是否能永續存在。這是個很小的組織，擁有一個委員會監督其活動，但是其運作經費並不多。網際網路檔案館沒有上級機構的照顧——也許這就是它可以如此迅速達到今日成就的原因。不過，有個上級機構可以為檔案館提供更多長久經營的助力。在某個時間點，這個檔案館必須成為某個更大的、而且能分享其運作理念的機構的一部分，或與某個這樣的機構合作，一起保存並與世人分享世界的知識。我曾多次使用這個檔案館，而我認為這個檔案館極有價值。二〇〇三年，我和我的家人搬到牛津定居。我們必須和當地的教育機構打官司，好讓我的兩個孩子可以到當地同一間小學就讀。透過網站時光機，我們取得該機構被保存在網路檔案館的公開網頁，從而證明該機構曾在某一特定的時間點改變其政策。

網際網路檔案館是一個提醒，告訴我們公共生活中還有某些圖書館和檔案館尚未跟上的社會需求。他們是傾向於保持謹慎的機構，而且緩於採取行動。在很多方面，這一點始終是他們的力量所在，這讓他們建立的結構保持彈性。我的想法是，網際網路檔案館現在已經是個「有組織的知識體」，對全球社會至關重要，但是目前網際網路檔案館的獨立狀態卻使自己身陷「風險之中」。圖書館和檔案館的國際社群必須攜手合作，想出新方法來支持網際網路檔案館的任務。

網際網路檔案館從事的工作是一個例子——我想稱之為「公共歸檔行動」（public archiving）或「行動者檔案」（activist archiving），因為這些歸檔活動者並非來自圖書館和檔案館等「保存記憶的組織」，而是社會中有識之士的自主行動，自動地把資料歸檔的任務攬在身上。有時候，公共歸檔活動的行動會比那些受限於體制的檔案館更快，尤其在出現例如「假新聞」的時候。目前出現這類新聞事件時，介入並將之歸檔的是這些公共歸檔活動。

川普當政時期的美國，政治生活的其中一個特色就是總統喜歡使用社群媒體——截至二〇二〇年二月二十八日為止，川普的推特帳號總共有七千三百一十萬個粉絲追隨——這個驚人的數字相當於百分之二十二的美國人口；另外他的ＩＧ帳號也有一千七百九十萬人追蹤。人數如此龐大的追隨者使他有辦法跟美國選民直接溝通。他發表在社交媒體上的言論因此具有強大的影響力，甚至對整個世界都有潛在的影響。一個稱為事實庫（Factbase）的組織一直都在追蹤川普在推特上的發文與刪文活動。川普在二〇〇九年開始使用推特，一直到二〇二〇年二月二十八日為止，他總共發了四萬六千五百一十六則推文，有一小部分，即七百七十七則推文被刪除——可能是川普自己或他的幕僚刪除。根據嚴格的《總統文件法》（Presidential Records Act），川普的所有推文最後都必須歸入總統檔案。如果是這樣，那麼這項任務就是美國國家文書暨檔案總署（National Archives and Records Administration）的責任了。[17]

《總統文件法》依據的是總統辦公室和國家檔案館之間的信任。美國的檔案人員不能真的逼迫總統或總統的幕僚遵守該項法令。該項法令要求總統「採取所有可能的措施，確保所有涉及憲法、法規或其他官方與儀節義務的各種活動、討論、決策和政策都妥善記錄下來，並且確保這些紀錄都妥當保存，並且歸檔於總統文件」。但是總統也必須慎重行事，得以「丟棄那些不再具有行政、歷史、資訊或證據價值的總統文件」。這道法令規定總統在丟棄那類文件之前，必須徵詢美國檔案人員的意見。不過總統並未受到法律的約束，所以他不一定得聽從檔案人員的意見。因為這樣，在美國總統的任期之內，檔案人員除了諮詢兩個議會委員會的意見之外，他們的力量其實相當有限，無法採取任何行動來保存所有的總統文件。

二〇一七年二月，白宮法律顧問麥甘（Donald F. McGahn II）發布一份備忘給所有的白宮工作人員，提醒他們注意《總統文件法》的規定，並履行保留總統文件的義務，而他在這份備忘也明確提到電子通訊的部分。不過，行政人員或總統本人是否會遵守《總統文件法》的規定，這還有待觀察。這道法令並沒有多少約束力，因為其內在的假設是所有總統都會尊重該系統。除非獲得白宮辦公室的批准，行政人員禁止使用各種科技產品（例如加密通訊軟體）、各種社會網路和其他「以網際網路為基礎的電子通訊媒介來執行公務」——這些都是清楚寫下來的禁令（不過眾所周知的是，川普的顧問圈內相當廣泛地使用 WhatsApp 這種加密通訊軟體，而且使用者可以預先設定讓訊息在某一段時間之後自動刪除）。[18] 理論上，使用這樣的科技產品應該要尋求美國國家檔案人員的意見。目前已經有無數的評論人員聲稱使用這樣的科技產品違反了《總統文件法》的規定。[19]

就任總統之前，川普在二〇一一年到二〇一四年間曾經營一個影像網路日誌（vlog），掛在川普集團（Trump Organization）的 YouTube 頻道上。他後來刪除了二〇一五年之前的大部分影片（原本有一百零八部影片，目前只有六部影片還可在 YouTube 找到）。不過，事實庫在他們的網站上保留了所有影片，以便將來歸入公共檔案紀錄。事實庫收入的影片之中，有一部分是媒體訪問影片，當中有部分是川普在擔任總統期間接受訪問的影片。他接受訪問的新聞媒體，大部分都屬於新聞集團（Newscorp）所擁有和控制——這是事實庫讓大眾看到的、最發人深省的其中一項數據：百分之三十六點四的訪問都給了新聞集團屬下的組織。

事實庫找出影片資訊的源頭，加以收藏、製成逐字稿並放在網路上供人檢索。不過，事實庫並不是唯一設計用來記錄川普線上活動的工具。有一個稱為川普推特檔案（Trump Twitter Archive）的網站也試圖用相似的方式來追蹤川普的推文。[20]

事實庫、川普推特檔案和其他媒體所做的事是讓總統的公開談話得到大眾的監督，而這是其他總統不曾面對——至少不在任期內——的經歷。對一個公開的民主系統而言，這種「公共知識」（public knowledge）是不可或缺的，尤其當現任總統坐在世上最強大的政治辦公室裡，並且大量使用大眾媒體頻道來推動他的政治議程的時候。由於川普和他的幕僚時不時就會刪除他的公開談話，因此網路典藏的工作就變得越來越重要。這些工作必須依賴截圖來保存川普的推文，接著靠自動程序把推文轉變成逐字檔，然後加上詮釋資料，接著再放入資料庫等待進一步的分析。

另一個公共檔案典藏的例子是英國的一個獨立組織，稱為「跟著驢子走」（Led by Donkeys）。這個組織運作於公共領域，同時擁有線上和實體空間——許多主要城市的公共場所都會設立他們的海報看板。「跟著驢子走」這個名字來自第一次世界大戰期間，當時的英國步兵通常被形容為「跟著驢子走的獅子」——從這句片語可知當時前線步兵對領導他們的政治人物的評價。「跟著驢子走」保存了許多主要政治人物的言論。這些言論今日已經和當初他們聲明的政策立場不同，「跟著驢子走」公布這些言論，基本上是期望政治人物就他們的改變提出解釋。21

公共檔案典藏這些活動顯示保存資訊的重要性——可以藉此要求政治人物為他們的言論負責。政治言論向來就是真理與虛假決鬥的戰場，不過數位的競技場放大了虛假政治言論的影響力，可能會影響選舉結果。對我來說，像事實庫和「跟著驢子走」這類公共檔案典藏的自主行動似乎填補了一個空缺，而這塊空缺若由公家機構來做，應該可以而且也應該更能有系統地存留這類資訊。

★

在今日，其中一個最多人使用的「有組織的知識體」是線上百科全書維基百科。維基百科成立於二〇〇〇年，在六年的時間內，就收入他們的第一百萬條條目。即便遭受許多批評，也毫無疑問有所限制，維基百科現在是個巨大且被廣泛使用的資源，六百萬筆條目當中，任何一秒都有五千到六千點閱次數。圖書館和檔案館並不覺得維基百科是個威脅，反而一開始就選擇跟維基百科合作。

維基百科儲存的知識也會受到攻擊。舉個例子，如果覺得維基百科的內容讓他們不舒服，他們就會僱用公關公司上網編輯或刪除相關內容。時代啤酒（Stella Artois）是一款著名的飲料，過去有個別名叫「打老婆酒」。這是個事實，有資料可以查證，而且也都被維基百科收存。然而這種別名在現代西方社會已經不再能被人接受，在某個時間點，這個別名被刪掉了。經過查證，刪除這個別名的帳號屬於一間公關公司，名叫波特蘭通訊有限公司（Portland Communications）。維基百科的會員後來把被刪除的部分復原。[22]

政治人物也不時會來刪除維基百科的內容，例如著名的「津貼醜聞」即曾遭到刪除。這個醜聞與提出不法開銷的國會議員有關，《每日電訊報》（*Daily Telegraph*）和其他報紙曾陸續加以揭發這些事件。透過分析上網修改涉案國會議員傳記的電腦ＩＰ位址，記者班恩·雷利－史密斯（Ben Riley-Smith）發現一項事實：儘管維基百科所描述的事件在公共領域裡都可以查證，但是國會大廈的工作人員還是加以刪除。[23]

維基百科建立的基礎是開放的文化。任何條目的所有修改都可一一追蹤，而且所有的修改都可以一一查看。刪除（或修改）內容的性質、日期、時間以及到底是哪個帳號所做的更動都可一覽無遺。維基百科成立了一個叫「看守人」的小組，每個看守人組員定期閱讀若干他們預測可能會遭受不當刪除或編輯的條目。任何人只要有帳號即可被選為看守人，負責閱讀若干頁資料，以便察覺自己的選取區內出現的任何更動。

每位撰稿人也會有撰稿紀錄，而且可以公開檢閱。如果有人只是對某幾個個體或主題做了編輯，這些編輯資料其他使用者也看得到。不過，這群人類看守人並非孤軍奮戰，他們背後有軟體工具（或「執行重複功能的程式」〔bots〕）的支持——這些科技看守人會自動執行大規模的「看守」任務。

維基百科自己監督整個網站。他們安裝的執行重複功能程式可以偵測許多事件，例如某篇文章的一大部分被刪除，或一段關於同性戀恐懼或種族歧視的文字被增添進來等等。如果有一大段文本被增添進來，他們會自動開啟Google，搜尋文本裡頭的句子，檢查是否有抄襲的問題。當政治人物的工作人員刪除某些資料，網站程式和人類編輯都會提出警示；他們看得到同一個帳號或電腦所做的編輯模式，並且按一下滑鼠即可恢復被刪改的部分。有時候，某些試圖刪除或審查維基百科的活動會變成媒體故事，然後被寫入維基百科的條目裡。

知識創造的形式改變成數位化——這種轉變給行政人員帶來許多挑戰，因為他們面對著數位洪流，必須勉力承擔和處理數量極其龐大的數位資訊。二〇一八年十二月，緬因州政府坦承他們弄丟了許多公文；安格斯·金（Angus King）和約翰·巴爾達奇（John Baldacci）兩位州長執政期間，在二〇〇八年寄出的電郵和其他各種文件大部分已經消失，沒有辦法救回來。這些文件和電郵在被歸入緬因州政府檔案館（Maine State Archives）之前，就被州政府人員銷毀了。消失的不僅是留待未來歷史學家研究的資料，電子郵件也可能附帶重要資訊的文件，比如跟重大法律案件有關的文件，例如在二〇一二年，律師賴利・查平（Larry Chapin）調查倫敦銀行同業拆借利率（LIBOR）醜聞案就是一個例子。電郵紀錄如果串連在一起，即可提供足夠的細節來訴說一個故事，可能可以作為證據，讓某個人定罪或阻止某個被害人被關入牢裡。[24]

在其他的生活領域裡，確保未來人類能夠繼續取得知識是一件至關重要的事，而這件事不一定跟商業利益有關。核能工業就是一個很好的例子。作為一個社會，我們必須確定在很久以後的未來——不是五年到十年而已，而是數百年甚至數千年的時間裡——可以獲知這些知識：我們把核能廢料存放在哪裡、廢料裡頭包含什麼成分、存放的日期、存放於什麼容器等等。這些存在於今日的資料對核能除役委員會（Nuclear Decommissioning Authority）和其他核能世界裡的相關人士是個挑戰：他們該如何確定地產發展商、採礦公司、供水公司，還有地方當局和地方政府在——例如五百年之後，還能有效地掌握這些資訊。我們必須知道資訊存放在哪裡，還有存放資訊的格式，以便當我們需要的時候，可以順利存取。當事情變壞的時候，就像這個世紀早期發生的安隆公司（Enron Corporation）事件，如果當時商業世界的數位保存解決方案較為容易取得，那麼這個公司的起訴案應當會更容易一點。安隆公司的僱員刪除了數不清的電子郵件和其他數位資訊，而這件事阻礙了查核人員調查的速度，也讓他們無法得知到底發生了什麼事，這才讓起訴工作變得困難，變得更花費金錢。

追根究柢，保存知識不是為了過去，而是為了未來。美索不達米亞的古代圖書館儲藏著大量跟預測未來有關的文本：占星術、天文學和占卜算命之書。統治者想要取得資訊來幫助他們決定出兵的最好時機。在今日，我們的未來會持續依賴於我們能否取得過去的知識，而且隨著數位科技改變了我們可以預測未來的方式，這種情況只會越來越明顯。再者，我們的未來也取決於數位生活所創造出來的知識是如何被少數幾個變得越來越強大的組織使用，以便從中謀取政治和商業利益。

科技產業現在把大量資金投入「物聯網」（the internet of things），許多家用物品例如冰箱，現在都可以連上網路，藉由感應器傳輸數據來運作。目前物聯網正在往可穿戴的領域發展，例如手錶和珠寶。這些物品被設計來監督我們的健康，可以產出大量的生物特徵數據。數據的量增加到某一點的時候，醫務人員將能對我們未來的健康提出精確的預測。這對預防疾病很有幫助；不過，這也會造成重大的倫理問題。誰來保管這樣的數據？我們或許會很樂意跟醫生分享這類資訊，但是我們也會樂意跟醫療保險公司分享這種數據嗎？也許圖書館和檔案館可以扮演更適合的角色，為個人數位資訊提供一個安全的途徑，讓人們自己決定誰可以取得他們的個人資訊。但是為了促進公共健康，圖書館可以用不記名綜合數據的方式來使用這樣的數據。如果這樣的知識被摧毀，對個人的健康將會有重大的影響，因為我們現在已經變得更加依賴各種數位化的健康系統。

二〇一九年六月，微軟宣布他們自行創造一個巨大的人臉影像資料庫，總共收集了超過一千萬個影像，而他們正利用這些圖像在全球訓練人工智慧人臉辨識系統。這些影像之收集，乃是「抓取」自公共網路上的圖片，並未徵得影像主人的同意。[25]研究者亞當・哈維（Adam Harvey）發現在網路上，也有一些相似的資料庫。由於哈維的研究，其他人臉辨識的資料集也受到指認，包括杜克大學和史丹佛大學創造的例子。他們甚至從跨性別團體放在YouTube 的影片中，「抓取」人臉影像來製造了一個資料集，用來訓練人工智慧辨識跨性別人士。[26]

收集網路服務使用者的數據這件事引發了很多憂慮，直到最近，這些憂慮始終圍繞著侵犯隱私權與這些數據的財務風險。現在這些關切轉向較為寬廣的領域。現在有許多政治活動就在社群媒體上進行，但是假如科技公司收集到的數據沒有歸檔，開放大眾檢閱，那麼我們如何確定我們提供的資料不會被非法操縱？還有我們如何確定線上的政治活動是否有公開且公平地執行，而且也徵得參與者的同意？

從二〇一七年到二〇一八年間，這現象即變得很清楚；一間名叫劍橋分析公司（Cambridge Analytica）的私人公司使用臉書用戶的數據來創造標的政治廣告，而且幾乎可以確定其數據使用方式是不合法的。同一段時間，另有一間名叫艾可飛（Equifax）的著名信貸機構也在無意之中洩漏了超過一億四千七百萬個用戶的財務資訊。[27]這幾起事件讓人們非常擔心，把個資留給私人公司是否妥當，尤其在目前只有小部分或者甚至沒有法律保護的情況之下。另外還有一些謠言提到某些政府也會操縱那些平台，謀取他們的政治利益。

劍橋分析公司的網站現在早已撤下，不過很幸運的是，好幾個網路檔案館在這間公司下線之前，就已收藏了他們的網站。二〇一八年三月二十一日，劍橋分析公司對自己的描述是：「數據趨策一切——劍橋分析公司有辦法用數據來改變閱聽者的行為。」接著他們邀請網友造訪他們的「商業或政治部門，了解可以得到什麼協助」。劍橋分析公司在紐約、華盛頓、倫敦、巴西和吉隆坡廣設辦公室，像個貪財的數位傭兵，任何人只要願意付錢，不管對方有什麼政治或商業目的，他們都可以讓整個社會為這些人服務。根據他們的網站，他們已經從每個使用網際網路的美國投票人那裡收集了五千個數據點（data point）。

他們的網路檔案似乎只留下他們活動的檔案紀錄，但是該家公司曾經存取了高達八千七百萬位臉書使用者的數據，而且未經臉書使用者同意。他們所從事的活動，其全面情況至今未明，至於過去公司到底做了些什麼事，其完整細節至今也還在調查之中。卡羅爾．卡德瓦拉德（Carole Cadwalladr）給《衛報》寫了調查報導，她截至目前的發現是「沒有人曾看過特地為川普競選活動而設定的臉書數據」；她在推特上面寫道：「沒有人曾經看過廣告檔案。沒有人知道劍橋分析公司做了些什麼事。沒有人知道到底是什麼東西產生了效用。**如果有什麼可說的話**，那就是為何我們需要證據。」[28]

大型科技公司創造了許多資料集，例如臉書上面的廣告、推特上面的貼文，或者程序化廣告技術公司收集的「隱形」使用者數據；我相信把這些資料集歸檔並建立檔案是目前負責知識保存的機構所面對的重要挑戰之一。在這個領域裡，數據的數量極為龐大，相對來說，圖書館和檔案館能做到的進展有限。然而我們的社會需要有這樣的檔案存在，才能幫助未來的世代了解我們今日的文化現象，以及那些重要的個體、企業和其他因素在社會改變當中扮演了什麼角色。

為社交媒體網站成立檔案是一件令人生畏的任務。從推特的例子，我們可看到要保存整個社交媒體平台是個巨大的挑戰——比世上最大的圖書館曾經面臨的挑戰更大。這些網站是動態的，每一秒都在改變，而且呈現給每一個使用者的方式都是獨特且個人的。我們需要歸檔的，除了出現在平台本身上面的對話，還有存在於平台背後的資料傳輸。訊息本身是一回事，那些「讚」和「推」以及平台所安排的其他社交工具可以告訴我們很多事情，包括社會行為、文化、政治、健康以及其他更多的事物。就我的看法，保存重要的社交媒體和程序化廣告技術的平台已經漸漸成為當代這段時期最重要的議題之一。

雖然如此，某些歸檔社交媒體的方法也慢慢開始浮現。二〇一九年夏天，紐西蘭國家圖書館（National Library of New Zealand）提出一個計畫，要求紐西蘭人捐出臉書，讓亞歷山大特恩布爾圖書館（Alexander Turnbull Library）典藏。潔西卡·莫蘭（Jessica Moran）是該圖書館數位服務小組的組長，她在部落格裡解釋道：

> 我們希望收集一個具有代表性的臉書檔案樣本。我們要建立一個典藏檔案，讓未來的研究者可以使用，讓他們了解我們保存下來的東西，了解我們是如何使用例如像臉書這樣的社交媒體平台，還有幫助他們更加了解二十一世紀初期數位文化和生活的豐富脈絡。為了回報你的捐贈，我們提供捐贈者一個可信賴的數位存儲庫，專門保存這些數位檔案。[29]

紐西蘭國家圖書館提出了兩個主要的議題。第一，保存記憶的機構必須開始歸檔那些存藏在主要社交媒體平台上的資訊：未來的人需要知道過去發生了什麼事，如果目前暫時無法把整個平台歸檔（目前全球每個月有超過兩百五十億活躍的臉書用戶），那麼至少應該以一次收藏一小部分樣本的方式開始來做。對一個相對小的國家例如紐西蘭而言，要處理這麼大的問題，先建立使用者檔案樣本是個很好的應對方式。第二，他們知道當代某些臉書使用者很樂意把他們自己的歷史保存在一個值得信託的公共機構裡，而且這個機構還會承擔大部分保存工作，為他們支付費用。重要的是，紐西蘭國家圖書館也很清楚地表示他們會尊重任何把臉書資料捐給圖書館的人。

社會的腳步向來都走得太慢，無法追上商業現實的種種情況：大數據和電腦運算的世界早已誕生，而且無所不在。我們的法律和各種機構目前無法跟上腳步，與一個越來越富裕，而且裡頭有很多傑出人才的工業並駕齊驅。誠如數據科學家佩德羅·多明戈斯（Pedro Domingos）曾經說的：「誰擁有最好的演算法和數據，誰就是贏家。」[30]各種平台的建構，以及圍繞著這些平台的「數據工業」已經創造出肖莎娜·祖博夫（Shoshana Zuboff）所謂的「私人的知識帝國」（private knowledge kingdom）——雖然更好的類比應該是「諸多帝國」（kingdoms）。這所有的數據和科技被創造出來，其目的是為了修正、預測、營利和控制。[31]祖博夫和其他研究監控資本主義之發展的作家提出一個警告：世界的記憶現在已經大量外包給科技公司——不成比例的數量，而且沒有一個社會意識到這個事實或徹底了解其後果。

大眾和大型科技公司目前主要的中心問題是信任。我們所有人都在使用他們的服務，部分原因是我們已經變得依賴他們，但是大眾卻越來越不信任他們。我們的社會已經創造了一個巨大的知識銀行，但是其擁有權、管理和使用卻掌握在私人公司手裡，即便知識是由全球各地的個體免費創造的。可以這麼說吧，目前大眾正帶著一種反烏托邦的恐懼和懷疑的目光看待這些公司的擁有者。

二〇一六年，皮尤研究中心（Pew Research）發表一份研究報告，指出美國成年人當中有百分之七十八的人認為圖書館是可靠的引導者，提供他們值得信賴和可靠的知識。在十八到三十五歲的年齡層（所謂的「千禧世代」）中，這個數字甚至更高。目前沒有長期的研究可以讓我們畫出這個趨勢圖在時間裡的發展，但是根據皮尤研究報告，成年人對圖書館的信任程度漸漸提高，而這與他們對金融公司和社交媒體集團——甚至政府——的信任形成強烈的對比。[32]

考慮到大眾對圖書館和檔案館的高度信任（而且信任程度還在增加當中），或許可以把保存大眾個資的任務託付給圖書館和檔案館？也許社會正開始走入一個新時代，在這個時代裡，人們會挑戰「私人超級強權」的統治，把社會的利益擺在首位。我們是否可以設想這樣一個社會：把個資存放在公共機構，讓公共機構成為大眾信賴的管家？

在這麼做之前，有幾個條件必須先滿足。首先，必須立法來建立各種設施，並訂立規章。[33]各種政策的開發以及系統的建立之前，必須諮詢大眾的意見並讓大眾參與其過程。訂立的法令必須跨越政治邊界，互相適用。第二，資金必須充足，方便圖書館承擔任務。這筆資金可以從課稅取得：對那些科技公司徵收「記憶稅」（memory tax）。[34]

現有的機構，例如數位保存聯盟（Digital Preservation Coalition）將會在支持數位保存任務之中扮演主要的角色，而國家機構例如大英圖書館、大英國家檔案館以及其他位於蘇格蘭、威爾斯和北愛爾蘭的姊妹圖書館可以攜手合作，一起管理這些數位檔案。這樣的作業模式已經有許多模式可以參考——例如在二〇一三年，共同負擔法定送存圖書館的任務已經擴大到數位出版品的保存。雖然尚未臻至完美，但是這六間法定送存圖書館至少已經建立了相關的法律和系統。

這個法律和系統本身當然還不夠。我們還必須建立一個新的數據架構（data architecture），讓網際網路使用者可以控制其個資。[35]《通用資料保護規則》（General Data Protection Regulations [GDPR]）在歐洲已經行之有年，個人資料的保護漸漸受到保障；二〇一八年，這項規範在英國生效，成為《資料保護法》（Data Protection Act 2018）。

社會知識從私人領域轉移到商業領域——這種發展已經帶來社會必須處理的重大議題。個人的權利當然是處於危險之中。在生活的其他領域裡，有一個概念叫做「謹慎責任」（duty of care），公司和機構必須遵守一些標準，例如公共建築的設計和運作方式。這個概念可以運用，而且也應該運用在數位世界。[36]如果我們不把被濫用的數據歸檔，我們永遠無法正確了解資料被濫用的全面範圍，以及此種濫用所造成的結果。在我們把臉書上面的所有政治廣告歸檔前，我們永遠無法了解選民到底是怎麼受到影響。沒有這一筆資訊，研究者將無法對這些組織以及他們平台上的廣告進行分析、研究和調查；我們也將永遠無法知道發生了什麼事。

一百年之後，歷史學家、政治學者、氣候科學家和其他研究者將會試圖尋找答案，並試圖了解二一二〇年的形貌是如何形成的。今日的圖書館和檔案館還有時間，可以掌控二十一世紀初期的這些知識的數位機構，保存這些知識，不使遭受攻擊；保護知識，代表社會本身也同時受到保護。

注釋

1 Rosenzweig, 'Scarcity or Abundance?'.

2 Desjardins, 'What Happens in an Internet Minute in 2019'.

3 Halvarsson, 'Over 20 Years of Digitization at the Bodleian Libraries'.

4 參閱 Binns, et al., 'Third Party Tracking in the Mobile Ecosystem'。

5 Garton Ash, *Free Speech*, p. 47.

6 特別請參閱 Zuboff, *The Age of Surveillance Capitalism*。

7 Hern, 'Flickr to Delete Millions of Photos as it Reduces Allowance for Free Users'.

8 Hill, E., 'Silicon Valley Can't Be Trusted with Our History'.

9 欲知更多例子，可參閱 SalahEldeen and Nelson, 'Losing My Revolution'。

10 Bruns, 'The Library of Congress Twitter Archive'.

11 這六間圖書館包括博德利圖書館、大英圖書館、蘇格蘭與威爾斯國家圖書館（National Libraries of Scotland and Wales）、劍橋大學圖書館（Cambridge University Library）和都柏林大學三一學院圖書館（Library of Trinity College Dublin）。

12 參閱 Feather, *Publishing, Piracy and Politics*。

13 基於坦然的精神我應該在此說明一下：身為博德利圖書館館長，我是這整個系統的管理結構的一部分，我參與了 Legal Deposit Directors Group 和 Joint Committee for Legal Deposit 兩個小組——

成員包括其他圖書館館長以及出版業的代表。從二〇一四年開始，我負責主持小組的業務，執行整個系統的數位法定送存程序。

14 我特別感謝大英圖書館的 Andy Jackson 跟我分享網路典藏的專業知識。

15 Zittrain, Albert and Lessig, ‘Perma’, pp. 88-99.

16 ‘Internet Archive is Suffering from a DDoS attack’; Jeong, ‘Anti-ISIS Hacktivists are Attacking the Internet Archive’.

17 引文亦可參閱：https://factba.se/trump（檢索日期：二〇二〇年二月二十八日）。

18 ‘The White House. Memorandum for All Personnel…’.

19 McClanahan, ‘Trump and the Demise of the Presidential Records Honor System’.

20 相關網站可在這裡找到：https://factba.se/，抑或這裡：http://trumptwitterarchive.com/

21 Sherwood, ‘Led By Donkey Reveal Their Faces at Last’.

22 Wright, O., ‘Lobbying Company Tried to Wipe Out “Wife Beater” Beer References’.

23 Riley-Smith, ‘Expenses and Sex Scandal Deleted from MPs’ Wikipedia Pages by Computers Inside Parliament’.

24 Woodward, ‘Huge Number of Maine Public Records Have Likely Been Destroyed’.

25 Murgia, ‘Microsoft Quietly Deletes Largest Public Face Recognition Data Set’.

26 Harvey, https://megapixel.cc/; Vincent, ‘Transgender YouTubers had Their Videos Grabbed to Train

Facial Recognition Software'.

27 Coulter and Shubber, 'Equifax to Pay almost $800m in US Settlement Over Data Breach'.

28 https://twitter.com/carolecadwalla/status/1166486817882947586?s=20（檢索日期：二〇一九年八月二十八日）。

29 Moran, 'Is Your Facebook Account an Archive of the Future?'.

30 引文出自 Zuboff, *The Age of Surveillance Capitalism*, p. 191。

31 Ibid., pp. 351-2.

32 https://wwwpewresearch.org/fact-tank/2017/08/30/most-americans-especially millennials-say-libraries-can-help-them-find-reliable-trustworthy-information/（檢索日期：二〇二〇年二月二十九日）。

33 在英國，處理方式或許可以透過修正法案，例如 Public Records Act 1958 或者 Public Libraries and Museums Act 1964。

34 Ovenden, 'Virtual Memory'.

35 奈傑爾．沙德博爾爵士（Sir Nigel Shadbolt）在其他地方曾提出不同的方案來管理網路，他使用的用語是「自主權的架構」（Architectures for Autonomy）。

36 感謝奈傑爾．沙德博爾爵士給我這個建議。

第十四章　失樂園？

牛津大學公共圖書館被摧毀之後，湯瑪斯．博德利爵士在一五五〇年代將之修復，重新開館。接下來的時間裡，圖書館曾在一場慘烈的內戰之後，兩次收到校務評議會宣布的正式命令，要他們把米爾頓（John Milton）的作品搬到舊館外的方庭裡燒掉。除此之外，其他與失勢的清教運動有關的宗教作家——例如約翰．諾克斯（John Knox）、約翰．古德溫（John Goodwin）、理察．巴克斯特（Richard Baxter）——的作品也要一起燒掉。根據安東尼．伍德，在一六六〇年六月十六日那天，米爾頓和古德溫的書「從原來擺放的書架上被拿了下來」，然後「就搬到外面燒掉了」。[1]

米爾頓非常熱心支持博德利圖書館，他特別送了一六四五年出版的《米爾頓詩集》（*Poems*）和其他小冊子給他的朋友約翰．勞斯——博德利圖書館的第二任館長。在該部詩集中，有一首詩是特地為他的朋友和圖書館長寫的，詩中除了讚美他的朋友和圖書館，也表達了他的欣喜之情，因為他覺得他的詩在圖書館裡找到了「平靜而快樂的家」。[2]米爾頓還有一件著名的事：他在一六四四年的《論出版自由》（*Areopagitica*）中，寫了一篇雄辯滔滔的文章，捍衛言論的自由。一六八三年，博德利圖書館面臨一件特別棘手的事：館方是該向校方的壓力低頭，放棄收藏這本書呢？還是繼續保存這本捍衛自由言論的書？博德利圖書館是一間強調思想獨立的圖書館，自建館以來就一直秉持著「僅供參考」的原則；基於這原則，館方在一六四五年曾經拒絕借書給英王查理一世（King Charles I）——當時正在內戰，查理一世住在牛津，國會也棲身在圖書館裡。[3]最後，圖書館做了一個充滿危險的決定：違反校方的命令，把書藏起來。從館長保存的私人館藏目錄之中，可看到這幾本書仍然在列，只是從公共館藏目錄上刪除，不讓外人得知其存在而已。[4]因為這樣，讀者現在仍然可以借閱這幾本書。[5]從本書所探討的個案研究顯示：好幾百年來，圖書館員和檔案專業人員在保存知識，不使知識遭受攻擊這方面就一直著扮演重要的角色。

在這整本書裡，我一直試圖表達的，一是說明知識遭受攻擊有一段漫長的歷史，二是說明圖書館和檔案館的毀亡對整個社群和社會所造成的衝擊。不過，知識在今日還是沒有擺脫被攻擊的命運。如果不知道知識遭受攻擊的這段歷史，就會產生某種自滿的心態——亞歷山卓圖書館會慢慢走向衰亡，即肇因於此種心態；這種無知也會製造一種弱點，導致某些圖書館——包括牛津大學的圖書館——在宗教改革期間遭受破壞。

自滿的心態有很多種表現形式。英國內政部銷毀「疾風世代」當年抵達英國的入境卡當然就出於這種心態，因為他們假設那些入境資料在他處必定存有副本。今日我們的自滿心態導致我們沒有採取行動，適當地保存數位形式的知識，而此種心態也導致各國政府縮減圖書館的經費。

檔案專業人員和圖書館工作人員只得開發策略和技術來保護他們保管的知識。作為一個個的個體，他們通常在拯救事物，使其免於毀亡這方面顯示驚人的投入和勇氣，不管是一九四〇年代那群住在維爾納紙部隊裡的男男女女，或一九九二年死於塞拉耶佛的艾達·布圖羅維奇，或二〇〇二年在巴格達的馬其亞，還有他那群伊拉克記憶基金會的同事。

「每個政權都有掌控檔案的權力」，法國重要評論家德希達（Jacques Derrida）在他的經典作品《檔案熱》（*Archive Fever*）裡如此寫道。[6]這個訊息對大多數威權政體和大科技公司可謂知之甚詳；大科技公司是遍布全球的「私人超級強權」，一旦檔案進入數位領域，他們就掌控了檔案（甚至是許多尚未數位化的檔案）。誠如我在前面一章所談到的，社會的自滿心態意味著對前所未見的龐大知識體系——社交媒體平台和數位化時代的程序化廣告技術資料集——缺乏規則、控制和隱私。就像喬治·歐威爾在小說《一九八四》所說的：「過去會被抹除，抹除的記憶會消失，於是謊言就變成了真理。」[7]

★

在過去數十年間，圖書館這項專業經歷了所謂「服務轉向」（a service turn）的過程。[8]我剛進入圖書館服務的那段時期，業界正在經歷這個轉向的過程，漸漸把圖書館使用者的需求擺在圖書館人員的各種優先事項之前。一直以來，這是個必要的策略，而且這個行業也因此而變得更好。不過，這種轉向所帶來的結果就是我們變得比較少關注保存知識。即便是圖書館員和檔案專業人員，現在也變得很擅於使用新科技，因為我們一直掙扎著要把足夠的經費導向數位典藏。

隨著社會開始面對新的數位時代，我們必須要重新設定優先考慮的事項。知識的保存必須被視為一種社會服務。說到底，要實現以「典藏作為服務」（preservation as a service）的目標，以便適應知識在數位資訊時代不斷改變的特性，最關鍵的因素就是政府或其他資助單位必須撥下足夠的經費給圖書館這些「保存記憶的機構」。近年來在美國，圖書館的經費一直遭受政治領袖的砍削，因為這群政治領袖假定網路資料已經很多，圖書館是個多餘的機構。不過，現實的情況恰好相反；美國圖書館的使用率極高，而且目前正面臨不敷使用之慮。[9]我們的社群需要告知他們選出來的官員，請他們確定圖書館和檔案館的優先次序，就像他們二〇一六年在哥倫布（Columbus）和俄亥俄州（Ohio）所做的那樣——當時選民投票增稅，以便取得維持公共圖書館系統的經費。

我們的專業團體必須更常發聲，而我們也需要鼓勵我們的社群加入這個隊伍來替我們發聲。知識的保存真的有賴大眾的幫忙，才有可能成事。為了確保這些組織的基本任務可以完成，人員的編制非常重要。加布里耶・諾德是十七世紀的圖書館專家，他曾提到光是把書堆一堆並不成其為圖書館，就像幾個士兵聚在一起並不成為軍隊一樣。[10]透過圖書館職員的專業安排，一堆堆書本才會變成「有組織的知識體系」。他們是真理的守護者，致力於收集各種紙本和數位形式的知識對等物。沒有他們，沒有他們的保存技術、沒有他們的奉獻和熱情，我們就會一直持續失去知識。

菲利普・奧斯頓教授（Professor Philip Alston）是聯合國極度貧窮與人權部門的特別調查員，二〇一八年十一月，他針對英國社會發表了一項強而有力的言論：「數位協助現在全都委託給公共圖書館和公民社會團體。公共圖書館處於第一線，幫助那些沒有數位工具或缺乏數位素養，但是又希望能領取統一福利救濟金（Universal Credit）的人。」[11]

面對轉向數位化的挑戰，圖書館的因應之道就是彼此更加合作。保存知識現在就依靠這樣的合作，因為我們所面對的挑戰規模極大，沒有一間單一的圖書館可以自己應付得來。在許多方面而言，這種合作方式古已有之，而且一直都是如此。宗教改革之後，許多歐洲中古時代圖書館裡的書籍就分散保存在其他數以千計的圖書館裡，其中包括藏有數千部中古書籍的博德利圖書館，以及僅僅藏有少數幾部的舒茲伯利公學（Shrewsbury School）圖書館。這種分散式收藏的概念從未有人明言，但是早在一六〇〇年，我的前輩湯瑪斯・詹姆士即曾編輯一本目錄，列入了牛津大學和劍橋大學的所有藏書。一六九六年，愛德華・伯納（Edward Bernard）出版了一份更為周延的目錄，收錄了不列顛所有公共與私立圖書館的館藏。[12] 學者們很早就知道有必要如此分享保存的知識。隨著時間的過去，非正式的合作網絡漸漸擴大，到今日已經變得較為正式地經營。最好的例子就是英國與愛爾蘭幾家法定送存圖書館之間的合作——他們透過多層次的合作，分擔法定送存的責任和經費。

漸漸地，現代圖書館也開始分享知識的儲存。紐澤西州（New Jersey）有一間龐大的共享存儲庫，稱為「保存與資源共享設施」（RECAP facility），專門收藏印版書和檔案文件，共同出資與經營的機構是普林斯頓大學、哥倫比亞大學和紐約公共圖書館（New York Public Library）。經營這麼龐大的設施的經費很高，如果大家能分攤，彼此都會受益。在數位的領域裡，為了分散保存的負擔，合作的行動一直都是存在的。史丹佛大學圖書館的「CLOCKSS 計畫」就是一例。這個計畫的建構傳統源自印刷界，但是史丹佛大學圖書館將之運用於數位典藏。他們發展出來的中心概念既簡單又吸引人：「份數多，東西就安全」（Lots of Copies Keeps Stuff Safe）。不過要執行這個計畫，各圖書館必須自願空出營運時的計算能力。換言之，合作和信任是這個計畫成功的關鍵。運用 LOCKSS 這個概念，他們至今已經保存超過三千三百萬份期刊文章。[13]

保存知識從來就不是一件便宜的事。經費是永續經營且成功的圖書館的核心因素。十六世紀的湯瑪斯・博德利爵士對此早有深刻的了解，因此提出他個人會提供一份「常設年金」——亦即我們今日所說的捐款，讓他新成立的圖書館可以「購買書籍……支付職員薪水和其他相關場合的費用」。根據他的想法，中世紀圖書館會走向毀亡，原因就是缺乏經費和職員。[14]

在數位世界裡，知識在本質上變得越來越不穩定，且其持久性有賴其典藏的機構是否能長久經營。為了應付二〇〇七年到二〇〇八年全球的金融危機，英國政府因此對公營部門祭出「緊縮政策」（austerity），英國的圖書館和檔案館發現他們很難面對這個政策所帶來的許多挑戰。負責經營公共圖書館和地方檔案辦公室的地方政府在分配經費時，必須與學校、醫院和家居廢物回收的經費競爭。

在南非，真相與和解委員會的文件歸檔任務是交由南非國家檔案館管理，不過檔案館的工作效率卻因為經費短缺而受損。問題很簡單——他們沒有足夠的人手來完成任務。而這會影響到文件從政府部門轉移到檔案館的過程，造成有待處理的文件數量大增。一旦人民無法使用這個「共享的記憶」，人民獲得療癒的過程就會變緩，效果就會變得較差。這些都是政治決定，經由立法通過的法令，目的是要求政府保持開放並支持人民的權利；不過，立法是一回事，撥下經費使立下的法令產生意義則是另一回事。[15]

全球圖書館和檔案館所能獲得的支持現在正面臨巨大的壓力。奈及利亞（Nigeria）的歷史學家最近提出一項擔憂，因為奈及利亞國家檔案館的「處境悲慘」；他們認為這間檔案館急需「重新振作起來」，以便協助人民了解奈及利亞在非洲的地位。他們因而呼籲聯邦政府「為奈及利亞國家檔案館的紀錄和服務，挹注更多力量」。[16]二〇一九年七月，澳洲國家檔案館的顧問委員會提出警訊，點出由於政府的忽略，他們館內的檔案「正處於危險之中」，而且打從二〇一四年開始，他們的預算每一年都短少個百分之十。[17]該委員會的主席提到「大英國協的數位檔案紀錄目前零散分布在數百個不同的系統和政府實體裡，暴露在妥協、過時和損失之中」。[18]

圖書館和檔案館必須保管大量實物材料——書本、抄本手稿、地圖等等，而且必須處理那些快速增長且通常維護費高昂的數位材料。「混合」典藏的挑戰意味著聘請具有正確技能、經驗和心態的額外職員——例如數位檔案人員或電子紀錄經理人。這也意味著圖書館必須投資各種符合工業標準的技術系統和工作流程。目前是圖書館員和檔案管理人員這些保管歷史的人員在擔當守衛未來的先鋒。這幾年來，他們一直以開放的做法來面對軟體開發、數據收集實踐和學術傳播。

政府要解決資金問題，其中一個方式就是向主要的科技公司徵稅。那些「私人超級強權」有許多跨國的營運模式，非常擅於逃稅。我之前曾建議政府向他們徵收「記憶稅」，作為解決經費問題的方法。[19]科技公司從我們所有人這裡賺取那麼多錢，但是卻支付極少的普通營業稅——政府可以要求這類公司資助那個他們以各種經營手法暗中挖掘的區域：社會的記憶。只徵收少許的稅，例如他們的營利的百分之零點五，就足以提供足夠的經費，讓保存公共記憶的機構來支撐他們的工作。

如果其他國家也通過類似的徵稅法，這些國家就可以組織一個網絡，一起面對知識歸檔的挑戰，把那些現在保存在社交媒體公司裡的龐大知識加以典藏。從我前面的討論，我們知道圖書館和檔案館向來彼此合作愉快，效能良好。如果有額外的經費，他們可以做得更好。

誠如我們看到的，即使是美國的國會圖書館，他們在典藏推特時，也面臨了重大挑戰——太大的挑戰，至於典藏臉書、WeChat、微博、騰訊和其他社交媒體平台的挑戰有可能更大。雖然如此，我們如果拖延時間，遲遲不提出一個可以維持長久的方案來典藏重要的社交媒體平台，我們的社會就會越來越弱。我們會失去人類互動的豐富意義，而且我們將無法了解我們的社會這些年來是如何受到社交媒體的影響與左右。

現代生活已經變得越來越耽溺於短期效益。投資者想要賺取立即的收益，股票交易變得自動化，以至於每一小時就可執行幾十億筆的交易。在社會各階層裡，我們可明顯看到這種對短期效益的異常迷戀。長期效益的思考如今已經不再流行。人類的記憶以及人類記憶所創造出來的知識——從楔形文字泥板到數位資訊等數不盡的形式——從來都不純然是為了短期目的而創造的。把知識銷毀，這可能比鑑定、登錄、保存知識並開放知識讓大眾閱覽更為便宜、方便、容易與省事，但是如果我們為了顧及這些短期的權宜之計，因而遺棄知識於不顧，這必定是一條削弱社會對真相掌握的道路。

由於知識和真相持續是攻擊的目標，我們必須持續信賴我們的檔案館和圖書館。保存知識這項任務必須被看成一種社會服務，因為這項任務支撐了正直、地方感，並且確保思想、觀念和記憶的多樣性。圖書館和檔案館受到一般大眾高度的信任，但是現在卻正在經歷經費越來越少的困境。這個困境會越來越嚴重，尤其在開放和民主的社會裡，因為在這樣的社會裡，以數位形式來保存知識是個重要的條件。我們沒有時間繼續保持自滿的心態，下一波對知識的攻擊即將發生。不過，如果我們給予圖書館、檔案館和館內的從業人員足夠的支持，他們就會持續保護知識並持續為每一個人提供閱覽的服務。

注釋

1 參閱 Wood, *Life and Times of Anthony Wood, Antiquary, of Oxford, 1632-1695*, I, p. 319。

2 Philip, *The Bodleian Library*, pp. 42-3.

3 這項要求依然存留至今，參閱 MS. Clarendon 91, fol. 18。

4 這一反叛之舉後來讓菲力普．普曼（Philip Pullman）在他的小說《野美人號》（*La Belle Sauvage*）寫下一段動人的情節；在普曼的小說世界裡，博德利圖書館館長拒絕把真理探測儀交給教會風紀法庭，即使面對著行刑隊的威脅：「圖書館長再度拒絕，他說他可不是為了棄守館藏物品才接下這個職務，為了學術研究，他肩負保存與守護的神聖責任。」參閱 Pullman, *La Belle Sauvage*, pp. 62-3。（引文中譯引自《塵之書三部曲I：野美人號》，麥田，二〇一九。）

5 米爾頓這本一六四五年版的詩集以及他特地為約翰．勞斯寫的詩現在擺放的書架編碼是：Arch.

G.e 44(1)。這段始末亦可參閱 Achinstein, *Citizen Milton*, pp. 5-7。

6 Derrida, *Archive Fever*, p. 4.

7 Orwell, *Nineteen Eighty-Four*, p. 68.

8「服務轉向」這句片語是因 Scott Walter 而流行起來，接著又因為 Lorcan Dempsey 而更進一步在文學圈子裡流行起來。參閱網路文章 'The Service Turn . . .' http://orweblog. oclc.org/The-service-turn/（檢索日期：二〇二〇年一月五日）。

9 Klinenberg, *Palaces for the People*, p. 32.

10 Naudé, *Advice on Establishing a Library*, p. 63.

11 Alston, 'Statement on Visit to the United Kingdom'.

12 參閱 Ovenden, 'Catalogues of the Bodleian Library'。

13 欲知更多資料，請參閱 https://www.clockss.org

14 *Letters of Sir Thomas Bodley to the University of Oxford 1598-1611*, p. 4.

15 Kenosi, 'Preserving and Accessing the South African Truth and Reconciliation Commission Records'.

16 Ojo, 'National Archives in a "Very Sorry State"'.

17 Koslowski, 'National Archives May Not Survive Unless Funding Doubles, Warns Council'.

18 Ibid.

19 參閱 Ovenden, 'Virtual Memory' 和 'We Must Fight to Preserve Digital Information'。

尾聲　我們永遠都需要圖書館和檔案館的理由

在這裡我想強調圖書館和檔案館一旦關閉或受到摧毀，我們可能也會隨之而失去的五種功能。圖書館員和檔案管理人員履行職責，為圖書館和檔案館爭取經費，但是能否取得經費的權力卻握在他人手裡。圖書館和檔案館的這五種功能即針對權力的掌控者而寫。假如這些機構遭受摧毀或因經費不足而關門，以下這些就是我們將會失去的東西。

首先，圖書館和檔案館支撐整個社會以及社會裡某些特定社群的教育。

第二，圖書館和檔案館提供豐富多樣的知識與觀念。

第三，圖書館和檔案館保存各種重要的權利，肯定正當的決定，以此為人民提供福祉，捍衛開放社會的原則。

第四，圖書館和檔案館提供固定的參考點，讓真理和虛假得以藉由透明性、驗證、徵引與再現而獲得區辨。

第五，圖書館和檔案館保存社會和文化的書面紀錄，協助社會根植於各自的文化和歷史身分認同。

首先來談教育。圖書館和檔案館的教育角色真的很強大。圖書館提供許多機會，使批判式思考成為可能，而且他們也提供一個環境，支持使用者探索各種新觀念。大部分圖書館的服務都是免費的，或者僅收取少許費用；所有使用者都一視同仁，不因背景或研習目標的不同而得到差別對待。一九九〇年代，塞拉耶佛的波士尼亞與赫塞哥維納國家與大學圖書館不僅支援該地區主要大學的學生和研究者，同時也支援了整個國家。這間圖書館之遭受攻擊，受到嚴重影響的是整整一個世代的人的教育。今日全球各地的大學與學院圖書館持續為人數龐大的學生與研究者提供服務。單單從二〇一七到二〇一八年的一個學年裡，就有超過四千萬人次造訪博德利圖書館，有人下載雜誌文章，有人則是來閱覽館內收藏的手稿。閱覽這裡的材料（或使用程式來挖掘資料）的牛津大學學術社群人數大約三萬人以下。英國有一百三十多間大學，美國有數百間大學，全球各地有許多大學，若把這些大學數目與使用者人次數字相乘起來，你就會了解圖書館的重要地位，還有圖書館對社會的進步所給予的動力。

公共圖書館系統和地方檔案館對其所服務的社群來說，也具有相似的重要性。他們執行的業務一直都在擴展，因為社群的需要一直都在改變和進化。光是在英國，每年就有數百萬人跟圖書館借閱圖書。然而在現實中，這些機構的經費問題卻面臨極大的挑戰。二〇一七年到二〇一八年間，英國公共圖書館的經費短少了三千萬英鎊，全國共有一百三十間圖書館關閉，五百多間圖書館請不起專業的圖書館人員，改由志工經營。[1]考慮到公共圖書館對教育的重要性，這種狀況必定會加深社會的不平等，減緩社會的流動性。賈夫納公共圖書館之所以會遭受破壞，理由是為了摧毀當地社群的教育機會——讀到這樣的新聞，我們的心情既驚且懼，沒想到我們這裡的公共圖書館竟然因為經費被砍而一一倒閉。

在這個實施「緊縮政策的時代」裡，許多國家的公共圖書館發現他們是社區裡的第一線支援單位。面對經費緊縮，許多公共圖書館的因應之道十分有創意。紐約公共圖書館開始「出租」衣物配件（例如領帶和公事包）給那些需要參加面試，但又沒有餘力治裝讓自己看起來比較「體面」的人。在英國，由於政府目前已經把許多服務項目轉移到數位平台，因此公共圖書館就推出適切的服務來幫助那些因為數位落差而被排除在外的人。

知識的保存可扮演重要的教育者角色。目前世界面對的一個最迫切的議題或許就是氣候變遷。最近有一重要的氣候研究分析出版，其所採用的資料就保留在勃艮第（Burgundy）葡萄酒重要產區博納（Beaune）的檔案裡——這個檔案記錄了一三五四年到二〇一八年之間的葡萄收成資料，紀錄詳細，而且沒有間斷。這個檔案紀錄保留了極為豐富的氣候資料，可以持續回溯，沒有間斷，也許是歐洲時間最長的連續紀錄。氣候科學家運用這份資料來研究極端氣候出現的頻率，他們發現在早期幾個世紀裡，極端氣候是個異常值，但是自從一九八八年有個可見的氣候轉變出現之後，這些極端氣候即成為常態。[2]這些檔案紀錄是由世上最大的葡萄莊園所創造的，但是這些紀錄隱藏著可讓其他使用者運用的潛能，即便這些使用者的目的與紀錄原來被創造時的目的不同。如果我們任由知識被摧毀或衰亡，我們就不知道我們所失去的知識藏有什麼價值。

第二，圖書館和檔案館提供豐富多樣的知識與觀念。圖書館和檔案館加深了我們對過去的了解，讓我們得以面對現在和未來。我們遇到的許多觀念，我們所了解的歷史，還有我們沉浸其中的文化——這些造就了今日的我們。不過，如果我們要保持創造力和革新的精神，我們就需要不斷更新這些觀念和資訊。不僅在創造領域例如藝術、音樂和文學的領域需要時時更新觀念和資訊，一般的生活領域也是如此。為了給民主過程中的質疑精神注入活力，我們英國所擁有的民主社會有賴觀念的自由流通。這有一部分意味著新聞的自由，但是民眾也需要擁有可以接觸到各式各樣的意見的管道。圖書館收藏了各式各樣的內容，而這樣的資源容許我們的觀點受到挑戰，大眾亦可自行在此取得知識。誠如約翰・史都華・彌爾（John Stuart Mill）在《論自由》（*On Liberty*）裡所主張的：「在人類智性的現有狀態下，只有透過豐富多樣的意見，真理的所有面向才有獲得公平展現的機會。」[3]

一七〇三年，基督堂學院的院長亨利・歐得里奇（Henry Aldrich）曾給偉大的天文學家愛德蒙・哈雷（Edmund Halley）建議，要後者在就任牛津大學薩維爾幾何學教授期間研究古代希臘人的科學文本。後來哈雷從事的幾個計畫裡，有一個果然接續了偉大語言學者愛德華・伯納德（Edward Bernard）未完成的工作。伯納德過去曾在博德利圖書館，參閱過希臘科學家佩爾加的阿波羅尼烏斯重要的幾何學作品〈論比率的除法〉（On the division of a ratio）的阿拉伯文手抄本。哈雷完成了伯納德的翻譯工作，並在一七〇六年出版該文本。[4]哈雷的合作者兼朋友艾薩克・牛頓（Isaac Newton）曾經說了一句很有名的話：「如果我看得更遠，那是因為我站在巨人的肩膀上。」一代又一代的圖書館人和收藏家保存了這些古代文本，免受摧毀，如此我們才能從這些文本看到不一樣的知識，從而激發我們找到新的發現。

這種多樣性可能會被殘暴的政權拒絕，排除了學習的機會和嘗試新觀念與新意見的可能性。二〇一九年八月在土耳其，雷傑普・塔伊普・艾爾段（Recep Tayyip Erdoğan）領導的政權為了打擊對手法圖拉・居連（Fethullah Gülen），曾下令人民毀掉所有跟居連有關的書。到目前為止，共有三十萬本書從各級學校和圖書館裡下架。各出版社也受到波及，從而引起許多國際團體（例如國際筆會〔International PEN〕）的批評。銷毀圖書館裡的書——這種舉動除了使遭禁之書更搶手之外，實在很難看出會達成什麼目標。

圖書館和檔案館如果不能自由運作，不受政府干涉，他們作為知識提供者的角色就會大受影響——因為某些觀念可能會對當權者或既定的觀點造成挑戰。在瓜地馬拉（Guatemala）的長期內戰中，警察在鎮壓人民與危害人權方面所扮演的角色十分引人爭議。人權團體搶救了國家警察檔案，以免檔案資料受到毀損。能取得這個檔案的資料讓許多瓜地馬拉人得以面對他們最近的歷史。不過，在二〇一九年三月，檔案館的職員被解僱，資料的使用權被停止。從那時起，許多人即發起呼籲，希望該檔案資料能受到保護，以免遭到破壞或受到政治的干預，並且希望可以留下複本，以便存放在瑞士和奧斯汀的德州大學圖書館裡。[5]就像葉門宰德社群圖書館之遭受攻擊一樣，這些攻擊主要的目的是消除不同的意見和觀念。不過，學者的國際社群可利用數位科技來保存這些檔案資料。

第三，圖書館和檔案館保存各種重要的權利，肯定正當的決定，以此為人民提供福祉，捍衛開放社會的原則。套句歷史學家特雷弗．阿斯頓（Trevor Aston）的話：檔案是「捍衛個人權利的堡壘」。[6]當檔案資料不存在的時候，這些權利可能會被濫用，就像發生在前南斯拉夫的事件一樣；當時塞爾維亞民兵破壞了大部分的檔案資料，目的是剝奪穆斯林人民的權利，並且把他們住在波士尼亞與赫塞哥維納所留下的記憶全部抹除。

過去三十多年來，檔案館在重建民主社會的過程中，一直就扮演著重要的角色——捍衛人民的權利，讓他們知道他們的國家過去發生了什麼事，尤其是在東德和南非這幾個國家。數以千計裝著碎紙片的袋子在柏林－利希滕貝格（Berlin-Lichtenberg）的史塔西辦公室裡被發現；根據約阿希姆．高克，這數千個袋子「證明了那些人是多麼害怕，擔心這些白紙黑字的打字文件會變成他們的活動的證據」。約阿希姆．高克是前德國人民共和國國家安全服務紀錄的聯邦通信委員會會長，這個機構即一般俗稱的高克機構。[7]對那些在中歐和東歐的前共產主義國家而言，開放史塔西檔案的過程至關重要。國家如何執行極權控制的方式因這個檔案的開放而變得透明，甚至人民可以申請調閱他們自己的資料。[8]截至一九九四年六月，總共有超過一百八十五萬人申請調閱存放在高克機構裡的檔案。[9]

每日的生活、商業往來和政府活動的紀錄轉向數位世界之後，這件事帶來了不少複雜的議題。數位保存現在已經變成我們面對的最大問題之一：如果我們現在不採取行動，未來世代的繼承人將會為我們的緩於行動而哀聲悲嘆。把網站和社交媒體平台歸入檔案是目前人們最關心的迫切問題。二〇一二年，電腦科學家哈尼・薩拉艾爾丁（Hany SalahEldeen）和邁克・尼爾森（Michael Nelson）檢閱大量涉及重大社會事件——歐巴馬的諾貝爾和平獎、麥可・傑克森之死、埃及革命和敘利亞內戰——的社交媒體貼文。他們的研究顯示網路資料流失的速度十分令人震驚：在一年內，百分之十一的貼文就消失不見了，而且這樣的耗損率至今還在持續增加當中。這樣的事件我們已經看過，例如英國的脫歐公投之例，還有許多記錄重要當代事件的網站也是如此。為了保持我們的政治與社會生活的開放性，這些網站的歸檔保存將會變得越來越重要。

圖書館和檔案館正在開發網站典藏作為館藏活動的一部分，有時他們會獲得法定送存法律（例如在英國）的支持。但是這些機構需要更多的支持，以便建立一個有法律基礎，經費充足，而且是以國家領域為基礎的網路典藏系統。網際網路檔案館現在持續扮演領導的角色，不過說到底，保管記憶的國家機構必須帶頭把網站歸檔，作為社會記憶的一個重要部分。

第四，圖書館和檔案館提供固定的參考點，讓真理和虛假得以藉由透明性、驗證、徵引與再現而獲得區辨。保存知識的這個想法或許可能始於古代世界的稅務管理系統，但是在現代世界裡，這個想法必須跟負有責任這些概念聯繫在一起。喬治．歐威爾在《一九八四》如此寫道：「每一份紀錄都被摧毀或遭受竄改……每個日期都被修改過了……而且這些過程每天都在上演。什麼都不存在，除了無止無盡的現在——而在現在，黨永遠是對的。」[10]為了避免發生這樣的事，我們需要保存各種紀錄，而且讓這些紀錄保持開放，人人皆可使用。

二〇一九年夏天，香港人發起群眾抗議活動，反對香港政府。這是現代歷史其中一場最大的非暴力抗議活動，雖然在整個過程中，這個抗爭活動曾因幾次暴力行為而受損，但是就大部分而言，這次抗議活動顯示香港人民普遍的擔心，深怕他們社會的獨立性遭受中華人民共和國的威脅。香港的公開紀錄並未受到法律保護，亦即人們不知道哪些紀錄會存留下來、也不知道自己擁有哪些權利——查閱自己歷史的權利以及該城市的政府的權利。根據官方的報告，香港政府檔案處（Government Records Service）在二〇一八年總共銷毀四千四百公尺的紀錄文件——大約等於半座聖母峰（Mount Everest）的高度。人們關心那些比較敏感的紀錄，例如二〇一四年雨傘運動（Occupy Protests）或二〇一九年較為龐大的抗議活動紀錄會被銷毀，他們呼籲立法約束政府官員在保存紀錄方面能維持更多的透明性，並且為其行動負責。二〇一九年四月，在抗議活動發生之前，《南華早報》（*South China Morning Post*）的社論即雄辯滔滔地寫道：「正確建立檔案，保持檔案開放是優良政府的標記。」[11]通過建立檔案的法案並不能解決香港面臨的許多問題，但是那是政府邁向開放和正直的一大步。

檔案館和圖書館提供具有責任歸屬（accountability）的基礎設施來支持其社群。責任歸屬現在已經成為當代科學研究的重要議題。「可複製的科學」（reproducibility of science）與「研究倫理」（research ethics）是科學社群兩大流行語，但是這兩大流行語最後歸結到同一件事：其他科學家是否可以取得基礎數據並用來驗證科學家的發現（或者複製其實驗結果）？這個過程需要科學家將其數據獨立存藏在某處，以便其他人可以公開存取——英國有些支付研究經費的機構（例如環境與物理科學研究委員會〔Environmental and Physical Sciences Research Council〕）現在即要求他們贊助的研究者把研究相關數據存放在可辨識的數據存儲庫裡。

最近數十年來，科學論文大量增加，部分是因為科學家有盡快出版其發現的壓力——通常是為了走在敵對研究團體的前面。各種科學雜誌也是個共謀者——他們鼓勵科學家提出重要發現，出版引人注目的論文。這種急於出版的熱潮，還有出版界的競爭風氣，已經產生了幾個「假科學」（fake science）的著名例子——這些假科學研究提出來的發現基本上都是科學家捏造的，而且他們的研究成果無法被其他研究者複製。最近倫敦的皇家學會（Royal Society in London）出版了一篇關於「假科學」的研究。文中提到「整個科學界特別重要的就是維護最高標準的行為倫理、誠實與透明性，目的是為了延續研究誠信的各種黃金標準，以及延續可驗證的資訊」，不過，該篇文章的作者也承認一個問題：「但是很遺憾的是，許多相關的力量之運作正在違抗前述理想。科學界裡的人並未免疫，他們也有許多個人的野心和重大的壓力，就和普通人一樣。」[12]

為了打擊這些趨勢，學術界目前越來越注重研究倫理，並且提出「研究的可複製性」（reproducibility of research）這個概念，也就是運用同樣的數據、方法論、程式碼和分析條件，即可得出一樣的科學結果。把研究數據放在網路上，讓其他學者開放取用，如此可以幫忙建立信任和透明性。圖書館是這個過程的關鍵，因為圖書館通常即代表科學社群，跨機構地存儲各種開放取用的研究論文和研究數據。圖書館員會導引研究者，在研究者申請經費做研究時草擬數據管理計畫，並在技術的層面上給予建議，例如撰寫詮釋資料等。

最後，圖書館和檔案館保存社會和文化的書面紀錄，協助社會根植於各自的文化和歷史身分認同。圖書館和檔案館扮演關鍵角色，協助社群重視其「地方感」（sense of place）和「共同記憶」（common memory）——這個概念一點也不是新鮮事。我在青少年時代即發現圖書館有這個功能，當時我發現迪爾公共圖書館有一個地方歷史部門，裡頭堆滿了鮮為人知的書籍、小冊子和報紙（那裡同時還有許多特殊的索引和目錄）。在許多年裡，迪爾有好幾千個居民曾使用那些資料來研究他們家鄉的歷史，或者探索該城過去發生的某件事；不過，他們最常探索的應該是他們自己的家族史。圖書館、檔案室和地方歷史中心都會收藏豐富的資料——其中不乏非常罕見和鮮為人知的材料（通常是捐贈品），或者也會收到這類送給地方「記憶機構」的禮物。這類館藏通常不太受到重視，通常也沒有什麼經費維護。重新強調地方的歷史——這或許可以幫助我們的社群對他們自己的居住地產生更多的認識，使他們團結一致，更加積極地去探索「我們是誰」以及「我們來自哪裡」這類課題。

人們的文化和身分認同向來都會遭受攻擊。納粹之攻擊猶太和非德意志文學是個警訊，顯示他們的政策是反猶太人與屠殺「愛書的民族」。在波士尼亞，塞爾維亞人會攻擊檔案館和摧毀國家與大學圖書館，其動機就是為了抹除穆斯林曾經在波士尼亞歷史和文化中存在過的記憶。我們應該把對書本的攻擊視為一種「預警」，代表不久就會發生對人類的攻擊。

許多數不清的紀事描述殖民主義者和帝國的例行公事——刻意摧毀知識。誠如我們已經看過的，「錯置與遷移的檔案」這個現象現在越來越常見。對於新近獨立的國家，這些檔案資料在形塑歷史敘事時扮演著重要的角色，尤其現在我們看到某些這類國家會慶祝他們的獨立周年慶。慶祝七十五周年、六十周年、五十周年的這種快樂通常有部分是慶祝獨立以來的成就歷史。但是有時候也可能會回溯到久遠的過去，回到前殖民時代，反思「今日與往昔」，或審視過去的種種不公不義，或僅只是回顧歷史。殖民時代的歷史依賴殖民時代的檔案和出版品。取得這段時期的歷史有時候在政治上會觸及敏感的議題。「東西燒了，就沒人會記得了」——這是一九六三年北婆羅洲（North Borneo）獨立之前，某個英國官員給他的職員的指示；當時他的職員正在評估政府部門的文件。[13]

知識的歸還可以幫助這些社會了解他們自己處於世界的位置，幫助他們慢慢接受過去的歷史，尤其是艱困的歷史，我們在伊拉克、德國和南非所看到的例子就是如此。二〇一八年十一月，班尼迪克・薩瓦（Bénédicte Savoy）和菲爾威恩・薩爾（Felwine Sarr）在法國出版了一篇充滿爭議、關於歸還文化藝術品的報告。這篇報告在國際博物館社群之間激起許多重要的討論，涉及殖民期間取得的文化藝品的處理，並呼籲完全且無條件地悉數歸還。這篇文章評論道：「在非洲，所有參與對話者不僅堅持要把收藏在法國博物館裡的文化遺產歸還給我們，而且還堅持要對檔案的問題展開嚴肅的反省。」[14]

這五個功能並不周全，我僅只是想藉此強調保存知識對社會的價值。圖書館和檔案館看待文明的眼光是長遠的，然而現在的世界瀰漫著短視近利的觀點。如果我們忽視圖書館和檔案館的重要性，我們可能要承擔許多風險。

注釋

1 *CIPFA Annual Library Survey*, 2017-18.

2 Labbé, et al., 'The Longest Homogeneous Series of Grape Harvest Dates'.

3 Mill, *On Liberty*, p. 47.

4 Hamilton, 'The Learned Press', pp. 406-7; Carter, *A History of the Oxford University Press*, pp. 240-3.

5 Doyle, 'Imminent Threat to Guatemala's Historical Archive of the National Police'.

6 Aston, 'Muniment Rooms', p. 235.

7 Gauck and Fry, 'Dealing with a Stasi Past', pp. 279-80; Maddrell, 'The Revolution Made Law', p. 153.

8 除了外交部的文件例外。賈頓．艾許（Garton Ash）認為這是因為這些文件會暴露東、西德領袖之間那些「諂媚逢迎的對話」，所以「西德政治人物膽量陡增，除了自己之外，沒放過任何人」，參閱 Garton Ash, 'Trials, Purges and History Lessons', in *History of the Present*, p. 309。

9 Gauck and Fry, 'Dealing with a Stasi Past', p. 281.

10 Orwell, *Nineteen Eighty-Four*, p. 178.

11 'Time to Press Ahead with Archive Law'.

12 Hopf, et al., 'Fake Science and the Knowledge Crisis', p. 4.

13 引文見 Hampshire, '"Apply the Flame More Searingly"' p. 343。

14 Savoy and Sarr, *Report on the Restitution of African Cultural Heritage*, pp. 42-3.

致謝詞

二〇一八年春天，我給《金融時報》寫了一篇特稿，討論疾風世代的醜聞事件之中，檔案館所扮演的角色；在這之後，我心中突然湧現寫作本書的靈感。長久以來，我一直都很關切是否應該提高大眾的意識，使之注意到保存知識的重要性。疾風世代醜聞發生之後，我發現知識之遭受攻擊是個有用的視角，可以用來探索這個問題。費莉西蒂・布萊恩經紀公司（Felicity Bryan Associates）的凱瑟琳・克拉克（Catherine Clarke）是我的文學經紀人；在我寫作本書的過程中，她始終鼎力支持，極力協助我開展想法並完成作品。

首先我必須感謝博德利圖書館的所有同仁。在研究本書主題的階段裡，我動用了許多來自各個館藏的資源：社會科學圖書館（Social Sciences Library）、利奧波德・穆勒紀念圖書館（Leopold Muller Memorial Library）、拉德克里夫圖書館（Radcliffe Camera）、賽克勒圖書館（Sackler Library）、博德利法律圖書館（Bodleian Law Library）、威斯頓圖書館和舊博德利圖書館的上下層閱覽室。我從密集書庫或威斯頓圖書館調閱了數不清的書本、文件和地圖；我請影像部的同仁為我拍攝了許多參考文件，並且大量使用了館內的數位資源與服務。所有辛勤、忠誠與專業的博德利圖書館員工都應該得到同樣的謝意。在冷靜的蘿絲瑪莉·雷伊（Rosemary Rey）的領導之下，圖書館管理部門的同仁任勞任怨、效率驚人、樂在工作。在大家的協助下，我的專業生活井然有序，這本書的研究與書寫也因此而得以完成。策展部的同仁給了我許多專業的建議，而我特別要感謝下列幾位同仁：Chris Fletcher、Martin Kauffman、Chrissie Webb、Mike Webb、Mamtimyn Sunuodola、Mai Musié 和 César Merchan-Hamman。馬丁·保爾特（Martin Poulter）當時是駐博德利圖書館的研究人員，而他對維基百科的研究給了我許多珍貴的啟示。

牛津大學有個學院的研究資源特別豐富，幾乎所有議題都可以在這裡提出來，並且可以輕易地發掘許多不同的觀點。所有貝里歐學院的同事都給了我極大的支持和鼓勵，並且一直都很耐心聆聽我的許多提問——通常都是一些很幼稚的提問。在此我要感謝 John-Paul Ghobrial、Seamus Perry、Rosalind Thomas、Enrico Prodi、Tom Melham 和 Andy Hurrell。我尤其要謝謝菲爾·霍華德（Phil Howard）——他是牛津網際網路研究院（Oxford Internet Institute）的負責人，對我的研究也貢獻了許多助力。所有在二〇一九年五月參加我的研究計畫的貝里歐學院同仁都給我提出許多寶貴意見。當時 Avner Ofrath 和 Olivia Thompson 是貝里歐學院的研究生，也是這個寫作計畫的助理（Avner Ofrath現在是布萊梅大學〔University of Bremen〕的博士後研究人員），如果當時沒有兩人辛勤的學術研究和重要的寶貴洞見，我不可能寫完這本書。

在牛津大學，其他曾經慷慨惠賜勸告、提供專業意見的朋友和同事有 Jonathan Bate、Christian Sahner、Sir Noel Malcolm、James Willoughby、Meg Bent、Sandy Murray、Piet van Boxel、Paul Collins、Andrew Martin、Sandy Murray、Meg Bent、Cécile Fabre、George Garnett、Alan Rusbridger、Paul Slack、Sir Keith Thomas、Steve Smith、Adam Smith、Sir Nigel Shadbolt、Anne Trefethen、Julia Walworth 和 Henry Woudhuysen。二〇一九年五月，我在牛津大學參加了理察·夏普（Richard Sharpe）的萊爾講座（Lyell Lectures），這個精彩的講座討論了大不列顛的中世紀圖書館，不僅與我的研究高度相關，而且也讓我受益良多。可惜的是，在本書的編輯過程中，他突然撒手歸西——這對我是個極大的打擊，也是中世紀學術研究界的損失。史蒂芬妮·戴利（Stephanie Dalley）的建議，則讓我免除了許多錯誤。

波士尼亞與赫塞哥維納國家博物館的 Andrea Dautović 幫了我極大的忙。赫爾大學的 Claire Weatherall 和 Ashley Gilbertson 也助我甚多。本書得以引用菲利普·拉金說過的話，這得要感謝 Sara Baxter、Hattie Cooke 和 Emma Cheshire 幫忙我向作家協會（Society of Authors）和費伯（Faber）出版社申請版權。

有幾位朋友和同事對我特別慷慨相助，如果沒有他們的幫忙，我根本無法寫完這本書。在這群朋友與同事之中，最熱心的當數約瑟夫・薩松（Joseph Sassoon）；約瑟夫不僅跟我分享他對伊拉克現代史的精深了解，也為我引介了卡南・馬其亞。馬其亞除了接受我的訪問，也引領我認識 Hassan Mnemneih、Haider Hadi 和胡佛研究所的埃里克・瓦金（Eric Wakin）。除此之外，我也要謝謝約瑟夫對本書之寫作所提出的建議和支持，並且謝謝他和海倫・傑克遜（Helen Jackson）在華盛頓對我的熱心招待。提摩西・賈頓・艾許以詳盡的文章，既討論了檔案在國家記憶（與遺忘）所占據的位置，也提出「私人超級強權」在數位領域中潛存的種種危險。他的著作向來具有高度的影響力，而且一直都是我的靈感泉源。

美國檔案管理員戴維・費里羅（David Ferriero）和英國國家檔案館執行長傑夫・詹姆士（Jeff James）是我取得知識的兩大來源，大西洋兩岸與檔案有關的當前議題都可找他們尋求解答。王式英（William Waung）則跟我分享了香港的情況。關於波士尼亞的圖書館與檔案館的命運，安德拉斯・里德邁爾最為了解，其所掌握的相關知識無人能出其右；他之非常樂於分享知識則是傑出圖書館人的典型個性。他在國際戰爭罪行法庭所扮演的角色也應該在我這個專業領域中得到更多的賞識。

散布全球各地的其他同行友人也各以自己的專業助我一臂之力。伊斯梅爾・塞拉格丁（Ismail Serageldin）跟我討論現代亞歷山卓圖書館的一切。薩賓・施密特克（Sabine Schmidtke）跟我分享她研究宰德派的許多細節。喬恩・泰勒（Jon Taylor）幫助我了解大英博物館裡的那些楔形文字館藏。大英圖書館的 Helen Hockx-Yu、Brewster Kahle 和 Andy Jackson 跟我分享關於網站典藏（web archiving）的豐富知識。柯爾（John Y Cole）和簡・艾金是研究美國國會圖書館的專家，兩人對我助益良多，尤其簡・艾金甚至讓我參考了她那部未完成的重要手稿——美國國會圖書館史。大衛・朗朵（David Rundle）跟我分享他研究亨福瑞公爵圖書館的豐碩成果。布萊恩・史基博（Bryan Skib）幫我取得存放在密西根大學的資料。文頓・瑟夫（Vint Cerf）是我了解許多數位議題的關鍵節點。約翰・辛普森（John Simpson）跟我分享他許多波士尼亞的回憶。為了跟我談話，「跟著驢子走」這個團體的成員暫停其活動，尤其詹姆士・薩德利（James Sadri）最為熱心。對於我個人而言，最奇特的「發現」當數紐約的意第緒學院——那是紐約其中一間最驚人的機構，而我特別想對學院裡的 Jonathan Brent、Stefanie Halpern 和 Shelly Freeman 表達敬佩與謝意；由於他們的慷慨分享和解釋，我才了解這個獨特的機構如何在當代世界裡運作。在紐約，他們也把我介紹給美國猶太教神學院（Jewish Theological Seminary）的大衛・費雪曼（David Fishman），而後者花了好幾個小時為我介紹紙部隊成員的事蹟。他本人對維爾納那群鼓舞人心的成員的研究是我這本書最重要的參考資源。羅伯特・桑德斯（Robert Saunders）認為公共知識與民主政治不可分離，並很樂意跟我分享他的這些看法。我的三個老友：大衛・裴爾森（David Pearson）、比爾・薩克斯（Bill Zachs）和麥可・蘇亞雷斯（Rev Michael Suarez SJ）是我的動力泉源，他們為我提供良好的建議、幫我想出各種聰明點子，並且給我最堅實的支持。

這本書最早的前身是幾篇刊登在報刊雜誌的文章，我要謝謝以下幾位為我刊登並大力改善這幾篇文章的編輯；他們是《金融時報》的萊昂內爾・巴伯（Lionel Barber）和約拿登・德比賽爾（Jonathan Derbyshire）、週末版《金融時報》的洛里安・基特（Lorien Kite）、《經濟學人》的肯恩・庫克耶（Kenn Cukier）、《卡內基報導》（*Carnegie Reporter*）的肯尼斯・班森（Kenneth Benson）。

這本書的形塑和出版，約翰・默里出版社的編輯喬治妮雅（Georgina Laycock）和她的助理編輯艾比蓋爾・史谷比（Abigail Scruby）厥功至偉，我要在這裡給她們獻上至高的謝意。兩人仔細校稿，給我詳細的編輯意見，從而大大地改善了我的敘述行文。馬丁・布萊恩特（Martin Bryant）充滿洞見的審稿使本書大為增色；霍華德・戴維斯（Howard Davies）鉅細靡遺的校對工作讓本書有了重要的改進。卡洛琳・魏斯特摩（Caroline Westmore）以嫻熟的技藝，護衛本書的順利出版。露西・莫爾頓（Lucy Morton）為本書編寫了出色的索引。我還要特別感謝哈佛大學出版社的莎米拉・森（Sharmila Sen），因為她從頭到尾都很支持這整個書寫計畫。

本書之寫成，我最主要還是要感謝我的家人：我的女兒凱特琳（Caitlin）和安娜（Anna），還有尤其是我那長期受苦的妻子琳恩（Lyn）。沒有她的支持，這本書的寫作計畫不僅無從想像，更別說完成了。一切歸功於琳恩。

理查・歐文登

二〇二〇年六月於牛津大學

beer references', *The Independent*, 4 January 2012 https://www.independent.co.uk/news/uk/politics/lobbying-company-tried-to-wipe-out-wife-beater-beer-references-6284622.html (Accessed 29 August 2019)

Robert Wright, Federica Cocco, and Jonathan Ford, 'Windrush migrants' cases backed by records in National Archives', *Financial Times Weekend*, 21/22 April 2018, 1.

Sanja Zgonjanin, 'The prosecution of war crimes for the destruction of libraries and archives during times of armed conflict', *Libraries & Culture,* (2005), 128-187.

Jonathan Zittrain, Albert Kendra, and Lawrence Lessig, 'Perma: scoping and addressing the problem of link and reference rot in legal citations', *Legal Information Management*, 88 (2014), 88-99.

Shoshana Zuboff, *The Age of surveillance capitalism: the fight for the future at the new frontier of power* (London: Profile Books, 2019)

1978), 279-313.

Charles Webster, *The great instauration: science, medicine, and reform 1626-1660* 2nd ed. (Oxford: Peter Lang, 2002)

Francis Wheen, 'The burning of paradise', *The New Statesman*, 102 (17 July 1981), 13.

'The White House. Memorandum for all personnel, through Donald F. McGahan II … Subject: Presidential Records Act Obligations', February 22, 2017. https://www.archives.gov/files/foia/Memo%20to%20WH%20Staff%20Re%20Presidential%20Records%20Act%20(Trump,%2002-22-17)_redacted%20(1).pdf (Accessed: 15 February 2020)

Jane Winters & Andrew Prescott, 'Negotiating the born-digital: a problem of search, *Archives and Manuscripts* 47 (2019), 391-403.

Anthony Wood, *The life of Anthony à Wood from 1632 to 1672, written by himself* (Oxford: Clarendon Press, 1772)

The life and times of Anthony Wood in his own words ed. Nicolas K. Kiessling (Oxford: Bodleian Library, 2009)

Colin Woodward, 'Huge number of Maine public records have likely been destroyed', *Pressandherald.com*, 30 December 2018, https://www.pressherald.com/2018/12/30/huge-number-of-maine-public-records-have-likely-been-destroyed/ (Accessed: 17 September 2019)

C. E. Wright, 'The dispersal of the libraries in the sixteenth century', in *The English Library before 1700* eds. Francis Wormald and C. E. Wright (London: The Athlone Press, 1958), 148-175.

Oliver Wright, 'Lobbying company tried to wipe out 'wife beater'

Steve Vogel, 'Mr Madison will have to put on his armor': Cockburn and the capture of Washington' in *America under fire: Mr Madison's war & the burning of Washington City* (Washington, DC: The David M. Rubinstein National Center for White House History, [2014]), 137-146.

Nikola von Merveldt, 'Books cannot be killed by fire: The German Freedom Library and the American Library of Nazi-Banned Books as agents of cultural memory', *Library Trends* 55 (2007), 523-35.

Alexandra Walsham, Kate Peters, and Liesbeth Corens, 'Archives and information in the Early Modern World', *Past & Present* (2018), 1-26.

Voices from the Warsaw Ghetto: Writing our history eds. David G Roskies (New Haven, CT: Yale University Press, 2019)

Helen Waselek, 'Domains of restoration: actors and agendas in post-conflict Bosnia-Herzegovina' in *Bosnia and the Destruction of Cultural Heritage* ed. Helen Waselek (London: Routledge, 2015), 205-258.

Helen Walasek, 'Cultural heritage, the search for justice, and human rights' in *Bosnia and the destruction of cultural heritage* ed. Helen Walasek (Farnham: Ashgate, 2015), 307-322.

Andrew G. Watson, *A descriptive catalogue of the medieval manuscripts of All Souls College Oxford* (Oxford: Oxford University Press, 1997)

Andrew G Watson, 'Thomas Allen of Oxford and his manuscripts' in *Medieval scribes, manuscripts & libraries: essays presented to N.R. Ker* eds. M.B. Parkes and Andrew G Watson (London: Scolar Press,

1613 (Oxford: at the Clarendon Press, 1913)

Trial of the major war criminals before the International Military Tribunal, Nuremberg, 14 November 1945-1 October 1946. 42 vols (Nuremberg: International Military Tribunal, 1947-9)

Charles Tripp, *A History of Iraq,* 3rd ed. (Cambridge: Cambridge University Press, 2007)

Truth and Reconciliation Commission of South Africa, *Final Report* (1998), http://www.justice.gov.za/trc/report/finalreport/Volume%201.pdf (Accessed: 21 September, 2019)

Pier Luigi Tucci, 'Galen's storeroom, Rome's libraries, and the fire of A.D. 192', *Journal of Roman Archaeology* 21 (2008), 133-149.

Sarah Tyacke, 'Archives in a wider world: the culture and politics of archives', in *The Commonwealth of books; essays and studies in honour of Ian Willison* ed. Wallace Kirsop (Monash: Centre for the Book, 2007), 209-226.

Dominique Varry, 'Revolutionary seizures and their consequences for French Library History', in *Lost Libraries: the destruction of great book collections since antiquity* ed James Raven (London, 2004), 181-196.

James Vincent, 'Transgender YouTubers had their videos grabbed to train facial recognition software', *The Verge*, 22 August 2017. https://www.theverge.com/2017/8/22/16180080/transgender-youtubers-ai-facial-recognition-dataset (Accessed: 28 February 2020)

Nicholas Vincent, *The Magna Carta* (Sotheby's, New York, 18 December 2007)

Mark Sweney, 'Amazon halved corporation tax bill despite UK profits tripling', *The Guardian*, 3 August 2018 https://www.theguardian.com/technology/2018/aug/02/amazon-halved-uk-corporation-tax-bill-to-45m-last-year (Accessed: 11 September 2019)

Stephen Talbot, 'Saddam's Road to Hell: interview with the filmmaker', *pbs.org*, 24 January 2006, https://www.pbs.org/frontlineworld/stories/iraq501/audio_index.html (Accessed: 24 November 2019)

Sam Thielman, 'You are not what you read: librarians purge user data to protect privacy', *The Guardian*, 13 January 2016, https://www.theguardian.com/us-news/2016/jan/13/us-library-records-purged-data-privacy (Accessed: 21 December 2019)

Rodney Thomson, 'Identifiable books from the pre-Conquest library of Malmesbury Abbey', *Anglo-Saxon England* 10 (1981), 1-19.

'To repair a war crime: Louvain's future library' *Illustrated London News* (July 30 1921), 145-146.

Arnold J. Toynbee, *The German Terror in Belgium* (London: Hodder &: Stoughton, 1917)

Tony Travers, 'Local government: Margaret Thatcher's 11 year war', *The Guardian*, 9 April 2013 https://www.theguardian.com/local-government-network/2013/apr/09/local-government-margaret-thatcher-war-politics (Accessed: 18 January 2020)

A Treasure house of books: the library of Duke August of Brunswick-Wolfenbüttel eds. Helwig Schmidt-Glintzer and Werner Arnold (Weisbaden: Harrassowitz, 1998)

Trecentale Bodleianum: A memorial volume for the three hundredth anniversary of the public funeral of Sir Thomas Bodley March 29

St Augustine's Abbey, Canterbury ed. B.C. Barker-Benfield (*Corpus of British Medieval Library Catalogues 13*) 3 vols. (London: The British Library in association with the British Academy, 2008)

Reiner Stach, *Kafka: the years of insight* (Princeton: Princeton University Press, 2008)

Alan E. Steinweis, *Studying the Jew: Scholarly Antisemitism in Nazi Germany* (Cambridge, MA: Harvard University Press, 2006)

Tom Stevenson, 'How to run a Caliphate', *London Review of Books*, 20 June 2019, 9-10.

Aleksandar Stipčević, 'The Oriental Books and Libraries in Bosnia during the War, 1992-1994', *Libraries & Culture*, 33, (1998), 277-282.

Sarah Stroumsa, 'Between 'Canon' and library in medieval Jewish thought', *Intellectual history of the Islamicate world*, 5 (2017), 28-54.

A Summary catalogue of western manuscripts in the Bodleian Library at Oxford Volume 1: *Historical introduction and conspectus of shelf-marks* ed. R. W. Hunt (Oxford: at the Clarendon Press, 1953)

Sem C. Sutter, 'The Lost Jewish Libraries of Vilna and the Frankfurt Institut zur Erforschung der Jedenfrage', in *Lost Libraries: the destruction of great book collections since antiquity* ed. James Raven (London: Palgrave MacMillan, 2004), 219-235.

'Time to press ahead with archive law', *South China Morning Post*, 30 April 2019, https://www.scmp.com/comment/insight-opinion/article/3008341/time-press-ahead-archive-law (Accessed: 12 July 2019)

2012)

Joseph Sassoon, *Anatomy of authoritarianism in the Arab Republics* (Cambridge: Cambridge University Press, 2016)

C. Scott Dixon, 'The Sense of the Past in Reformation Germany', *German History* 30 (2012), 175-198.

Freidrich Schipper and Erich Frank, 'A Concise Legal History of the Protection of Cultural Property in the Event of Armed Conflict and a Comparative Analysis of the 1935 Roerich Pact and the 1954 Hague Convention in the Context of the Law of War', *Archaeologies: Journal of the World Archaeological Congress,* 9 (2013), 13-28.

Todd Shepard, '"of Sovereignty": disputed archives, 'wholly modern' archives, and the post-decolonisation French and Algerian Republics, 1962-2012', *American Historical Review* (2015), 869-883.

Harriet Sherwood, 'Led by Donkeys reveal their faces at last: 'No one knew it was us', *The Observer*, 25 May 2019 https://www.theguardian.com/politics/2019/may/25/led-by-donkeys-reveal-identities-brexit-billboards-posters

Sandra Sider, 'Herculaneum's Library in AD 79: the Villa of the Papyri', *Libraries & Culture* (1990), 534-542.

R.W. Southern, 'From Schools to University', in *The History of the University of Oxford, Volume 1: The Early Oxford Schools* ed. J.I. Catto (Oxford: Clarendon Press, 1984), 1-36.

Marek Sroka, 'The destruction of Jewish Libraries and Archives in Cracow during World War II' *Libraries & Culture* 28 (2003), 147-165.

The heads of Religious Houses, England and Wales Volume III: 1377-1540 ed. David Smith (Cambridge: Cambridge University Press, 2008)

Abbey Smith Rumsey, *When we are no more: how digital memory is shaping our future* (New York: Bloomsbury, 2016)

Anders Rydell, *The book thieves: the Nazi looting of Europe's libraries and the race to return a literary inheritance* (New York: Viking, 2017)

Maryam Saleh, 'Protection or plunder: a U.S. journalist took thousands of ISIS files out of Iraq, reigniting a bitter dispute over the theft of Iraqi history', *The Intercept*, 23 May 2018, https://theintercept.com/2018/05/23/isis-files-podcast-new-york-times-iraq/

Christian C. Sahner, 'Yemen's threatened cultural heritage' *Wall Street Journal*, 26 December 2018, https://www.wsj.com/articles/yemens-threatened-cultural-heritage-11545739200 (Accessed: 4 January 2019)

Hany M. Salah Eldeen and Michael L. Nelson, 'Losing My Revolution: How Many Resources Shared on Social Media Have Been Lost?' in *Theory and Practice of Digital Libraries: Second International Conference, TPDL 2012, Paphos, Cyprus, September 23-27, 2012. Proceedings* eds. Panayiotis Zaphiris, George Buchanan, Edie Rasmussen, Fernando Loizides (Berlin: Springer, 2012), 125-137.

Joseph Sassoon, 'The East German Ministry for State Security and Iraq, 1968-1989', *Journal of Cold War Studies*, 16, (2014), 4-23.

Joseph Sassoon, *Saddam Hussein's Ba'ath Party: inside an authoritarian regime* (Cambridge: Cambridge University Press,

Valentina Sagaria Rossi and Sabine Schmidtke, 'The Zaydi Manuscript Tradition (ZMT) Project: digitizing the Collections of Yemeni Manuscripts in Italian Libraries', *COMSt Bulletin* 5/1 (2019), 43-59.

Joshua Rozenberg, 'Magna Carta in the modern age', in *Magna Carta: law, liberty, legacy* eds. Claire Breay and Julian Harrison (London: The British Library, 2015), 209-257.

V.S. Sambandan, 'The story of the Jaffna Public Library', *Frontline*, 20 (15-28 March 2003) https://frontline.thehindu.com/magazine/archive (Accessed: 13 April 2019)

Wolfgang Schivelbusch, *Die Bibliothek von Löwen: eine episode aus der Zeit der Weltkriege* (Munich: Carl Henser Verlag, 1988)

Sabine Schmidtke, 'The Zaydi Manuscript Tradition: Preserving, studying, and democratizing access to the world heritage of Islamic manuscripts', *IAS The Institute Letter* (Spring 2017), 14-15.

Kurt Schork, 'Jewel of a city destroyed by fire', *The Times*, 27 August 1992, 10.

Avner Shamir, 'Johannes Pfefferkorn and the dual form of the confiscation campaign', in *Revealing the secrets of the Jews: Johannes Pfefferkorn and Christian writings about Jewish life and literature in early modern Europe* eds. Jonathan Adams and Cordelia Heß (Munich: de Gruyter, 2017), 61-76.

Paul Slack, 'Government and information in Seventeenth-century England', *Past & Present*, 184 (2004), 33-68.

Paul Slack, *The invention of improvement: information and material progress in Seventeenth-century England* (Oxford: Oxford University Press, 2015)

Telegraph, 26 May 2015, https://www.telegraph.co.uk/news/general-election-2015/11574217/Expenses-and-sex-scandal-deleted-from-MPs-Wikipedia-pages-by-computers-inside-Parliament.html (Accessed: 29 August 2019)

J. C. Ritchie, 'The Nazi Book-Burning', *Modern Language Review* 83 (1988), 627-43.

J. C. Robertson, 'Reckoning with London: interpreting the *Bills of Mortality* before John Graunt', *Urban History*, 23, (1996), 325-350.

Ann Robson, 'The intellectual background to the public library movement in Britain', *Journal of Library History*, 11, (1976), 187-205.

Eleanor Robson, 'The Clay Tablet Book in Sumer, Assyria, and Babylonia', in *A Companion to the History of the Book* eds. Simon Eliot and Jonathan Rose (Malden, MA: Blackwell Publishing, 2009), 67-83.

Eleanor Robson and K. Stevens, 'Scholarly tablet collections in first-millennium Assyria and Babylonia, c.700-200 BCE', in *Libraries before Alexandria: Near Eastern traditions* eds. G. Barjamovic & K. S. B. Ryholt (Oxford: Oxford University Press, 2019)

Jonathan Rose, 'Introduction' in *The Holocaust and the Book: Destruction and Preservation ed.* Jonathan Rose ed., (Amherst, MA: University of Massachusetts Press, 2001), 1-6.

A.S.W. Rosenbach, *A book hunter's holiday: adventures with books and manuscripts* (Boston: Houghton Mifflin, 1936)

Roy Rosenzweig, 'Scarcity or Abundance? Preserving the Past in a Digital Era', *American Historical Review*, 108 (2003), 735-762.

L. D. Reynolds and N.G. Wilson, *Scribes & scholars: a guide to the transmission of the Greek & Latin literature* 3rd ed (Oxford: Clarendon Press, 1991)

András Riedlmayer, 'Crimes of War, Crimes of Peace: Destruction of Libraries during and after the Balkan Wars of the 1990s' in *Preserving Cultural Heritage*, eds. Michèle Cloonan and Ross Harvey = *Library Trends*, 56, (2007), 107-32.

András Riedlmayer, 'The Bosnian Manuscript Ingathering Project' in *Ottoman Bosnia: A History in Peril*, eds. Markus Koller and Kemal Karpat (Madison: University of Wisconsin Press, 2004), 27-38.

András Riedlmayer, 'Foundations of the Ottoman Period in the Balkan wars of the 1990s' in *Balkan'larda Osmanlı Vakıfları ve Eserleri Uluslararası Sempozyumu, İstanbul-Edirne 9-10-11 Mayıs 2012*, ed. Mehmet Kurtoğlu. (Ankara: T.C. Başbakanlık Vakıflar Genel Müdürlüğü, 2012), 89-110.

András Riedlmayer, '*Convivencia* under fire: genocide and book burning in Bosnia' in *The Holocaust and the Book: destruction and preservation*, ed. Jonathan Rose (Amherst: University of Massachusetts Press, 2001), 266-291.

András Riedlmayer, *Destruction of Cultural Heritage in Bosnia-Herzegovina, 1992-1996: A Post-War survey of selected municipalities* (Milosevic Case No. IT-02-54, Exhibit P486, Date 08/-7/2003 and *Krajisnik* Case No. IT-00-39, Exhibit P732, Date: 23/05/2005)

Ben Riley-Smith, 'Expenses and sex scandal deleted from MPs' Wikipedia pages by computers inside Parliament', *The Daily*

Massachusetts, 1996)

Tammy M. Proctor, 'The Louvain Library and US ambition in interwar Belgium', *Journal of Contemporary History*, 50 (2015), 147-167.

Phillip Pullman, *The Book of Dust Volume 1: La Belle Sauvage* (London: David Fickling Books in association with Penguin, 2017)

Mark Purcell, 'Warfare and collection-building: the Faro raid of 1596', *Library History*, 18 (2013), 17-24.

Dan Rabinowitz, *The Lost Library: The legacy of Vilna's Strashun Library in the aftermath of the Holocaust* (Waltham, MA: Brandeis University Press, 2019)

Tessa Rajak, *Translation and survival: the Greek Bible of the ancient Jewish diaspora* (Oxford: Oxford University Press, 2009)

Did Rankovic, 'The Internet Archive risks being blocked in Russia over copyright suits', *Reclaimthenet.org*, 24 August 2019, https://reclaimthenet.org/the-internet-archive-risks-blocked-isps/ (Accessed 30 August 2019)

James Raven, 'The resonances of loss', in *Lost Libraries: the destruction of great book collections since antiquity* ed. James Raven (London: Palgrave Macmillan, 2004), 1-40.

Julian Reade, 'Archaeology and the Kuyunjik Archives', in *Cuneiform archives and libraries: papers read at the 30e Rencontre assyriologique internationale, Leiden, 3-8 July 1983* ed. Klaas R. Veenhof ([Istanbul]: Nederlands Historisch-Archaeologisch Instituut te Istanbul, 1986), 213-222.

Recueil des ordonnances des Pays-Bas autrichiens. Troisième série: 1700-1794 ed. J. de le Court, (Brussels, 1894)

Ian Philip, *The Bodleian Library in the Seventeenth and Eighteenth Centuries* (Oxford: Clarendon Press, 1983)

Politics, Patronage and the Transmission of Knowledge in 13th-15th Century Tabriz ed. Judith Pfeiffer (Leiden: Brill, 2013)

Ernst Piper, *Alfred Rosenberg: Hitler's Chefideologe* (Munich: Karl Blessing Verlag, 2005)

K. M. Pogson, 'A Grand Inquisitor and his books', *Bodleian Quarterly Record*, 3 (1920), 239-244.

Reginald Lane Poole, *A lecture on the history of the University Archives* (Oxford: at the Clarendon Press, 1912)

Ernst Posner, *Archives & the public interest: selected essays by Ernst Posner* ed. Ken Munden (Washington DC: Public Affairs Press, 1967)

Ernst Posner, *Archives in the ancient world* (Cambridge, Mass.: Harvard University Press, 1972)

Ernst Posner, 'The effect of changes in sovereignty on archives', *American Archivist* 5 (1942), 141-55.

D. T. Potts, 'Before Alexandria: Libraries in the Ancient Near East' in *The Library of Alexandria: Centre of Learning in the Ancient World* ed. Rory Macleod (London: I.B. Tauris publishers, 2000), 19-33.

Wilfred Prest, *William Blackstone: law and letters in the eighteenth century* (Oxford: Oxford University Press, 2008)

David H. Price, *Johannes Reuchlin and the campaign to destroy Jewish books* (Oxford: Oxford University Press, 2010)

The printed catalogues of the Harvard College Library 1723-1790 eds. W.H. Bond and Hugh Amory (Boston, MA: The Colonial Society of

Medieval Studies, 2018), 278-318.

Richard Ovenden, 'We must fight to preserve digital information', *The Economist*, 21 February 2019, https://www.economist.com/open-future/2019/02/21/we-must-fight-to-preserve-digital-information

Richard Pankhurst, 'The removal and restitution of the Third World's historical and cultural objects: the case of Ethiopia', *Development Dialogue* 1-2 (1982), 134-140.

Rita Pankhurst, 'The Library of Emperor Tewodros II at Maqdala', *Bulletin of the School of Oriental and African Studies* 36 (1973), 14-42.

M. B. Parkes, 'The provision of books', in *A History of the University of Oxford Volume 2: Late Medieval Oxford* eds. J. I Catto and Ralph Evans (Oxford: Clarendon Press, 1992), 407-484.

Simo Parpola, 'Assyrian Library Records', *Journal of Near Eastern Studies*, 42 (1983), 1-23.

Simo Parpola, 'Library of Assurbanipal', in *The Encyclopedia of Ancient History* eds. Roger S. Bagnall et al., (Oxford: Wiley-Blackwell, 2010)

David Pearson, *Oxford Bookbinding 1500-1640* (Oxford Bibliographical Society Publications 3rd series, 3. Oxford, 2000)

Olof Pedersén, *Archives and libraries in the ancient near east 1500-300 BC* (Bethesda, MD: CDL Press, 1998)

The diary of Samuel Pepys eds. Robert Latham and William Matthews 11 vols. (London: G. Bell and Sons, 1970-83)

William S. Peterson, *The Kelmscott Press: a history of William Morris's typographical adventure* (Oxford: Oxford University Press, 1991)

the Library of Congress 1783-1861 (Amherst: University of Massachusetts Press, 2004)
Richard Ovenden, 'Catalogues of the Bodleian Library and other collections', in *The History of Oxford University Press Volume 1: Beginnings to 1780* ed. Ian Gadd (Oxford: Oxford University Press, 2013), 278-292.
Richard Ovenden, `Scipio Le-Squyer and the fate of monastic Cartularies in the early seventeenth century', *The Library* 6th series, 13 (1991), 323-337.
Richard Ovenden, 'Virtual Memory: The Race to Save the Information Age', *Financial Times Weekend*, 21-22 May 2016, https://www.ft.com/content/907fe3a6-1ce3-11e6-b286-cddde55ca122 (Accessed: 22 November 2018)
Richard Ovenden, 'The Windrush Scandal reminds us of the value of archives', *The Financial Times*, 25 April 2018 https://www.ft.com/content/5cc54f2a-4882-11e8-8c77-ff51caedcde6 (Accessed: 22 November 2018)
Richard Ovenden, 'The libraries of the antiquaries, 1580-1640 and the idea of a national collection', in *The Cambridge History of Libraries, vol.1 The Middle Ages and Renaissance* eds. T. Webber and E. S. Leedham-Green (Cambridge: Cambridge University Press, 2006), 527-561.
Richard Ovenden, 'The Manuscript Library of Lord William Howard of Naworth (1563-1640)', in *Books and Bookmen in Early Modern Britain: Essays Presented to James P. Carley* eds. James Willoughby and Jeremy Catto (Toronto: Pontifical Institute of

John Naisbitt, *Megatrends* (London: Futura, 1984)

'National Archives 'in a very sorry state', historians warn', *Sunnewsonline,* 1 September 2019 https://www.sunnewsonline.com/national-archives-in-very-sorry-state-historians-warn/ (Accessed: 10 September 2019)

Gabriel Naudé, *Advice on establishing a library. With an introduction by Archer Taylor* (Berkeley: University of California Press, 1950)

'Nazis charge, British set fire to library', *New York Times*, (27 June 1940), 12.

Stephanie Newman, 'In Hungary, an online Photo Archive fights revisionist history', *Hyperallergic*, 2 July 2019 https://hyperallergic.com/504429/fortepan-hungarian-photo-archive/ (Accessed: 10 September 2019)

'News reel shows Nazi bombing', *Daily Mail*, (28 May 1940), 3.

Now Special Edition, 17 March 2003 Transcript https://www.pbs.org/now/transcript/transcript031703_full.html (Accessed: 17 March 2019)

Joan Oates & David Oates, *Nimrud: an Assyrian imperial city revealed* (London: British School of Archaeology in Iraq, 2001)

Hettie O'Brien, 'Spy stories: how privacy is informed by the past', *Times Literary Supplement*, 16 August 2019, 11.

Eoin O'Dell, 'Not archiving the. ie domain, and the death of new politics', *Certa.ie: the Irish for rights*, 17 May 2019, http://www.cearta.ie/2019/05/not-archiving-the-ie-domain-and-the-death-of-new-politics/ (Accessed: 18 May 2019)

Carl Ostrowski, *Books, maps, and politics: A cultural history of*

2019)
Bruce P. Montgomery, 'Immortality in the Secret Police Files: The Iraq Memory Foundation and the Baath Party Archive', *International Journal of Cultural Property* 18 (2011), 309-336.
Bruce P. Montgomery, 'The Iraqi Secret Police Files: A Documentary Record of the Anfal Genocide', *Archivaria*, 52 (2001), 69-99.
Bruce P. Montgomery, 'US Seizure, Exploitation, and Restitution of Saddam Hussein's Archive of Atrocity', *Journal of American Studies*, 48 (2014), 559-593.
Bruce P. Montgomery and Michael P. Brill, 'The ghosts of past wars live on in a critical archive', *War on the Rocks*, 11 September 2019, https://warontherocks.com/2019/09/the-ghosts-of-past-wars-live-on-in-a-critical-archive/ (Accessed: 3 October 2019)
Jessica Moran, 'Is your Facebook account an archive of the future?', *National Library of New Zealand Blog*, 30 August 2019 https://natlib.govt.nz/blog/posts/is-your-facebook-account-an-archive-of-the-future (Accessed: 6 September 2019)
Andrew Motion, *Philip Larkin: A Writer's Life* (London: Faber & Faber, 1993)
Madhumita Murgia, 'Microsoft quietly deletes largest public face recognition data set', *Financial Times*, 6 June 2019, https://www.ft.com/content/7d3e0d6a-87a0-11e9-a028-86cea8523dc2 (Accessed: 2 September 2019)
Nicholas Murray, *Kafka* (London: Little Brown, 2004)
J. N. L. Myres, 'Recent discoveries in the Bodleian Library', *Archaeologia* 101, (1967), 151-168.

honor system', *JustSecurity*, 22 March 2019, https://www.justsecurity.org/63348/trump-and-the-demise-of-the-presidential-records-honor-system/ (Accessed: 13 August 2019)

The history of the university of Oxford Volume III: The Collegiate University ed. James McConica (Oxford: Oxford University Press, 1986)

James McDougall, *A History of Algeria* (Cambridge: Cambridge University Press, 2017)

Judith S. McKenzie, Sheila Gibson & A.T. Reyes, 'Reconstructing the Serapeum in Alexandria from the archaeological evidence', *Journal of Roman Studies* 94 (2004), 73-121.

Bernard Meehan, *The Book of Kells* (London: Thames and Hudson, 2012)

Désiré-Félicien-François-Joseph Mercier, *Pastoral letter of his eminence Cardinal Mercier Archbishop of Malines Primate of Belgium Christmas 1914* (London: Burns & Oates Ltd. [1914])

John Stuart Mill, *On Liberty, Utilitarianism, and other essays* eds. Mark Philp and Frederick Rosen (Oxford: Oxford University Press, 2015)

Bibliotheca Palatina: Katalog zur Austellung vom. 8 Juli bis 2. Nov 1986, Heideliggeitskirche Heidelberg ed. Elmar Mittler (Heidelburg: Braus, 1986)

Donovan Moldrich, 'Tamils accuse police of cultural genocide', *The Times*, (8 September 1984), 4.

Renee Montagne, 'Iraq's Memory Foundation: Context in Culture', *Morning Edition* (NPR), March 22, 2005, https://www.npr.org/templates/story/story.php?storyId=4554528 (Accessed: 16 April

James Madison, *The Papers of James Madison*, ed. Henry Gilpin (New York: J. & H.G. Langley, 1841)

Magna Carta: law, liberty, legacy eds. Claire Breay and Julian Harrison (London: The British Library, 2015)

Kanan Makiya, *Republic of Fear: The Politics of Modern Iraq* (Berkeley, CA: University of California Press, 1998)

Kanan Makiya, 'A model for post-Saddam Iraq', *Journal of Democracy* 14 (2003), 5-12.

Kanan Makiya, 'A personal note', in *The Rope* (New York: Pantheon Books, 2016), 297-319.

Janet Malcolm, *The Silent Woman: Sylvia Plath and Ted Hughes* (New York: Knopf, 1994)

Noel Malcolm, *Bosnia: a short history* (London: Macmillan, 1994)

Noel Malcolm, 'Preface', in *Ottoman Bosnia: a history in peril* eds. Markus Koller and Kemal H. Karpat (Madison, WI: Publication of the Center for Turkish Studies, The University of Wisconsin, 2004), vii-viii.

Volker Matthies, *The Siege of Magdala: the British Empire against the Emperor of Ethiopia* (Princeton: Markus Wiener Publishers, 2012)

Jürgen Matthaüs, 'Nazi genocides' in *The Cambridge history of the second world war Volume 2: Politics and ideology* eds. Richard J. Bosworth and Joseph A. Maiolo (Cambridge: Cambridge University Press, 2015), 162-180.

Viktor Mayer-Schonberger, *Delete: the virtue of forgetting in the digital age* (Princeton: Princeton University Press, 2009)

Kel McClanahan, 'Trump and the demise of the Presidential Records

Peter Lor, 'Burning Libraries or the People: questions and challenges for the library profession in South Africa', *Libri* (2013), 359-372.

The Lorsch Gospels. Introduction by Wolfgang Braunfels (New York: George Braziller, 1965)

Susan Lowndes, *Portugal: A Traveller's guide* (London: Thornton Cox, 1989)

Displaced archives ed. James Lowry (London: Routledge, 2014)

Jason Lustig, 'Who Are to Be the Successors of European Jewry? The Restitution of German Jewish Communal and Cultural Property', *Journal of Contemporary History,* 52 (2017), 519-545.

Diarmaid MacCulloch, *Thomas Cromwell: A Life* (London: Allen Lane, 2018)

John MacGinnis, 'The Fall of Assyria and the aftermath of the Empire', in *I am Ashurbanipal king of the world, king of Assyria* ed. Gareth Brereton (London: Thames & Hudson / British Museum, 2018), 276-285.

Margaret MacMillan, *The war that ended peace: how Europe abandoned peace for the First World War* (London: Profile Books, 2013)

William Dunn Macray, *Annals of the Bodleian Library Oxford* 2nd ed. *Enlarged and continued from 1868 to 1880* (Oxford: at the Clarendon Press, 1890)

Paul Maddrell, 'The revolution made law: the work since 2001 of the Federal Commissioner for the Records of the State Security Service of the Former German Democratic Republic', *Cold War History*, 4 (2004), 153-162.

antiquitees ... ed. John Bale ([London: S. Mierdman, 1549])

Letters of Sir Thomas Bodley to the University of Oxford 1598-1611 ed. G. W. Wheeler (Oxford: Printed for private circulation at the University Press, 1927)

Leuven University Library 1425-2000 eds. Chris Coppens, Mark Derez, Jan Roegiers (Leuven: Leuven University Press, 2005)

'Librarian of Louvain tells of war losses', *New York Times*, (17 April 1941), 1.

Libraries Connected, 'Value of Libraries', https://www.librariesconnected.org.uk/page/value-of-libraries (Accessed: 25 August 2019)

The Libraries of King Henry VIII ed. James P. Carley (*Corpus of British Medieval Library Catalogues 7*) (London: The British Library in association with The British Academy, 2000)

S. J. Lieberman, 'Canonical and Official Cuneiform Texts: Towards an Understanding of Assurbanipal's Personal Tablet Collection', in *Lingering over words: Studies in Ancient Near Eastern Literature in honor of William L. Moran*, eds. I. Tzvi Abusch, John Huehnergard, William L. Moran & Piotr Steinkeller, (Atlanta, GA: Scholars' Press: 1990), 310-11.

Deborah Lipstadt, *Denying the Holocaust: the growing assault on truth and memory* (New York: The Free Press, 1993)

Seton Lloyd, *Foundations in the dust: the story of Mesopotamian exploration* (London: Thames and Hudson, 1980)

Frederick Locker-Lampson, 'Tennyson on the Romantic poets', in *Tennyson: interviews and recollections* ed. Norman Page (Basingstoke: Macmillan, 1983)

University Press, 2014)

Thomas Labbé et al, 'The longest homogeneous series of grape harvest dates, Beaune 1354–2018, and its significance for the understanding of past and present climate', *Climate of the Past*, 15, (2019), 1485–1501. https://doi.org/10.5194/cp-15-1485-2019

Philip Larkin, 'A neglected responsibility: contemporary literary manuscripts' in *Required writing: miscellaneous pieces 1955-1982* (London: Faber and Faber, 1983), 98-108.

Philip Larkin, *Complete poems* ed. Archie Burnett (New York: Farrar, Straus & Giroux, 2012)

Philip Larkin, *Letters home 1936-1977* ed. James Booth (London: Faber & Faber, 2018)

Philip Larkin, *Letters to Monica* ed. Anthony Thwaite (London: Faber & Faber in association with the Bodleian Library, 2010)

Selected letters of Philip Larkin 1940-1985 ed. Anthony Thwaite (London: Faber & Faber, 1992)

Austen H. Layard, *Discoveries in the ruins of Nineveh and Babylon* (London: John Murray, 1853)

Led By Donkeys: how four friends with a ladder took on Brexit (London: Atlantic Books, 2019)

John Leland, *The Itinerary of John Leland*, ed. Lucy Toulmin Smith, 5 vols. (London: Centaur Press, 1964)

John Leland, *De uiris illustribus. On famous men*. ed. James P. Carley (Toronto: Pontifical Institute of Medieval Studies / Oxford: Bodleian Library, 2010)

John Leland, *The laboryouse journey & serche ... for Englandes*

1985)

Neil R. Ker, *Pastedowns in Oxford bindings with a survey of Oxford binding c. 1515-1620* (Oxford Bibliographical Society publications, new series 5, Oxford 1954)

John L. Kirby, 'The Archives of Angevin Naples – A Reconstruction', *Journal of the Society of Archivists*, 3 (1966), 192-194.

Eric Klinenberg, *Palaces for the people: how to build a more equal and united society* (London: The Bodley Head, 2018)

David Knowles, *The Religious Orders in England. Vol 3: The Tudor Age* (Cambridge, at the University Press, 1959)

Rebecca Knuth, *Libricide: The Regime-sponsored Destruction of Books and Libraries in the Twentieth Century* (Westport, Conn.: Praeger, 2003)

Rebecca Knuth, *Burning books and levelling libraries: extremist violence and cultural destruction* (Westport, Conn: Praeger, 2006)

Max Koslowski, 'National Archives may not survive unless funding doubles, warns council', *Canberra Times*, 18 July 2019, https://www.canberratimes.com.au/story/6279683/archives-may-not-survive-unless-funding-doubles-warns-council/?cs=14350 (Accessed: 11 September 2019)

Herman Kruk, 'Library and Reading Room in The Vilna Ghetto, Strashun Street 6', in *The Holocaust and the Book: Destruction and Preservation ed.* Jonathan Rose ed., (Amherst, MA: University of Massachusetts Press, 2001), 171-200.

Cecile Esther Kuznitz, *YIVO and the making of modern Jewish culture: scholarship for the Yiddish Nation* (Cambridge: Cambridge

Thomas Jefferson to Isaac Macpherson, 13 August 1813. Document 12 in *The Writings of Thomas Jefferson* eds. Andrew A. Lipscomb and Albert Ellery Bergh. 20 vols. (Washington: Thomas Jefferson Memorial Association, 1905), vol. 13, 333-35.

Hilary Jenkinson and H. E. Bell, *Italian archives during the war and at its close* (London: H.M. Stationery Office, 1947)

Sarah Jeong, 'Anti-ISIS hacktivists are attacking the Internet Archive', *Tech by Vice: Motherboard*, 15 June 2016, https://web.archive.org/web/20190523193053/https://www.vice.com/en_us/article/3davzn/anti-isis-hacktivists-are-attacking-the-internet-archive (Accessed: 1 September 2019)

William Dawson Johnston, *History of the Library of Congress Volume 1: 1800-1864* (Washington: Government Printing Office, 1904)

Meg Leta Jones, *Ctrl + Z: the right to be forgotten* (New York: NYU Press, 2016)

Michael Joseph Karabinos, 'Displaced Archives, Displaced History: Recovering the Seized Archives of Indonesia', *Bijdragen tot de Taal-, Land- en Volkenkunde*, 169, (2013), 279-294.

Lekoko Kenosi, 'Preserving and Accessing the South African Truth and Reconciliation Commission Records' in *Integrity in Government Through Records Management: Essays in Honour of Anne Thurston* eds. James Lowry and Justus Wamukoya (London: Routledge, 2014), 111-123.

Neil R. Ker, 'Cardinal Cervini's manuscripts from the Cambridge Friars', in *Books, collectors and libraries: studies in the medieval heritage* ed. Andrew G. Watson (London: The Hambledon Press,

2016 https://www.pewinternet.org/2016/09/09/libraries-2016/ (Accessed: 8 September 2019)

George W. Houston. 'The non-Philodemus book collection in the Villa of the Papyri', in *Ancient Libraries* eds. Jason König, Katerina Oikonomopolou and Greg Woolf (Cambridge: Cambridge University Press, 2013), 183-208.

'Internet Archive is suffering from a DDoS attack', *Hacker News*, 15 June 2016, https://news.ycombinator.com/item?id=11911926 (Accessed 2 June 2019)

Letters of Ted Hughes ed. Christopher Reid (London: Faber and Faber, 2007)

Samir Huseinovic and Zoran Arbutina, 'Burned library symobolizes multiethnic Sarajevo', *dw.com*, 25 August 2012, https://p.dw.com/p/15wWr (Accessed: 18 February 2020)

International Tribunal for the Prosecution of Persons Responsible for Serious Violations of International Humanitarian Law Committed in the Territory of the former Yugoslavia since 1991. *The Prosecutor vs. Ratko Mladić: 'Prosecution Submission of the Fourth Amended Indictment and Schedule of Incidents'.* Case Number: IT-09-92-PT, 16 December 2011. Available at: https://heritage.sense-agency.com/assets/sarajevo-national-library/sg-3-02-mladic-indictment-g-en.pdf (Accessed: 17 February 2020)

'The Irish Times view: neglect of the National Archives', *Irish Times*, 31 December 2019, https://www.irishtimes.com/opinion/editorial/the-irish-times-view-neglect-of-the-national-archives-1.4127639 (Accessed: 31 December 2019)

the image of a literary family (Oxford: Bodleian Library, 2010)
Alex Hern, 'Flickr to delete millions of photos as it reduces allowance for free users', *The Guardian*, 18 November 2018, https://www.theguardian.com/technology/2018/nov/02/flickr-delete-millions-photos-reduce-allowance-free-users (Accessed: 2 June 2019)
Evan Hill, 'Silicon Valley can't be trusted with our history', *Buzzfeednews.com*, 29 April 2018 https://www.buzzfeednews.com/article/evanhill/silicon-valley-cant-be-trusted-with-our-history (Accessed 1 July 2019)
Leonidas E. Hill, 'The Nazi attack on 'Un-German' literature, 1933-1945', in *The Holocaust and the Book: Destruction and Preservation* ed. Jonathan Rose (Amherst, MA: University of Massachusetts Press, 2001), 9-46.
Konrad Hirschler, *Medieval Damascus: Plurality and Diversity in an Arabic Library: The Ashrafiyya Library Catalogue* (Edinburgh: Edinburgh University Press, 2016)
Konrad Hirschler, *The Written Word in the Medieval Arabic Lands: A Social and Cultural History of Reading Practices* (Edinburgh: Edinburgh University Press, 2012)
Adina Hoffman & Peter Cole, *Sacred trash: the lost and found world of the Cairo Genizah* (New York: Schocken, 2011)
Henning Hoof, Alain Krief, Goverdhan Mehta, and Stephen A Matlin, 'Fake science and the knowledge crisis: ignorance can be fatal', *Royal Society Open Science*, 6 (2019), 1-7. https://doi.org/10.1098/rsos.190161 (Accessed: 12 September 2019)
John B. Horrigan, *Libraries 2016,* Pew Research Center, September

and their peregrinations after the Reformation (Otley: Printed for the Roxburghe Club, 1991)

Alastair Hamilton, 'The Learned Press: Oriental Languages', in *The History of Oxford University Press Volume 1: Beginnings to 1780* ed. Ian Gadd (Oxford: Oxford University Press, 2013), 399-417.

Edward Hampshire, 'Apply the flame more searingly': The Destruction and migration of the archives of British Colonial Administration: A southeast Asia Case Study', *The Journal of Imperial and Contemporary History*, 41 (2013), 334-352.

Oliver Harris, 'Motheaten, mouldye, and rotten: the early custodial history and dissemination of John Leland's manuscript remains', *Bodleian Library Record*, 18 (2005), 460-501.

P. R. Harris, *A history of the British Museum Library 1753-1973* (London: The British Library, 1998)

William Harrison & George Edelen, *The description of England: the classic contemporary account of Tudor social life* (Washington: Folger Library & Dover Publications, 1994)

Myrto Hatzimachili, 'Ashes to ashes? The library of Alexandria after 48 BC', in *Ancient Libraries* eds. Jason König, Katerina Oikonomopolou and Greg Woolf (Cambridge: Cambridge University Press, 2013), 167-182.

P. Haupt, 'Xenophon's Account of the Fall of Nineveh', *Journal of the American Oriental Society* 28 (1907), 99-107.

Stephen Hebron, *Marks of Genius: masterpieces from the collections of the Bodleian Libraries* (Oxford: Bodleian Library, 2014)

Stephen Hebron and Elizabeth C. Denliger, *Shelley's Ghost: reshaping*

Edith Halvarsson, 'Over 20 years of digitization at the Bodleian Libraries', *Digital Preservation at Oxford and Cambridge*, 9 May 2017, http://www.dpoc.ac.uk/2017/05/09/over-20-years-of-digitization-at-the-bodleian-libraries/ (Accessed: 21 December 2019)

Michael W. Handis, 'Myth and history: Galen and the Alexandrian Library' in *Ancient Libraries* eds. Jason König, Katerina Oikonomopolou and Greg Woolf (Cambridge: Cambridge University Press, 2013), 364-376.

Adam Harvey, https://megapixels.cc/ (Accessed: 2 September 2019)

Priscilla B Hayner, *Unspeakable truths: transitional justice and the challenge of truth commissions* 2nd ed. (New York: Routledge, 2011)

A history of the book in America Vol 2: An extensive Republic: print, culture & society in the new nation 1790-1840 eds. Robert Gross and Mary Kelley (Chapel Hill, NC: American Antiquarian Society and the University of North Carolina Press, 2010)

Joseph R Hacker, 'Sixteenth-century Jewish Internal Censorship of Hebrew Books' in *The Hebrew Book in Early Modern Italy* eds Joseph R. Hacker and Adam Shear (Philadephia: University of Pennsylvania Press, 2011), 109-120.

Christopher de Hamel, 'The dispersal of the library of Christ Church Canterbury from the fourteenth to the sixteenth century', in *Books and Collectors 1200-1700: Essays presented to Andrew Watson eds. James P Carley and Colin C G Tite* (London: The British Library, 1997), 263-279.

Christopher de Hamel, *Syon Abbey: The library of the Bridgettine Nuns*

1605 (Princeton, NJ: Princeton University Press, 1977)

Jamie Grierson and Sarah Marsh, 'Vital immigration papers lost by UK Home Office', *The Guardian*, 31 May 2018 https://www.theguardian.com/uk-news/2018/may/31/vital-immigration-papers-lost-by-uk-home-office (Accessed: 31 May 2018)

Dominic Grieve, MP, 'Humble Address', *House of Commons Hansard*, 9 September 2019, cols. 556-559. https://hansard.parliament.uk/Commons/2019-09-09/debates/ACF1C7B2-087F-46D2-AB69-3520C0675BC8/Prorogation(DisclosureOfCommunications) (Accessed: 10 September 2019)

Patricia Kennedy Grimsted, 'Displaced Archives and Restitution Problems on the Eastern Front in the Aftermath of the Second World War', *Contemporary European History*, 6 (1997), 27-74.

Patricia Kennedy Grimsted, 'The Postwar fate of Einstatztab Reichsleiter Rosenberg Archival and Library plunder, and the dispersal of ERR Records', *Holocaust and Genocide Studies*, 20 (2006), 278-308.

Patricia Kennedy Grimsted, *Trophies of War and Empire: the archival heritage of Ukraine, World War II and the international politics of restitution* (Cambridge, Mass: Harvard Ukrainian Research Institute, 2001)

Henry Guppy, *The Reconstitution of the Library of the University of Louvain: Great Britain's contribution 1914-1925* (Manchester: The University Press, 1926)

Dimitri Gutas, *Greek Thought, Arabic Culture: The Graeco-Arabic Translation Movement in Baghdad and Early Abbasid Society (2nd-4th/8th-10th centuries).* (London: Routledge, 2012)

dispatches from Europe in the 1990s (London: Allen Lane, 1999)

Joachim Gauck and Martin Fry, 'Dealing with a Stasi past', *Daedalus,* 123 (1994), 277-284.

Joachim Gauck, 'State security files', in *Dealing with the past: truth and reconciliation in South Africa* eds. Alex Boraine, Janet Levy, and Ronel Sheffer (Cape Town: Institute for Democracy in South Africa, 1994), 71-75.

Barton Gellman and Jonathan C. Randal, 'U.S. to airlift archive of atrocities out of Iraq', *Washington Post,* 19 May 1992, A12.

Amelia Gentleman, 'Home Office destroyed Windrush landing cards says ex-staffer', Guardian, 17 April 2018, https://www.theguardian.com/uk-news/2018/apr/17/home-office-destroyed-windrush-landing-cards-says-ex-staffer (Accessed: 3 September 2019)

Elizabeth Goldring, *Nicholas Hilliard: Life of an Artist* (New Haven,: Published by the Paul Mellon Center for British Art by Yale University Press, 2019)

Martin Goodman, *A history of Judaism* (London: Allen Lane, 2017)

Martin K. Gordon, 'Patrick Magruder: Citizen, Congressman, Librarian of Congress' *Quarterly Journal of the Library of Congress* 32 (1975), 153-171.

John Gravois, 'A tug of war for Iraq's memory', *Chronicle of Higher Education* 54 (8 February 2008), 7-10.

Paul F Grendler, 'The destruction of Hebrew books in Venice in 1568', *Proceedings of the American Academy for Jewish Research,* 45 (1978), 103-130.

Paul F Grendler, *The Roman inquisition and the Venetian Press, 1540-*

Grant Frame and A.R. George, 'The Royal Libraries of Nineveh: New Evidence for King Ashurbanipal's Tablet Collecting', *Iraq*, 67 (2005), 265-284.

From Dust to Digital: Ten years of the Endangered Archives Programme ed. Maja Kominko (Cambridge: Open Book Publishers, 2015)

Elisabeth Gallas, *'Das Leichenhaus der Bücher': Kulturrestitution und jüdisches Geschichtsdenken nach 1945* (Göttingen, Vandenhoeck & Ruprecht, 2016)

Richard Gameson, 'From Vindolanda to Domesday: the book in Britain from the Romans to the Normans' in *The Cambridge History of the Book in Britain Volume 1: c. 400-1100* ed. Richard Gameson (Cambridge: Cambridge University Press, 2012), 1-12.

David Ganz, 'Anglo-Saxon England', in *The Cambridge History of Libraries in Britain and Ireland* eds. Elisabeth Leedham-Green and Teresa Webber (Cambridge: Cambridge University Press, 2006), 91-108.

Mercedes García-Arenal and Fernando Rodríguez Mediano, "Sacred History, Sacred Languages: The Question of Arabic in Early Modern Spain." *The Teaching and Learning of Arabic in Early Modern Europe*, ed. Jan Loop et al. (Leiden: Brill, 2017), 133–162.

Timothy Garton Ash, *The File* (London: Atlantic Books, 1997)

Timothy Garton Ash, *Free speech: ten principles for a connected world* (London: Atlantic Books, 2016)

Timothy Garton Ash, 'True confessions', *New York Review of Books*, July 17 1997.

Timothy Garton Ash, *History of the present: essays, sketches and copyright in Britain* (London: Mansell, 1994)

Mordechai Feingold, 'Oriental Studies', in *The History of the University of Oxford Volume IV: Seventeenth-century Oxford* ed. Nicholas Tyacke (Oxford: Clarendon Press, 1997), 449-504.

Count Riccardo Filangieri, 'Report on the destruction by the Germans, September 30, 1943, of the Depository of Priceless Historical Records of the Naples State Archives', *The American Archivist,* 7 (1944), 252-255.

Dexter Filkins, 'Regrets only?', *New York Times Magazine* (7 October 2007), https://www.nytimes.com/2007/10/07/magazine/07MAKIYA-t.html (Accessed: 16 April 2019)

Irving Finkel, 'Ashurbanipal's Library: Contents and significance', in *I am Ashurbanipal king of the world, king of Assyria* ed. Gareth Brereton (London: Thames & Hudson / British Museum, 2018), 88-97.

David E. Fishman, 'Embers plucked from the fire: the rescue of Jewish cultural treasures at Vilna' in *The Holocaust and the Book: Destruction and Preservation* ed. J. Rose (Amherst: U Mass. Press, 2001), 66-78.

David E. Fishman, *The book smugglers: partisans, poets, and the race to save Jewish treasures form the Nazis* (New York: Foredge, 2017)

History of the Book in Canada: Beginnings to 1840 eds. Patricia Fleming, Gilles Gallichan and Yves Lamonde (Toronto: University Press, 2004)

Alison Flood, 'Turkish government destroys more than 300,000 books', *Guardian*, 6 August 2019.

Visualcapitalist.com, 13 March 2019, https://www.visualcapitalist.com/what-happens-in-an-internet-minute-in-2019/ (Accessed: 5 June 2019)

Martin K. Dimitrov and Joseph Sassoon, 'State security, information, and repression: a comparison of Communist Bulgaria and Ba'thist Iraq', *Journal of Cold War Studies*, 16 (2014), 3-31.

Josefin Dolsten, '5 amazing discoveries from a hidden trove', *Washington Jewish Week,* 30 November 2017, 10-11.

Robert J. Donia, *Sarajevo: a biography* (London: Hurst & Company, 2006)

Eamon Duffy, *The stripping of the altars: traditional religion in England c. 1400-c.1580* (New Haven, Conn.: Yale University Press, 1992)

Duke Humfrey's Library & the Divinity School 1488-1988: An exhibition at the Bodleian Library June-August 1988 (Oxford: The Bodleian Library, 1988)

Katie Englehart, 'How Britain might have deliberately concealed evidence of imperial crimes', *Vice.com*, 6 September 2014, https://www.vice.com/en_us/article/kz55yv/how-britain-might-have-deliberately-concealed-evidence-of-imperial-crimes (Accessed: 28 February 2020)

Milton Esterow, 'The Hunt for the Nazi Loot Still Sitting on Library Shelves', *New York Times*, 14 January 2019, https://www.nytimes.com/2019/01/14/arts/nazi-loot-on-library-shelves.html (Accessed: 12 February 2020)

John Feather, *Publishing, piracy and politics: an historical study of*

Imperfection%202013.pdf;sequence=1 (Accessed: 3 September 2019)

Gaëlle Coqueugniot, 'Where was the Royal Library at Pergamum?: an institution lost and found again', in *Ancient Libraries* eds. Jason König, Katerina Oikonomopolou and Greg Woolf (Cambridge: Cambridge University Press, 2013), 109-123.

Joseph Cox, 'These Bots Tweet When Government Officials Edit Wikipedia', *Vice.com*, July 10, 2014, https://www.vice.com/en_us/article/pgaka8/these-bots-tweet-when-government-officials-edit-wikipedia (Accessed 30: August 2019)

Barbara Craig, *Archival appraisal: theory and practice* (München: K.G. Sauer, 2014)

Robert Darnton, 'The Great book massacre', *New York Review of Books*, 26 April 2001, 16-19.

Phil Davison, 'Ancient treasures destroyed', *The Independent*, 27 August 1992 https://www.independent.co.uk/news/world/europe/ancient-treasures-destroyed-1542650.html (Accessed: 18 February 2020)

Brittney Degaura, 'National Library creates Facebook time capsule to document New Zealand's history', *stuff.co.nz*, 5 September 2019, https://www.stuff.co.nz/national/115494638/national-library-creates-facebook-time-capsule-to-document-new-zealands-history (Accessed: 6 September 2019)

Jacques Derrida, *Archive fever: a Freudian impression* (Chicago: The University of Chicago Press, 1998)

Jeff Desjardins, 'What happens in an internet minute in 2019',

Lionel Casson, *Libraries in the ancient world* (New Haven: Yale University Press, 2001)

Michelle Caswell, '"Thank you very much, Now Give them Back": Cultural Property and the Fight over the Iraqi Baath Party Records', *The American Archivist*, 74 (2011), 211-240.

Sarudzayi Chifamba, 'Rhodesian Army secrets kept safe in UK', *The Patriot*, 5 December 2013 https://www.thepatriot.co.zw/old_posts/rhodesian-army-secrets-kept-safe-in-the-uk/ (Accessed: 8 February 2020)

David Choi, 'Trump deletes tweet after flubbing congressional procedure after disaster relief bill passes in the House', *Business Insider*, 3 June 2019, https://www.businessinsider.com/trump-mistakes-congress-disaster-aid-bill-tweet-2019-6?r=US&IR=T (Accessed: 9 September 2019)

Mary Clapinson, *A brief history of the Bodleian Library* (Oxford: Bodleian Library, 2015)

Allen C. Clark 'Sketch of Elias Boudinot Caldwell', *Records of the Columbia Historical Society, Washington, D.C.*, 24 (1992), 204-13.

William Clennell, 'The Bodleian Declaration: a history', *Bodleian Library Record*, 20 (2007), 47-60.

James Conaway, *America's Library: the story of the Library of Congress 1800-2000* (New Haven, CT.: Yale University Press, 2000)

Paul Conway, 'Preserving imperfection: assessing the incidence of digital imaging error in HathiTrust', *Digital Technology and Culture,* 42 (2013), 17-30. https://deepblue.lib.umich.edu/bitstream/handle/2027.42/99522/J23%20Conway%20Preserving%20

Peter Burke, *A Social History of Knowledge II: From the Encyclopédie to Wikipedia* (Cambridge: Polity, 2012)

Oliver Burkeman, 'Ancient archive lost in Baghdad library blaze', *The Guardian*, 15 April 2003, https://www.theguardian.com/world/2003/apr/15/education.books (Accessed: 12 June 2019)

Charles Burnett, 'The Coherence of the Arabic-Latin Translation Program in Toledo in the Twelfth Century', *Science in Context* 14 (2001), 249–288

'Cardinal Mercier in Ann Arbor', *The Michigan Alumnus* (November 1919), 64-66.

James P. Carley, 'The dispersal of the monastic libraries and the salvaging of the spoils' in *The Cambridge History of Libraries in Britain and Ireland Vol. 1: To 1640* eds. Tessa Webber and Elisabeth Leedham-Green (Cambridge, 2006), 265-291.

James P. Carley, 'John Leland and the contents of English pre-Dissolution Libraries: Glastonbury Abbey', *Scriptorium*, 40 (1986), 107-120.

James P. Carley, 'John Leland and the contents of English pre-dissolution libraries: the Cambridge Friars', *Transactions of the Cambridge Bibliographical Society,* 9 (1986), 90-100.

Kenneth E. Carpenter, 'Libraries', in *A history of the book in America* Vol. 2: *Print, Culture, and society in the new nation, 1790-1840* (Chapel, Hill, NC: The University of North Carolina Press in association with the American Antiquarian Society, 2010), 273-286.

Harry Carter, *A History of the Oxford University Press. Volume I: To the year 1780* (Oxford: At the Clarendon Press, 1975)

Sir Thomas Bodley, *The Life of Sir Thomas Bodley, The Honourable founder of the publique library in the University of Oxford* (Oxford: Printed by Henry Hall, 1647)

Sir Thomas Bodley, *Reliquiae Bodleianae* (London: John Hartley, 1703)

Alex Boraine, 'Truth and Reconciliation Commission in South Africa Amnesty: the price of peace' in *Retribution and repatriation in the transition to democracy* (Cambridge: Cambridge University Press, 2006), 299-316.

Roger Boyes, 'This is cultural genocide', *The Times*, 28 August 1992, 12.

Tracy Brain, 'Sylvia Plath's letters and journals', in *Cambridge Companion to Sylvia Plath* ed. Jo Gill (Cambridge: Cambridge University Press, 2006), 139-155.

S. Brammertz et al., 'Attacks on Cultural Heritage as a Weapon of War', *Journal of International Criminal Justice*, 14 (2016), 1143-74.

Jonathan Brent, 'The Last Books', *Jewish Ideas Daily*, 1 May 2013 http://www.jewishideasdaily.com/6413/features/the-last-books/

Axel Bruns, 'The Library of Congress Twitter Archive: A Failure of Historic Proportions', *Medium.com*, 2 January 2018, https://medium.com/dmrc-at-large/the-library-of-congress-twitter-archive-a-failure-of-historic-proportions-6dc1c3bc9e2c (Accessed 2 September 2019)

Trevor Bryce, *Life and society in the Hittite world* (Oxford: Oxford University Press, 2002)

Peter Buck, 'Seventeenth-century political arithmetic: civil strife and vital statistics', *Isis*, 68, (1977), 67-84.

Belgium, Ministry of Justice, *War crimes committed during the invasion of the national territory, May, 1940: the destruction of the library of the University of Louvain*. (Liege, 1946)

Malachi Beit-Arié, *Hebrew manuscripts of East and West: towards a comparative codicology* (London: The British Library, 1993)

Mireille Bélis, 'In search of the Qumran Library', *Near Eastern Archaeology*, 63 (2000), 121-123.

Jill Bepler, "Vicissitudo Temporum: Some Sidelights on Book Collecting in the Thirty Years War", *Sixteenth Century Journal*, 32, (2001), 953-968.

Jill Bepler, 'The Herzog August Library in Wolfenbüttel: foundations for the future', in *A treasure house of books: the library of Duke August of Brunswick-Wolfenbüttel* (Wiesbaden: Harrasowitz, 1998), 17-28.

La bibliothèque de Louvain: séance commémorative du 4e anniversaire de l'incendie (Paris: Librairie académique 1919)

Reuben Binns, Ulrik Lyngs, Max van Kleek, Jun Zhao, Timothy Libert, and Nigel Shadbolt, 'Third party tracking in the mobile ecosystem', *WebSci '18: Proceedings of the 10th ACM Conference on Web Science*, May 2018, 23-31. https://doi.org/10.1145/3201064.3201089

Alistair Black, 'The people's university: models of public library history' in *The Cambridge history of libraries in Britain and Ireland Volume III: 1850-2000* eds. Alastair Black and Peter Hoare (Cambridge: Cambridge University Press, 2006), 24-39.

Jonathan M. Bloom, *Paper before print: the history and impact of paper in the Islamic world* (New Haven: Yale University Press, 2001)

2018 https://www.lrb.co.uk/blog/2018/06/15/avi-asher-schapiro/who-gets-to-tell-iraqs-history/
Benjamin Balint, *Kafka's last trial: the case of a literary legacy* (London: Picador, 2018)
Mandy Banton, '"Destroy? Migrate? Conceal?" British strategies for the disposal of sensitive records of Colonial Administrations at Independence', *Journal of Imperial and Commonwealth History*, 40 (2012), 321-335.
Mandy Banton, 'Record-keeping for good governance and accountability in the colonial office: an historical sketch', in James Lowry & Justus Wamukoya (eds.), *Integrity in government through records management: essays in honour of Anne Thurston* (Surrey: Routledge, 2014), 73-84.
Robert Barnes, 'Cloistered bookworms in the Chicken-Coop of the Muses: The Ancient Library of Alexandria' in *The Library of Alexandria: Centre of Learning in the Ancient World* ed. Roy Macleod London: I.B. Tauris: 2000), 61-77.
Jonathan Bate, *Ted Hughes: the unauthorised life* (London: William Collins, 2015)
Heiker Bauer, *The Hirschfeld Archives: violence, death and modern queer culture* (Philadelphia, PA: Temple University Press, 2017)
Ross. W. Beales and James N. Green, 'Libraries and their users', in *A history of the book in America* Volume One: *The colonial book in the Atlantic world* eds. Hugh Amory and David D. Hall (Cambridge: Cambridge University Press / American Antiquarian Society, 2000), 399-403.

'migrated archive'", *History Workshop Journal* 80 (2015), 142-160.

Anglo-Saxon kingdoms: art, word, war eds. Julia Breay and Joanna Story (London: The British Library, 2018)

Alfonso Archi, 'Archival record-keeping at Ebla 2400-2350 BC', in *Ancient archives and archival traditions: concepts of record-keeping in the ancient world* ed. Maria Brosius (Oxford: Oxford University Press, 2003), 17-26.

Kaider Asmal, Louise Asmal & Ronald Suresh Roberts, *Reconciliation through truth: a reckoning of Apartheid's criminal governance* 2nd ed. (Cape Town: David Philip Publishers, 1997)

Trevor Aston, 'Muniment rooms and their fittings in medieval and early modern England', in *Lordship and learning: studies in memory of Trevor Aston* ed. Ralph Evans (Woodbridge: The Boydell Press, 2004), 235-247.

Nabil Al-Tikriti, 'Stuff Happens': a brief overview of the 2003 destruction of Iraqi Manuscript Collections, Archives and Libraries', *Library Trends* (2007), 730-745.

Roger S. Bagnall, 'Alexandria: Library of Dreams', *Proceedings of the American Philosophical Society*, 146 (2002), 348–362.

John Barnard, 'Politics, profits and ?idealism: John Norton, the Stationers' Company and Sir Thomas Bodley', *Bodleian Library Record,* 17 (2002), 385-408.

Ancient archives and archival traditions: concepts of record-keeping in the ancient world ed. Maria Brosius (Oxford: Oxford University Press, 2003)

Avi Asher-Schapiro, 'Who gets to tell Iraq's history?' *LRB Blog*, 15 June

參考文獻

Dina Abramowicz, 'The Library in the Vilna Ghetto', in *The Holocaust and the Book: Destruction and Preservation* ed. Jonathan Rose (Amherst, MA: University of Massachusetts Press, 2001), 165-170.

Sharon Achinstein, *Citizen Milton* (Oxford: Bodleian Library, 2007)

Amel Ahmed, 'Saving Yemen's heritage, 'heart and soul of Classical Islamic tradition', *Al Jazeera America* (February 5 2016) http://america.aljazeera.com/articles/2016/2/5/american-professor-in-race-to-save-yemens-cultural-heritage.html (Accessed: 17 November 2019)

P. S. Allen, 'Books brought from Spain in 1596', *English Historical Review* 31 (1916), 606-608.

Ben Also, 'Suffrage objects in the British Museum', *British Museum blog*, 23 February 2018, https://blog.britishmuseum.org/suffrage-objects-in-the-british-museum/ (Accessed: 17 September 2019)

Philip Alston, 'Statement on Visit to the United Kingdom, by Professor Philip Alston, United Nations Special Rapporteur on extreme poverty and human rights', 17 November 2018, https://documents-dds-ny.un.org/doc/UNDOC/GEN/G19/112/13/PDF/G1911213.pdf?OpenElement (Accessed: 3 September 2019)

David M Anderson, 'Deceit, denial, and the discovery of Kenya's'

知識叢書 1111

焚書：遭到攻擊與在烈焰中倖存的知識受難史

Burning the Books: A History of Knowledge Under Attack

作者　理查．歐文登（Richard Ovenden）
譯者　余淑慧
校對　蘇暉筠
主編　王育涵
資深編輯　張擎
責任企畫　郭靜羽
封面設計　許晉維
內頁排版　張靜怡

總編輯　胡金倫
董事長　趙政岷
出版者　時報文化出版企業股份有限公司
108019 臺北市和平西路三段 240 號 7 樓
發行專線｜ 02-2306-6842
讀者服務專線｜ 0800-231-705 ｜ 02-2304-7103
讀者服務傳真｜ 02-2302-7844
郵撥｜ 1934-4724 時報文化出版公司
信箱｜ 10899 臺北華江橋郵政第 99 信箱
時報悅讀網　www.readingtimes.com.tw
人文科學線臉書　http://www.facebook.com/humanities.science
法律顧問　理律法律事務所｜陳長文律師、李念祖律師
印刷　勁達印刷有限公司
初版一刷　2022 年 4 月 15 日
定價　新臺幣 560 元

ISBN 978-626-335-015-1 ｜ Printed in Taiwan

焚書：遭到攻擊與在烈焰中倖存的知識受難史／理查．歐文登（Richard Ovenden）著；余淑慧譯.
-- 初版. -- 臺北市：時報文化出版企業股份有限公司，2022.04 ｜ 432 面；14.8×21 公分.
譯自：Burning the books: a history of knowledge under attack. ｜ ISBN 978-626-335-015-1（平裝）
1. CST：書史　2. CST：世界史｜ 011.4 ｜ 111001232

時報文化出版公司成立於一九七五年，並於一九九九年股票上櫃公開發行，於二〇〇八年脫離中時集團非屬旺中，以「尊重智慧與創意的文化事業」為信念。